D1696896

im **DETAIL** Material im Innenraum

im **DETAIL**

Material im Innenraum

Ästhetik
Technik
Ausführung

Christian Schittich (Hrsg.)

Edition DETAIL – Institut für internationale
Architektur-Dokumentation GmbH & Co. KG
München

Birkhäuser
Basel · Boston · Berlin

Herausgeber: Christian Schittich
Projektleitung: Steffi Lenzen
Redaktion und Lektorat: Cosima Strobl
Redaktionelle Mitarbeit: Florian Krainer, Michaela Linder, Petra Sparrer,
Daniela Steffgen, Melanie Weber

Zeichnungen: Bettina Brecht, Dejanira Bitterer, Daniel Hajduk,
Martin Hemmel, Caroline Hörger, Claudia Hupfloher, Nicola Kollmann,
Simon Kramer, Elisabeth Krammer

DTP: Roswitha Siegler

Ein Fachbuch aus der Redaktion DETAIL
Dieses Buch ist eine Kooperation zwischen Edition Detail – Institut für
internationale Architektur-Dokumentation GmbH & Co. KG und
Birkhäuser Verlag AG

Bibliografische Information der Deutschen Nationalbibliothek
Die Deutsche Nationalbibliothek verzeichnet diese Publikation
in der Deutschen Nationalbibliografie; detaillierte bibliografische Daten
sind im Internet über
<http://dnb.d-nb.de> abrufbar.

Dieses Buch ist auch in englischer Sprache erhältlich
(ISBN: 978-3-7643-8810-2).

© 2008 Institut für internationale Architektur-Dokumentation GmbH & Co. KG,
Postfach 33 06 60, D-80066 München und
Birkhäuser Verlag AG, Basel · Boston · Berlin, Postfach 133, CH-4010 Basel

Dieses Werk ist urheberrechtlich geschützt. Die dadurch begründeten
Rechte, insbesondere die der Übersetzung, des Nachdrucks, des Vortrags, der Entnahme von Abbildungen und Tabellen, der Funksendung,
der Mikroverfilmung oder der Vervielfältigung auf anderen Wegen und
der Speicherung in Datenverarbeitungsanlagen, bleiben, auch bei nur
auszugsweiser Verwertung, vorbehalten. Eine Vervielfältigung dieses Werks
oder von Teilen dieses Werks ist auch im Einzelfall nur in den Grenzen der
gesetzlichen Bestimmungen des Urheberrechtsgesetzes in der jeweils
geltenden Fassung zulässig. Sie ist grundsätzlich vergütungspflichtig.
Zuwiderhandlungen unterliegen den Strafbestimmungen des Urheberrechts.

Gedruckt auf säurefreiem Papier, hergestellt aus chlorfrei gebleichtem
Zellstoff (TCF∞).

Printed in Germany
Reproduktion:
Martin Härtl OHG, München
Druck und Bindung:
Kösel GmbH & Co. KG, Altusried-Krugzell

ISBN: 978-3-7643-8809-6

9 8 7 6 5 4 3 2 1

Inhalt

Mit Materialien gestalten Christian Schittich	8
Materialübersicht der Beispiele	14
Appartment in Oberlech Delugan Meissl Associated Architects, Wien	16
Ferienwohnung am Attersee Atelier Ebner + Ullmann, Wien	20
Wohnungsumbau in Berlin Behles & Jochimsen, Berlin	24
Hotel »The Emperor« in Peking Graft, Peking	28
Hoteletage im »Puerta América« in Madrid Zaha Hadid Architects, London	32
Gästepavillons in Olot RCR Arquitectes, Olot	38
Hotel »Ginzan-Onsen-Fujiya« in Obanazawa Kengo Kuma & Associates, Tokio	42
Pfarr- und Jugendheim in Thalmässing meck architekten, München	48
Multimedia-Pavillon in Jinhua Erhard An-He Kinzelbach KNOWSPACE, Wien	52
Theater in Zürich EM2N, Zürich	54
Theater Agora in Lelystad UNStudio, Amsterdam, B+M, Den Haag	58
Casa da Música in Porto OMA, Rotterdam	62
Dokumentationszentrum für Architektur in Madrid Aparicio + Fernández-Elorza, Madrid	68
Zentrum für Film und visuelle Medien in London Surface Architects, London	74
Künstleragentur in Berlin ANGELIS + PARTNER, Oldenburg	78
Zahnarztpraxis in Berlin Graft, Berlin	82
Gestaltungskonzepte und Oberflächenqualitäten von Trockenbausystemen Karsten Tichelmann	86
Gestalterische Möglichkeiten mit melaminharzbeschichteten Oberflächen Heinz Peters	90
Stores als erlebbare Markenwelten Natalie Marth und Karl Schwitzke, Designbüro Schwitzke & Partner, Düsseldorf	92
Materialeinsatz im Shopdesign moysig retail design	96
Modeladen »Maison Louis Vuitton des Champs-Elysées« in Paris Carbondale, Paris	98
Laden in Barcelona EQUIP Xavier Claramunt, Barcelona	102
Modeboutique in Berlin Corneille Uedingslohmann, Berlin	104
Schuhladen in Amsterdam Meyer en Van Schooten, Amsterdam	110
Schuhladen in Rom Fabio Novembre, Mailand	114
Linden-Apotheke in Ludwigsburg ippolito fleitz group – identity architects, Stuttgart	118
Kaufhaus »La Rinascente« in Mailand Lifschutz Davidson Sandilands, London	122
Weinprobierstube in Fellbach Christine Remensperger, Stuttgart	126
Restaurant und Bar in Zürich Burkhalter Sumi, Zürich	130
Französisches Restaurant »Aoba-tei« in Sendai Hitoshi Abe + Atelier Hitoshi Abe, Sendai	134
Restaurant »George« in Paris Jakob + MacFarlane, Paris	138
Materialien und Oberflächen im Innenraum Christiane Sauer	144
MehrWerkstoffe Claudia Lüling, Philipp Strohm	160
Architekten und Hersteller	168
Autoren	175
Abbildungsnachweis	176

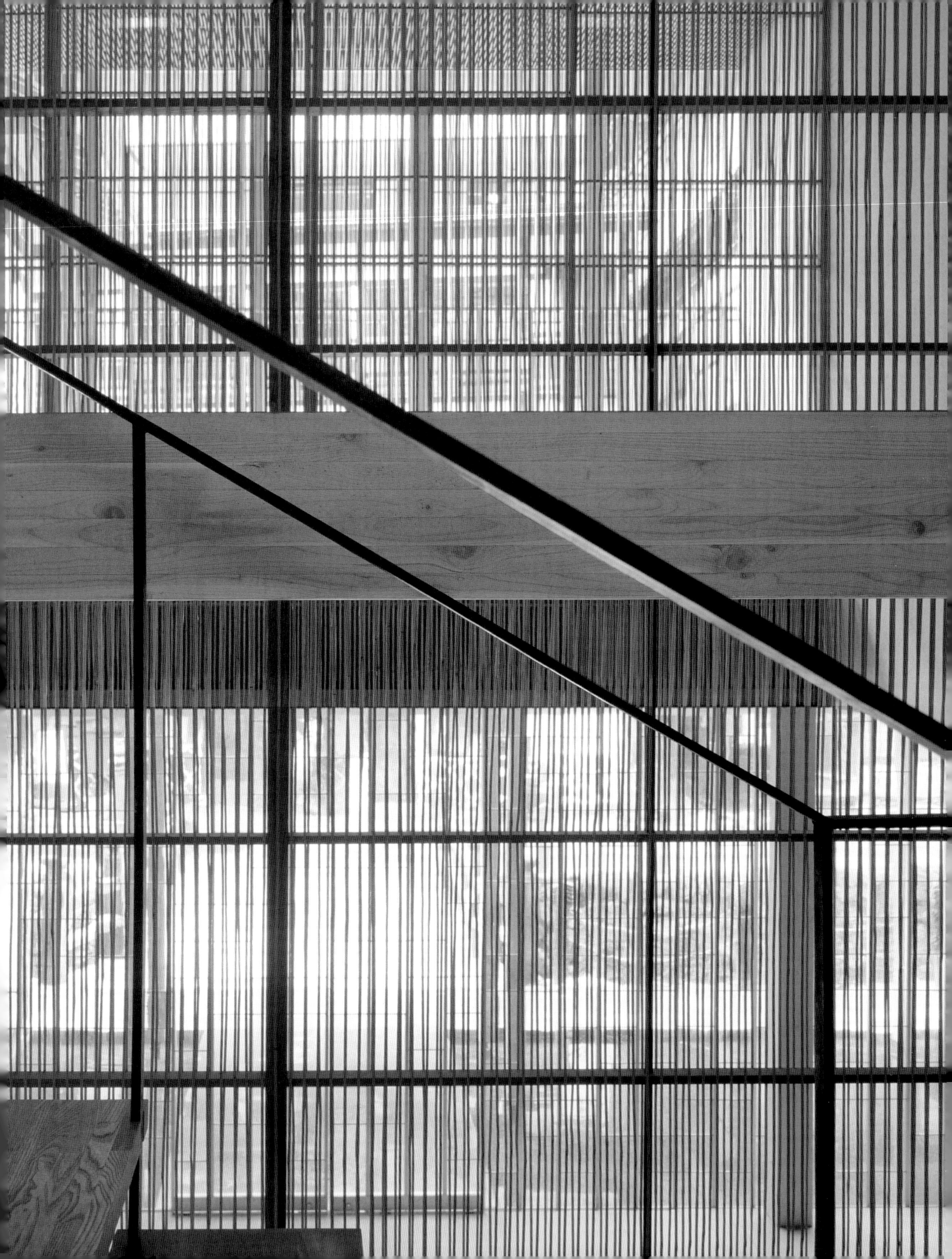

Mit Materialien gestalten

Christian Schittich

Holz und Bambus in ihren natürlichen Tönen, streng geometrisch platziert und mit minimierten Details gefügt, schaffen in den Thermenräumen von Kengo Kumas Onsen-Hotel ein edles, beinahe meditatives Ambiente (Abb. 1.1, 1.2 und S. 42ff.). Energiegeladen dagegen ist die Ausstrahlung eines Restaurants in Zürich von Burkhalter Sumi (Abb 1.3 und S. 130ff.) mit seinen schwungvollen Formen, kräftigen Farben und beschichteten Oberflächen. Der Kontrast zwischen den beiden Beispielen könnte auf den ersten Blick kaum größer sein – und doch haben sie eine Gemeinsamkeit: In beiden Fällen handelt es sich um zeitgemäße Innenraumgestaltungen, die in besonderem Maße auf ihre spezifische Aufgabenstellung eingehen. Mit Formgebung, Baustoffen und Lichtführung erzeugen die Architekten eine unvergleichliche Atmosphäre – die verwendeten Materialien für Wände, Böden, Decken und Möblierung spielen dabei eine prägende Rolle. Denn mit ihnen wird der Entwurf in die Realität umgesetzt, mit seiner Oberfläche und Haptik, seiner Farbe und Textur prägt das Material ganz entscheidend die Atmosphäre eines Raums. Mehr noch als an der Fassade kommt der Nutzer im Inneren in unmittelbaren Kontakt mit den Stoffen. Hier nimmt er sie aus der Nähe wahr, hier kann er sie betasten, fühlen und ihren Geruch spüren. Aus diesem Grund erlangen die visuellen und haptischen, die akustischen, aber auch die olfaktorischen Qualitäten der Baustoffe ein ganz besonderes Gewicht: Erscheinen sie matt oder reflektieren sie das Licht? Fühlen sie sich rau oder eben an? Reflektieren oder schlucken sie den Schall? Wirken sie glänzend oder seidig, transparent oder durchschimmernd? Sind sie roh belassen oder beschichtet? Mit ihren emotionalen Eigenschaften wirken die unterschiedlichen Materialien auf uns anregend oder abweisend, spielen mit unseren Assoziationen, wecken Erinnerungen oder fordern unseren Intellekt. Die Auswahl an geeigneten Materialien für den Innenraum scheint heute beinahe unerschöpflich. Zu den überlieferten natürlichen Baustoffen (und auch diese werden in Zeiten der Globalisierung immer vielfältiger, wenn etwa Naturstein aus Brasilien und China oder Hölzer aus Afrika und Südostasien weltweit verfügbar sind) kommen in rasantem Tempo stets neue künstliche Produkte hinzu, nicht selten als Transfer aus anderen Bereichen der Industrie in die Architektur. Dabei werden neben den erwähnten sinnlichen Eigenschaften der Baustoffe auch ihre technischen Merkmale immer wichtiger. Die Materialien werden zunehmend effizienter, zeichnen sich durch maßgeschneiderte Oberflächeneigenschaften aus oder treten als so genannte »Smart Materials« in Erscheinung, als Stoffe, die auf wechselnde äußere Einflüsse wie Temperaturunterschiede mit einer reversiblen Veränderung ihrer Eigenschaften reagieren. Das steigende Angebot an Baustoffen begleiten immer höhere Erwartungen und Ansprüche von Architekten und Designern an deren spezifische Qualitäten, nicht zuletzt auch an die Nachhaltigkeit. Gestalter wie Nutzer wollen im Zusammenhang mit der Sorge um Klima und Umwelt, aber auch um die eigene Gesundheit heute zunehmend mehr über die Stoffe wissen, aus denen die einzelnen Produkte gefertigt sind – die Auswahl nach ökologischen Gesichtspunkten wird immer häufiger zum maßgeblichen Kriterium eines Entwurfs.

Die Gestaltung des Raums

Der Innenraum bildet, wenn man so will, den wesentlichen Zweck der Architektur. Es ist der Ort, wo sich Menschen aufhalten: zum Wohnen und Arbeiten, zum Einkaufen und für Freizeitaktivitäten oder auch zu Gebet und Meditation. Im Idealfall stammen Gebäudeentwurf und Innenausbau aus einer Hand. Die Mehrzahl der Innenraumgestaltungen spielt sich indes im Bestand ab: Der Gestalter findet einen vorhanden Raum vor, den es umzubauen gilt, das heißt, er muss sich mit den unverrückbaren Gegebenheiten eines fertigen Gebäudes arrangieren. Das aber muss kein Nachteil sein, denn die Auseinandersetzung mit einer vorhandenen Struktur kann ebenso spannend sein wie der Entwurf eines neuen Raums. Den Kontrast von Alt und Neu zu inszenieren und den Charme bestehender Bauelemente zu nutzen, ihre verborgenen Qualitäten offenzulegen macht, hier den besonderen Reiz aus.

Innenausbauten sind üblicherweise wesentlich kurzlebiger als das Gebäude selbst. Ganz besonders gilt dies für den

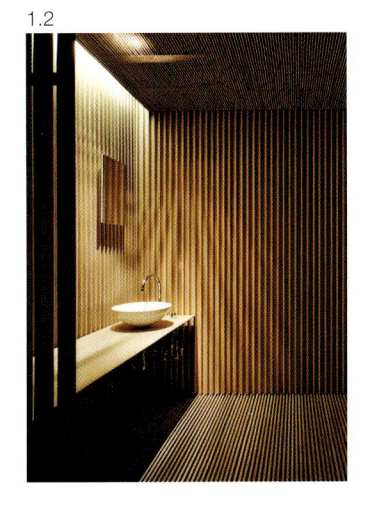

Bereich von Mode und Konsum. Speziell im Ladendesign oder in der Gastronomiebranche, wo Schnelllebigkeit nicht selten zum Prinzip gehört, löst ein Trend den anderen ab. Gerade diese Vergänglichkeit (im Zusammenspiel mit meist geringeren bauphysikalischen Anforderungen im Innenraum) aber bietet besondere Chancen. Architekten und Designer erhalten Freiräume, die es ihnen ermöglichen, zu experimentieren, gelegentlich auch das Unkonventionelle zu wagen. Dabei schafft nicht selten der Transfer von Baustoffen in einen unerwarteten Kontext neue ästhetische Spielräume. Allen voran bei Ladengestaltungen, Restaurants oder Bars kommt dem Design der Räume zunehmend die Aufgabe zu, Lifestyle zu suggerieren und entsprechende Stimmungen zu erzeugen. Besonders die führenden Modelabels erkennen, dass die Architektur zur Corporate Identity gehört und bei entsprechend spektakulärem Auftritt zum medienwirksamen Faktor wird. Für die Ausstattung ihrer Flagship Stores in den Spitzenlagen der Metropolen scheuen sie keine Kosten und fordern von Architekten und Designern besondere Kreativität. Nicht selten nutzen diese dann die außergewöhnlichen Herausforderungen, um neue Materialien zu erproben oder auch selbst zu entwickeln.

Exklusivität und Flair mit künstlichen Stoffen

Um besonders ausgefallene Lifestyle-Welten handelt es sich bei den neuen Prada-Läden des Rotterdamer Büros OMA in New York und Los Angeles, die deren Architekt Rem Koolhaas selbst als Shopping-Experimente bezeichnet. Gleichermaßen wollen die beiden Flagship-Stores privater wie öffentlicher Raum sein und interpretieren den Luxus als eine Art von Großzügigkeit oder gar Verschwendung. Das spezielle Flair ist hier entscheidend.

Als Koolhaas und sein Team vor einigen Jahren von Prada den Auftrag erhielten, neben dem Entwurf weiterer Läden auch die Marke an sich neu zu definieren, suchten sie nach geeigneten Werkstoffen, die in der Lage sind, die neue Identität des Labels, allen voran seine Exklusivität, zu transportieren. Dabei leisteten sie selbst Entwicklungsarbeit und kreierten Regale aus gegossenem Kunststoff oder Fußbodenmatten aus Silikon und mit Blasenstruktur. Den größten Forschungsaufwand, einschließlich zahlreicher Versuche zusammen mit geeigneten Herstellern, verschlang indessen ein poröses Material, das später »Prada-Schaum« getauft wurde – ein »Hybrid zwischen Luft und Materie«, wie die Gestalter selbst den giftgrünen Stoff aus Polyurethan charakterisieren. Sie kleideten damit den gesamten Innenraum des »Epicenters« in Los Angeles aus, hinterleuchteten das Material großflächig und schufen auf diese Art eine ebenso exklusive wie zeitgemäße Atmosphäre (Abb. 1.6).

Große Kulturbauten – zwischen Stofflichkeit und Form

Ihre Experimentierfreudigkeit mit neuen und ungewöhnlichen Materialien führen uns die Architekten von OMA auch mit der Casa da Música in Porto (Abb. 1.7, 1.8 und S. 62ff.) vor Augen. Rem Koolhaas Büro gelingt es hier eindrucksvoll, ein hochwertiges Kulturgebäude mit zeitgemäßen Baustoffen auszustatten, und trotzdem das erwartete festliche Ambiente für Konzerte und Opernaufführungen zu erzeugen. Darüber hinaus spielen die Architekten mit zahlreichen Zitaten und Verweisen auf die Geschichte des Orts an, indem sie Oberflächen wie Blattgold oder portugiesische Azulejos-Fliesen in ungewohntem Zusammenhang präsentieren.

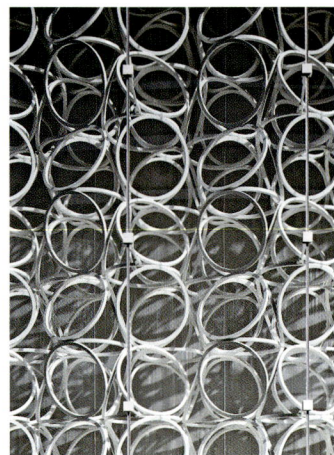

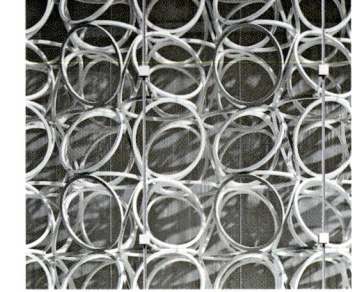

1.4

1.5

1.6

Schon die innere Erschließung dieses Monolithen aus weißem Sichtbeton ist ein faszinierendes Architekturerlebnis, das wegen der unterschiedlichen und spannungsvollen Raumzuschnitte, ganz besonders aber auch wegen der verwendeten Materialien und deren Erscheinungsbild für Abwechslung und Überraschungen sorgt. Die Treppenräume – mit Aluminium bekleideten Stufen und perforiertem Metall an den Wänden – wirken ebenso edel wie modern. In einzelnen Kabinetten finden sich Kacheln in geometrischem Muster verlegt oder mit christlichen Motiven bemalt, woanders wurden Kunststoffoberflächen in Noppenform verwendet. Der wie eine Schuhschachtel geformte große Konzertsaal selbst präsentiert sich minimalistisch und überschwänglich zugleich – ein lustvolles Spiel mit industriell gefertigten Materialien und dekorierten Oberflächen: mit gewelltem Glas, das Blickbezüge nach außen ermöglicht, gleichzeitig aber das Bild verfremdet, mit Blattgoldornamenten auf Sperrholzplatten als Anspielung an den portugiesischen Barock, aber auch an traditionelle Opernhäuser, mit einem Luftkissen aus transparenter Kunststofffolie, akustisch wirkungsvoll über der Bühne platziert. All das fügt sich wie selbstverständlich zusammen und reizt doch die Grenzen des ästhetisch Möglichen aus, ohne diese an irgendeiner Stelle zu überschreiten. Ganz wesentlich tragen die zeitgemäß gestalteten Sitzreihen (Design: Maarten van Severen) zur festlichen Atmosphäre des Zuschauerraums bei, die mit ihrem grauen Samtbezug wirkungsvoll mit dem mit Aluminium belegten Boden korrespondieren. Die besonderen Qualitäten dieses zukunftsweisenden Konzerthauses in Porto werden dem Betrachter besonders dann bewusst, wenn er sie mit einem anderen aktuellen und viel beachteten Kulturbau vergleicht: der neuen Oper in Peking, entworfen von dem französischen Architekten Paul Andreu. Wie ein Ufo, das gerade erst gelandet zu sein scheint, steht der äußerlich futuristisch anmutende Bau mit seiner glitzernden Hülle aus Titanblech im Zentrum der chinesischen Hauptstadt, nicht weit vom historischen Kaiserpalast. Wer eine ähnlich avantgardistische Architektur auch im Inneren erwartet, wird indessen herb enttäuscht. Vor allem der größte der drei Konzertsäle präsentiert sich mit seinen Sitzreihen aus rotem Samt und dunklem Holz gediegen konservativ. Am drastischsten aber demonstrieren die großen, schlecht proportionierten Foyers wie sehr Material und Oberfläche die Qualität eines Innenraums prägen. Denn trotz aufwändiger und teurer Baustoffe – poliertem Naturstein und Edelstahlgewebe – assoziiert man sie kaum mit einem Kulturgebäude diesen Rangs. Vielmehr strahlen sie die nüchterne Sterilität eines Bankfoyers aus. Damit steht Andreus Opernhaus in Peking jedoch nicht allein. Wenn man denn will, kann man gar Frank Gehrys weltbekanntem Guggenheim Museum in Bilbao unterstellen, dass auch dort wesentliche Bereiche im Inneren in räumlicher und emotionaler Hinsicht zugunsten der spektakulären Großform vernachlässigt sind. Denn auch bei diesem expressiv geformten Publikumsmagneten führen Baustoffe wie lackierter Stahl,

1.7

1.8

1.1, 1.2   Hotel »Ginzan-Onsen-Fujiya« in Obanazawa, 2006; Kengo Kuma & Associates
1.3   Restaurant und Bar in Zürich, 2006; Burkhalter Sumi Architekten
1.4   Louis Vuitton Store in Paris, 2005; Carbondale
Detail der Wandornamente
1.5   Hochzeitskapelle in Osaka, 2006; Jun Aoki & Associates
Geflecht aus Stahlreifen
1.6   Prada Store in Los Angeles, 2004; OMA
Detail »Prada-Schaum«
1.7, 1.8   Casa da Música in Porto, 2005; OMA

1.9

1.10

1.11

aseptisches Glas und glatter Stein zusammen mit groben Details, teilweise schlechten Raumzuschnitten und einer eher langweiligen Lichtführung zu einer wenig sinnlichen Materialität. Absolut konträr zu derart effektheischenden Bauwerken lässt sich Peter Zumthors Museum Kolumba in Köln interpretieren. Es tritt vollkommen unaufgeregt in Erscheinung, ist aber bis ins kleinste Detail durchdacht. (Abb. 1.11).

Der sensible Umgang mit dem Material

Zumthors Museum besticht durch großartige Raumfolgen mit stets wechselnden Proportionen und Lichtsituationen, durch inszenierte Ausblicke und nicht zuletzt durch sorgfältig ausgearbeitete Details und edle Oberflächen. Dominierend ist der warmtonige Lehmputz der Wände, der zusammen mit dem massiven Mauerwerk dahinter auch Klima regulierende Funktionen übernimmt. Vor allem aber strahlt er eine schlichte, durchaus sinnliche Materialität aus, die die in stets wechselnder Hängung präsentierten Kunstschätze aus zwei Jahrtausenden besonders wirkungsvoll zur Geltung kommen lässt. Mit Kolumba ist Peter Zumthor ein Ort des Erlebens gelungen – ein stilles Museum, das zum Verweilen, Betrachten und Nachdenken einlädt und damit zu den heute üblichen, laut gestikulierenden Ausstellungshäusern einen wirkungsvollen Kontrapunkt setzt.

Einen ähnlich gefühlvollen Umgang mit dem Material zeigt auch Andreas Meck (Abb. 1.10 und S. 48ff.) mit seinem kleinen Pfarr- und Jugendheim im fränkischen Thalmässing. Er beschränkte sich auf wenige edel wirkende Baustoffe wie Eichenholz, Weidenruten, Sichtbeton und einen dunklen Asphaltestrich, deren natürliche Ausstrahlung zusammen mit reduzierten, präzise durchdachten Details eine emotionale Anmutung erzeugen. Das Material selbst mit seiner Farbe und Struktur prägt dabei die Oberflächen.

Kazunari Sakamoto dagegen nimmt die Oberflächenqualitäten des Materials bei einer kleinen Boutique für Mode und Kunsthandwerk in Tokio weitgehend zurück. In dem überwiegend weiß gehaltenen Raum verwendet er als wesentliches Einrichtungselement ein selbst entwickeltes, schlichtes Möbelsystem aus Schichtholzplatten (MDF), das seine Ausstrahlung erst durch die ausgestellten Verkaufsgegenstände erhält (Abb. 1.9). Nicht das Material der Innenausstattung, sondern die kräftig farbigen Objekte prägen die Atmosphäre – erst die Nutzung komplettiert den Raum. Sakamotos Raumschöpfungen zeigen sich bescheiden, zurückhaltend und uninszeniert, ziehen den Betrachter aber augenblicklich in ihren Bann. Das gilt auch für sein eigenes Wohnhaus, wo er ein ähnliches Möbelsystem verwendet. Auch hier dominiert nicht das Material, obwohl beinahe alle Oberflächen warme Holztöne in unterschiedlicher Ausprägung zeigen, sondern einzig der Raum mit seinen versetzten Ebenen, seiner abwechslungsreichen Erschließung und den unregelmäßigen, gleichermaßen spannungsvollen Zuschnitten, die teilweise aus den Abstandsflächen resultieren. Sakamotos eigenes Motto, die »Poetik im Alltäglichen« ist hier auf perfekte Weise umgesetzt.

Dreidimensionale Raumlandschaften aus einem Guss

Eine wahre Raumlandschaft, in der sie dem Material eine wesentliche Rolle zuweisen, kreieren die Architekten von Graft mit Restaurant und Bar ihres Hotel Q! in Berlin. Fußboden, Wände und Decke sind gleichermaßen mit rötlich gemustertem Linoleum überzogen und bilden ein räumliches Kontinuum, in welchem auch die unterschiedlichen Funktionsbereiche fließend ineinander übergehen: So dient die organisch geformte Skulptur gleichermaßen als Sitzgelegenheit und Raumteiler, Verkehrsfläche, Theke und Ablagebereich (Abb 1.12). Ähnlich durchgeformt sind auch die einzelnen Gästezimmer, wo der Bodenbelag aus dunkler Raucheiche mit dem Bett verschmilzt und dieses mit dem Nassbereich. Eine verwandte Designsprache demonstriert Graft auch bei seinem zweiten Hotel »The Emperor« in Peking (siehe S. 28ff.). Auch hier verstehen die Architekten die Innenraumgestaltung vor allem als ein Spiel mit Material, Farbe und Form, auch hier bilden sie die Innenräume plastisch aus, verwenden dabei aber andere, hellere Oberflächen. Als zusammenbindendes Element setzen sie dabei Veloursleder ein. In unterschiedlichen, kräftigen Tönen gefärbt, zieht sich dieses bandartig durch das gesamte Haus und geht von der Wandbekleidung nahtlos in Sofabänke, Bett und Sitzkissenbezüge über.

Seitdem Individualität und Design im Hotelbau als umsatzfördernde Marketingmaßnahmen erkannt werden, gewinnt die Bauaufgabe für Architekten und Gestalter sichtlich an Attraktivität und Bedeutung. Neben der besonderen Handschrift des Entwerfers wird bei der Ausstattung zunehmend Außergewöhnliches verlangt, was – ähnlich wie beim Ladenbau – die Möglichkeit zum Experiment eröffnet. Schließlich soll für den Gast der Aufenthalt im Hotel selbst zur Attraktion werden. Sein Wunsch nach dem speziellen Erlebnis, das Verlangen des Nutzers, für kurze Zeit aus dem Alltag auszubrechen, führen dazu, dass er hier auch eine ausgefallene, vielleicht sogar avantgardistische Innenraumgestaltung akzeptiert – oft ganz im Gegensatz zu dem eher bieder gemütlichen eigenen Zuhause.

1.12

Gleich ein Dutzend internationaler Architektur- und Designstars waren vom Betreiber eingeladen worden, jeweils eine Etage im Hotel »Puerta América« in Madrid zu gestalten. Die britisch-irakische Architektin Zaha Hadid nutzte diese Gelegenheit, um eine expressive 3D-Landschaft durchgängig wie aus einem Guss zu schaffen (siehe S. 32ff.). Die einzelnen organisch durchgebildeten Räume ganz in Weiß oder Schwarz, in denen alles – Boden und Wände, Möbel und Sanitärgegenstände – miteinander verfließt, wirken wie aus einem einzigen großen Block des mineralisch gebundenen Materials herausgeschnitten. Dabei dient der synthetische, thermisch verformbare Werkstoff nur als Oberfläche, aufgebracht auf eine herkömmliche Unterkonstruktion aus Holzfaserplatten. Eine perfekte Material- und Raumillusion, wenn man so will. Nicht nur in formaler Hinsicht, auch was den Umgang mit dem Material betrifft, werden Assoziationen an die schwungvolle Kulissenarchitektur des Barock geweckt. Zaha Hadids futuristisch anmutende Hotelgestaltung in Madrid gibt uns eine Vorstellung davon, in welche Richtung sich das Interior Design entwickeln kann – wenigstens dort, wo das räumliche Erlebnis, vielleicht sogar die räumliche Furore, gefragt sind. In anderen Situationen aber hat auch der minimalistische und gefühlvolle Umgang mit überlieferten Baustoffen weiterhin Bestand. Und zwischen diesen beiden Extrempositionen wird es auch weiterhin zahlreiche Schattierungen geben. Auch in Zukunft wird es entscheidend sein, das angemessene Material für die jeweilige Bauaufgabe zu finden.

1.9 Modeboutique in Tokio, 2005; Kazunari Sakamoto
1.10 Pfarr- und Jugendzentrum in Thalmässing, 2004; Meck Architekten
1.11 Kolumba Museum in Köln, 2007; Peter Zumthor
1.12 Hotel Q! in Berlin, 2004; Graft

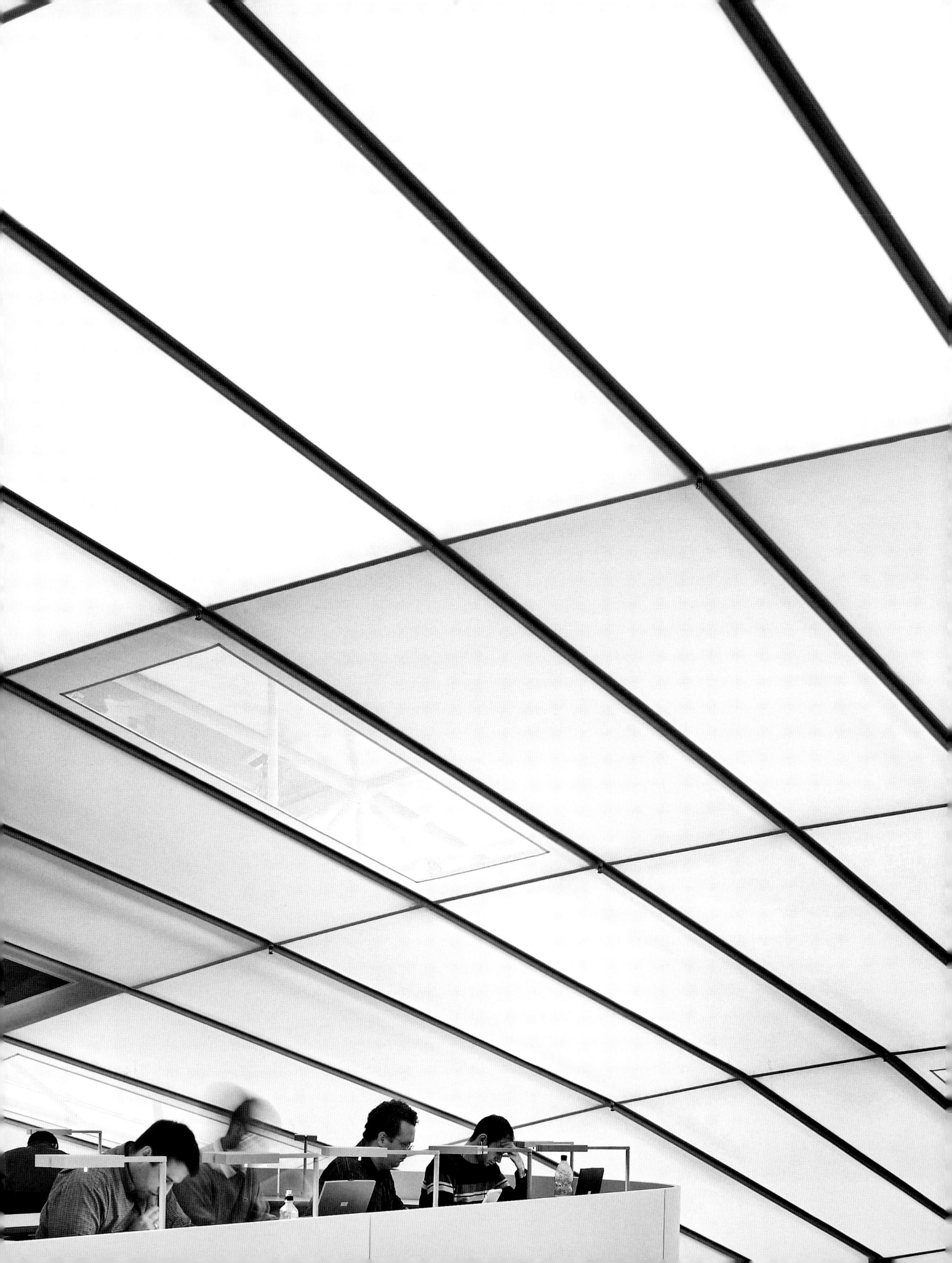

Materialübersicht der Beispiele

Seite	Projekt	Nutzung	Material	Oberflächen
16	Appartment in Oberlech Delugan Meissl Associated Architects, Wien	Wohnen	Gipskarton Holzwerkstoff	Eichenfurnier, Schiefer, Stoff
20	Ferienwohnung am Attersee Atelier Ebner + Ullmann, Wien	Wohnen	Gipskarton Holzwerkstoff	Kunstharzbeschichtung, farbige Lackierung, Stoff
24	Wohnungsumbau in Berlin Behles & Jochimsen, Berlin	Wohnen	Gipskarton Holzwerkstoff	Melaminharzbeschichtung, farbige Lackierung
28	Hotel »The Emperor« in Peking Graft, Peking	Hotellerie Gastronomie	Gipskarton Holzwerkstoff	Veloursleder, Stoff, farbige Lackierung
32	Hoteletage im »Puerta América« in Madrid Zaha Hadid Architects, London	Hotellerie	Holzwerkstoff	Mineralwerkstoff
38	Gästepavillons in Olot RCR Arquitectes, Olot	Hotellerie Wohnen	Stahlskelett	Glas
42	Hotel »Ginzan-Onsen-Fujiya« in Obanazawa Kengo Kuma & Associates, Tokio	Hotellerie	Stahlbeton Holz	Hibaholz, Bambus, geätztes Glas, Japanpapier
48	Pfarr- und Jugendheim in Thalmässing meck architekten, München	Kultur Bildung	Stahlbeton Mauerwerk	Weidengeflecht, Eichenholz
52	Multimedia-Pavillon in Jinhua Erhard An-He Kinzelbach KNOWSPACE, Wien	Kultur	Stahlbeton	Bambus-Sperrholz
54	Theater in Zürich EM2N, Zürich	Kultur Gastronomie	Stahlbeton Holzwerkstoff	Velourbelag, farbige Lackierung
58	Theater Agora in Lelystad UNStudio, Amsterdam, B+M, Den Haag	Kultur	Gipskarton Holzwerkstoff	Bambusparkett, Teppich, Stoff, farbige Lackierung
62	Casa da Música in Porto OMA, Rotterdam	Kultur	Stahlbeton	Glas, Holz, Keramik, Schaumstoff
68	Dokumentationszentrum für Architektur in Madrid Aparicio + Fernández-Elorza, Madrid	Kultur Bildung	Stahlbeton	Sichtbeton
74	Zentrum für Film und visuelle Medien in London Surface Architects, London	Bildung	Gipskarton Holzwerkstoff	Stoff, Leder, farbige Lackierung
78	Künsteragentur in Berlin ANGELIS + PARTNER, Oldenburg	Büro	Holzwerkstoff	Kautschukbelag, Stoff
82	Zahnarztpraxis in Berlin Graft, Berlin	Gesundheit	Gipskarton Holzwerkstoff	Spritzelastomerbelag, farbige Lackierung, Stoff
98	Modeladen »Maison Louis Vuitton des Champs-Elysées« in Paris Cabondale, Paris	Einzelhandel	Gipskarton Aluminium	Aluminium, Glas, Holz
102	Laden in Barcelona EQUIP Xavier Claramunt, Barcelona	Einzelhandel	Aluminium	Polycarbonat- stegplatten
104	Modeboutique in Berlin Corneille Uedingslohmann Architekten, Berlin	Einzelhandel	Stahlbeton Holzwerkstoff	Glasfaserverstärkter Kunststoff
110	Schuhladen in Amsterdam Meyer en Van Schooten, Amsterdam	Einzelhandel	Stahl	Acrylglas
114	Schuhladen in Rom Fabio Novembre, Mailand	Einzelhandel	Stahl	Mineralwerkstoff
118	Linden-Apotheke in Ludwigsburg ippolito fleitz group – identity architects, Stuttgart	Gesundheit	Gipskarton Holzwerkstoff	farbige Lackierung
122	Kaufhaus »La Rinascente« in Mailand Lifschutz Davidson Sandilands, London	Gewerbe Gastronomie	Aluminium	Acrylglas
126	Weinprobierstube in Fellbach Christine Remensperger, Stuttgart	Gastronomie	Holzwerkstoff	Eichenfurnier
130	Restaurant und Bar in Zürich Burkhalter Sumi, Zürich	Gastronomie	Gipskarton Holzwerkstoff	farbige Lackierung, Stoff
134	Französisches Restaurant »Aoba-tei« in Sendai Hitoshi Abe + Atelier Hitoshi Abe, Sendai	Gastronomie	Stahl	Feinstahlblech
138	Restaurant »George« in Paris Jakob + MacFarlane, Paris	Gastronomie	Stahl Aluminium	Kautschukbelag, farbige Lackierung

Appartment in Oberlech

Architekten: Delugan Meissl Associated Architects, Wien

Projektdaten:

Nutzung:	Wohnen
Konstruktion:	Eichenfurnier auf Holzunterkonstruktion
lichte Raumhöhe:	2,25 m
Bruttorauminhalt:	680 m³
Nutzfläche:	258 m²
Baujahr:	2006
Bauzeit:	5 Monate

Temporär genutzte Ferienwohnung
Plastische Formen und fließende Raumfolgen
Vielfalt an hochwertigen Materialien

In dem traditionsreichen, mondänen Vorarlberger Skiort Oberlech auf 1750 m Höhe befindet sich diese Ferienwohnung mit ca. 258 m² Nutzfläche. Der Bauherr war auf der Suche nach einem Ort der Ruhe, Zurückgezogenheit und Entspannung.

Auf einem schmalen und tiefen Hanggrundstück erstreckt sich die Wohneinheit über drei Etagen und ist den Funktionen entsprechend gegliedert. Das Gebäude wird über das obere Hanggeschoss betreten, wo die Schlafräume liegen. Von der Eingangsebene führt eine Treppe in den tiefer gelegenen großzügigen Wohnbereich. Violette Sitznischen setzen hier einen farblichen Akzent. Das zentrale Element dieser Ebene ist eine ledergepolsterte »Liegewiese« und der skulpturale Kamin. Geschosshohe Glasflächen geben den Blick in die umgebende Landschaft frei. In der unteren Etage liegen die Schlafräume der Kinder und der Wellnessbereich mit Dampfbad und Fitnessgeräten.

Das Interieur ist in warmen Erdtönen gehalten. Der durchgehende Fußboden sowie Wand- und Möbelelemente aus hellem Eichenholz lassen die Räume wie aus einem Guss erscheinen. Kamin und Küchenblock aus rauem Schiefer setzen Akzente. Die Wände selbst nehmen verschiedene Funktionen auf und formen so z. B. ein hinterleuchtetes Weinregal, das fließend in die angrenzende Sitznische übergeht. Nicht zuletzt bietet sie mit integrierten Fächern genügend Stauraum. Hergestellt wurde das Wandmöbel aus furnierten MDF-Platten.

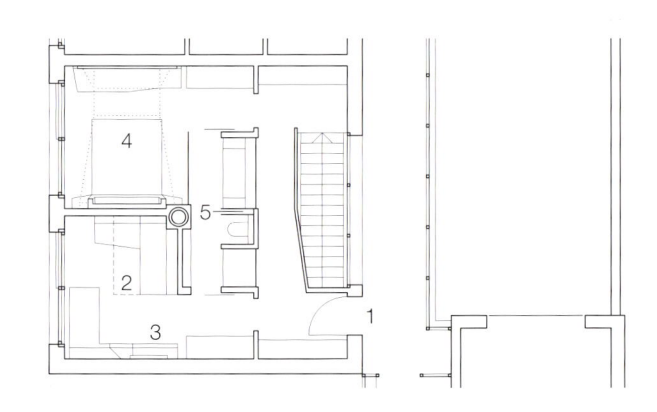

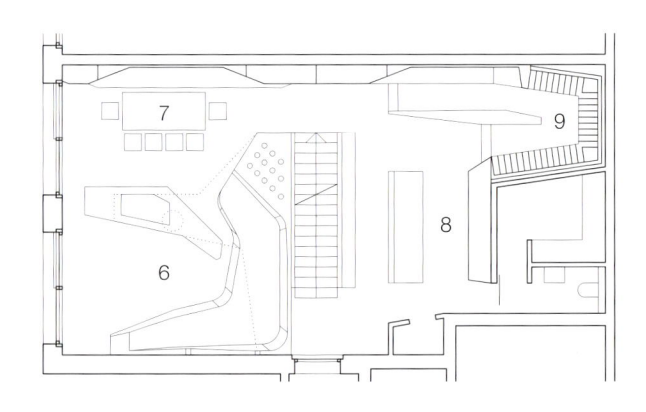

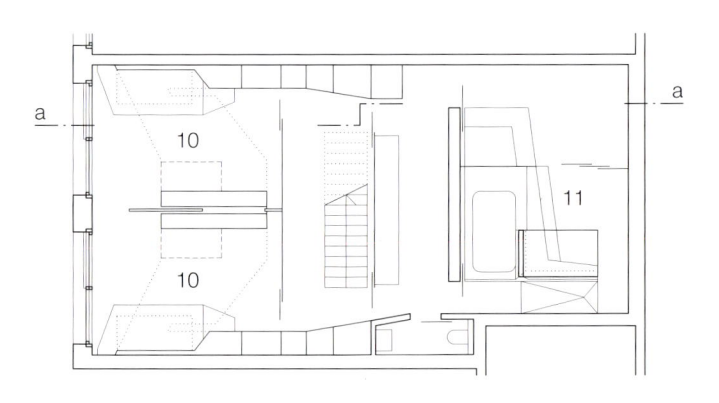

Grundrisse
Maßstab 1:200

1 Eingang
2 Gästezimmer
3 Bibliothek
4 Schlafzimmer
5 Bad
6 Wohnbereich
7 Essbereich
8 Küche
9 Weinlager
10 Kinderzimmer
11 Wellnessbereich

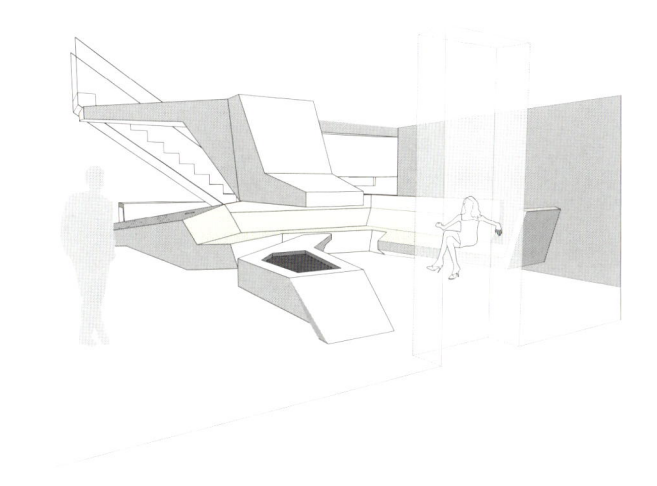

aa

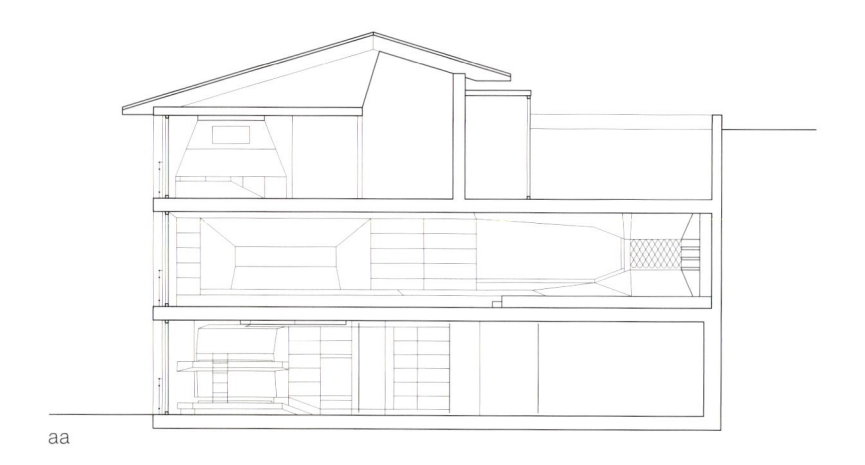

Schnitt Maßstab 1:200
Weinregal und Sitzmöbel
Horizontalschnitt · Vertikalschnitte
Maßstab 1:20

 1 abgehängte Decke:
   Gipskarton weiß gestrichen 12,5 mm
 2 Bodenbelag:
   Parkett Eiche 12 mm
 3 Regalkonstruktion:
   Spanplatte 19 mm
   Furnier Eiche
 4 Klapptüre bündig einliegend
   MDF 19 mm
   Furnier Eiche
 5 integrierte Beleuchtung:
   LED-Band mit Farbwechsel
 6 Abdeckung Acrylglas klar
 7 Schaumstoffkissen mit Stoff bezogen, violett
 8 textile Bespannung, violett
 9 Unterteilungen Weinregal:
   MDF schwarz durchgefärbt 16 mm
10 Abdeckung in Wabenform ausgefräst
   MDF schwarz durchgefärbt 16 mm
   Furnier Eiche

Materialeigenschaften Regal:

Material:	mitteldichte Holzfaserplatte (MDF)
Rohdichte:	450–750 kg/m^3
Brandschutzklasse:	B2, normal entflammbar
zul. Biegespannung:	3,6–8,0 N/mm^2 (rechtwinklig zur Plattenebene)
zul. Druckfestigkeit:	2,8–4,5 N/mm^2 (in Plattenebene)
Wärmeleitfähigkeit:	0,1–0,17 W/mK
Schwinden:	0,2 % je % Holzfeuchteänderung (in Plattenebene)
Farbe:	Braun
Lichtdurchlässigkeit:	undurchlässig
Glanzgrad:	mittel
Oberflächenstruktur:	glatt

bb cc

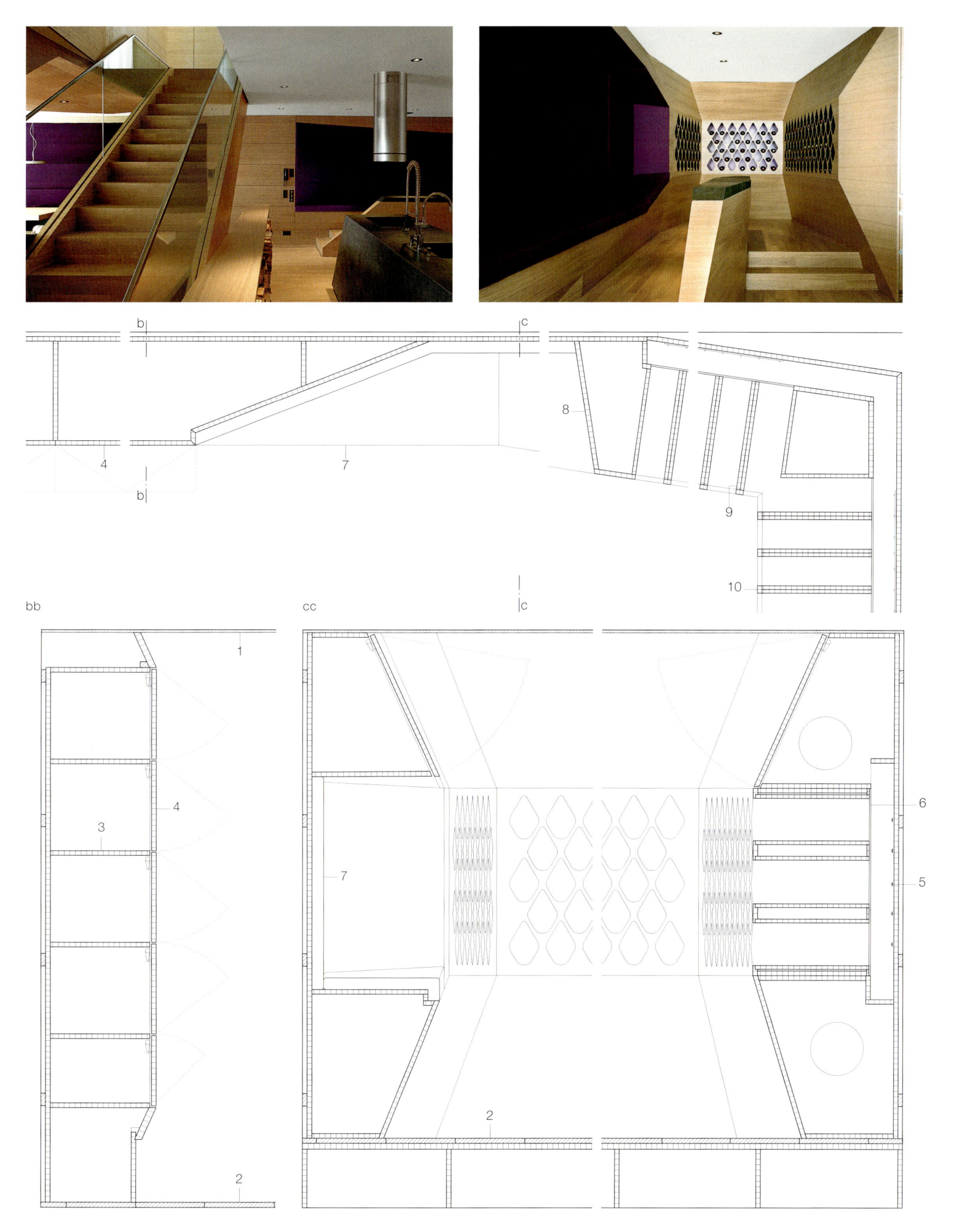

1
3
4
2

8
9
10

7

2

7

6
5

Ferienwohnung am Attersee

Architekten: Atelier Ebner + Ullmann, Wien

Flexibel und vielfältig nutzbarer Wohnraum
Multifunktionales Raummöbel
Ornamental gestaltete Oberflächen

Der neue Innenausbau verwandelt die direkt am Attersee im Salzburger Land gelegene Ferienwohnung in einen funktionalen und vielfältig nutzbaren Wohnraum. Um möglichst viel Wohnfläche für das temporär genutzte Appartment zur Verfügung zu stellen, wurden alle nicht tragenden Wände des Bestands entfernt und mittig ein schlankes, langes Raummöbel eingestellt. Lediglich das Bad ist von Wänden umschlossen und die Kinderbetten sind fest eingebaut. Küche, Esstisch und Stauräume verschwinden hinter raumhohen Falttüren. Das zentrale Möbel ist einerseits Teil des Raums, andererseits selbst ein raumhaltiges Element. In der »Ruheposition« erscheint der 8,1 m lange und 3,0 m hohe Einbau als ringsum geschlossene Box. Über Klappen, Türen und Auszüge ergeben sich unterschiedliche Nutzungsmöglichkeiten. So wird eine Tür zum Trennelement zwischen Kinderzimmer und Schlafzimmer. Gleichzeitig verbirgt sich dahinter ein vollwertiger Arbeitsplatz mit ausziehbarer Schreibtischplatte. Vielfältigen Stauraum bieten die begehbaren Ankleiden für Eltern und Kinder sowie die Garderobe.

Wand, Boden, Decke und Verschattungselemente gestaltete der Künstler Rainer Füreder. Auf die fertigen Oberflächen wurde ein beiger Farbanstrich aufgebracht, worauf der Künstler das Muster aus Blättern und Zweigen aufmalte. Als letzte Schicht folgte eine Versiegelung aus Epoxidharz. Die transluzenten Schiebeelemente vor den Fenstern bestehen aus mit Filz bespannten MDF-Platten, aus denen zuvor das Muster ausgesägt wurde.

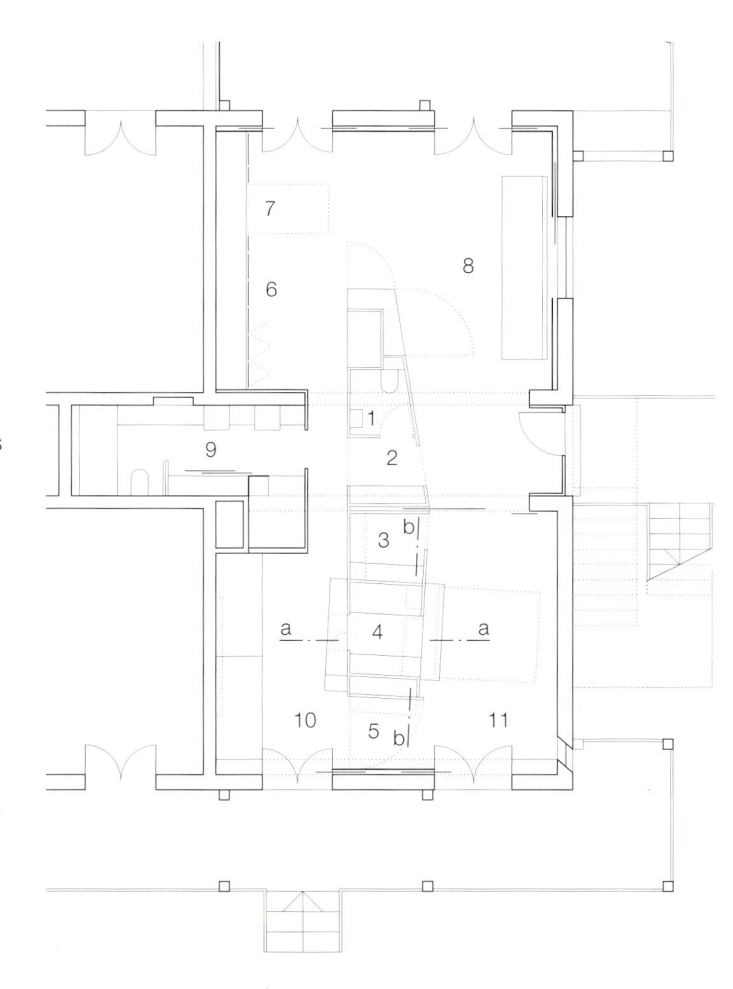

Grundriss
Maßstab 1:150

1 WC
2 Garderobe
3 Eltern Ankleide
4 Kinder Ankleide
5 Schreibtisch
6 Küche
7 Esstisch
8 Wohnen
9 Bad
10 Kinderzimmer
11 Schlafzimmer

Projektdaten:

Nutzung:	Wohnen
Konstruktion:	Trockenbau
lichte Raumhöhe:	3,0 m
Bruttorauminhalt:	225 m³
Bruttogeschossfläche:	75 m²
Baujahr:	2005
Bauzeit:	4 Monate

21

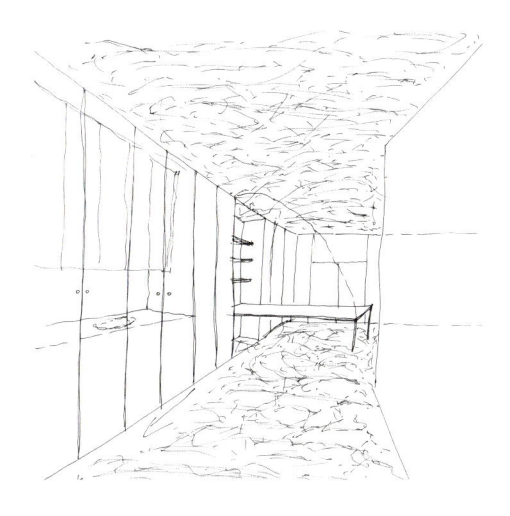

Materialeigenschaften Kunstharzbeschichtung Bodenbelag:

Anwendung: für die Versiegelung innen liegender Bodenflächen
Produktname: Sto Cretec Bodenbeschichtung

Dichte: 1,07 g/ml
Viskosität: 600 mPa·s
Brandschutzklasse: B1, schwer entflammbar

Farbe: farblos, glänzend
Lichtdurchlässigkeit: transparent
Shore-D-Härte: 45
Oberflächenstruktur: glatt

aa

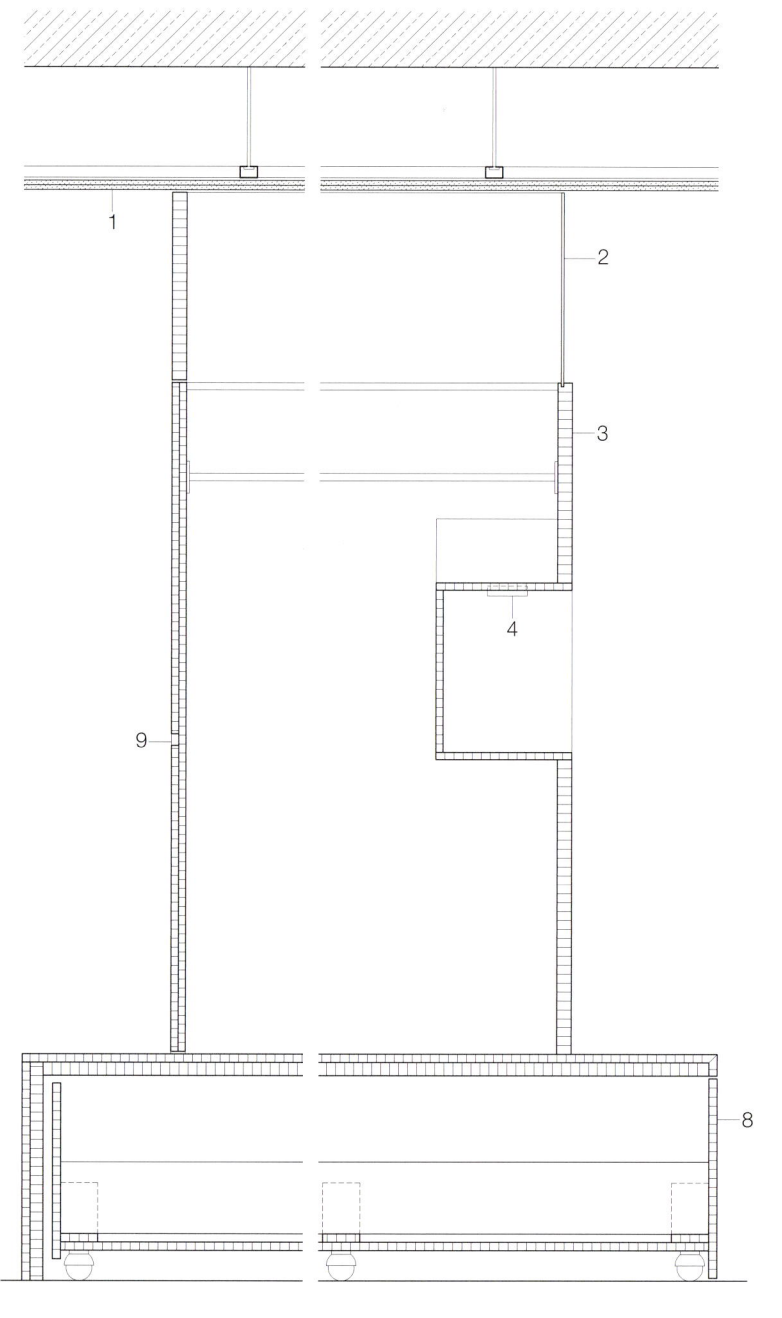

Vertikalschnitte Möbel
Maßstab 1:20

1 abgehängte Decke Gipskarton 2× 12,5 mm,
  Anstrich Latexfarbe
2 Klarglasscheibe rahmenlos eingebaut
3 MDF beige matt lackiert 19 mm
4 Halogenspot
5 Kinderankleide innen:
  MDF rot matt lackiert 19 mm
6 Schreibtischplatte:
  MDF beige matt lackiert 12 mm
7 Kleiderstange Stahlrohr Ø 10 mm
8 Bett auf Rollen ein- und ausfahrbar
9 Türgriff eingefräst mit Nut Ø 30 mm
10 Elternumkleide innen:
  MDF silber matt lackiert 19 mm

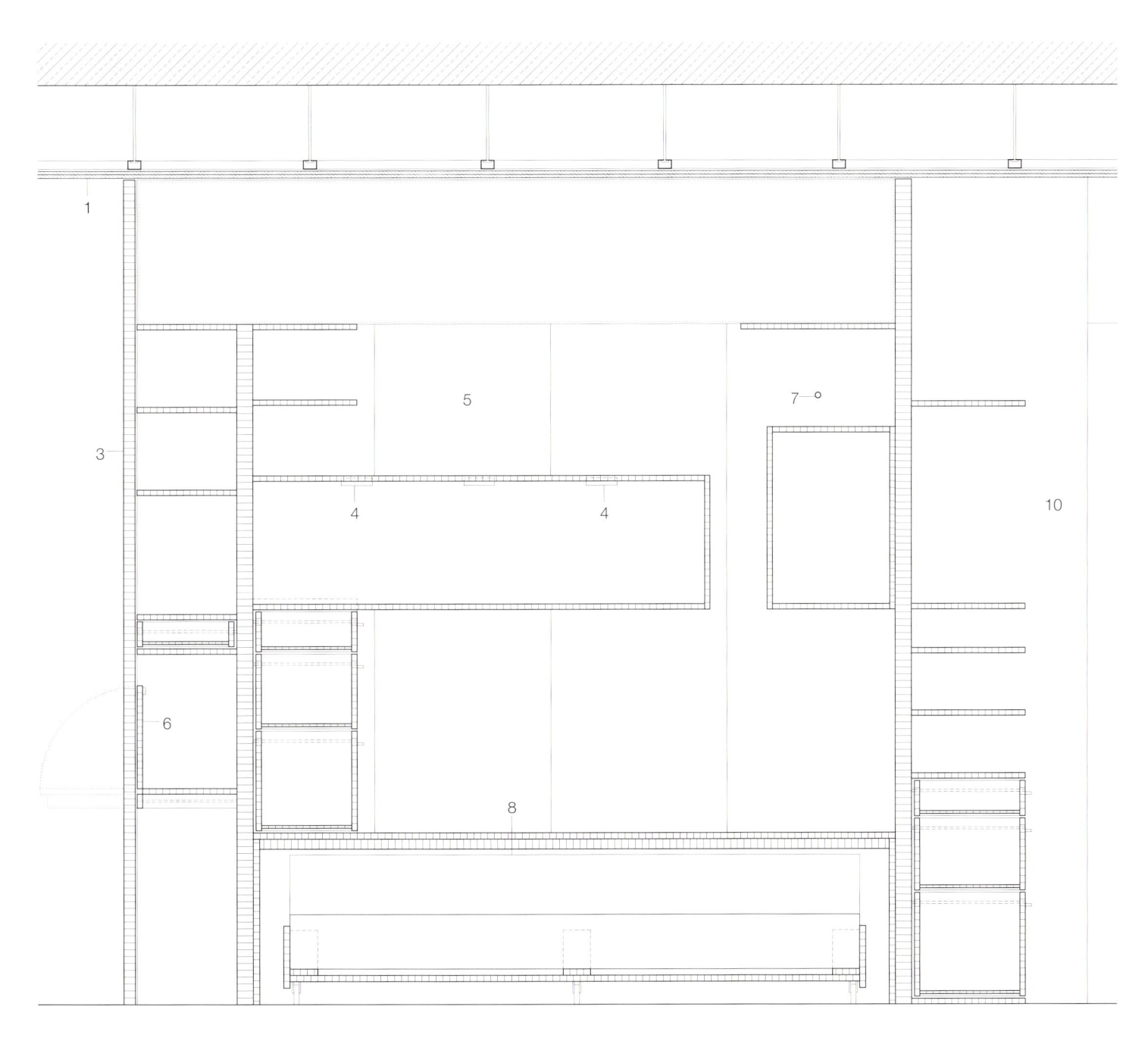

bb

Wohnungsumbau in Berlin

Architekten: Behles & Jochimsen, Berlin

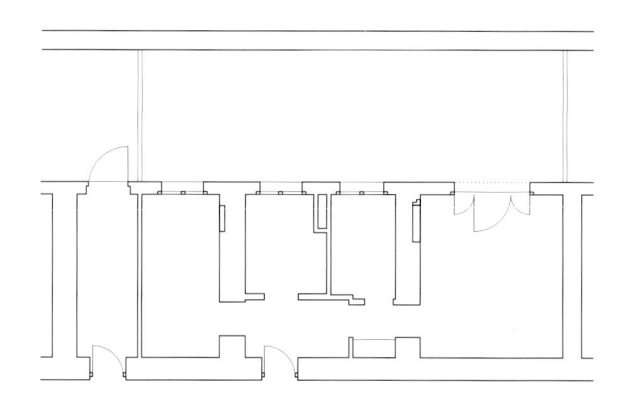

Vollständig entkernte Wohnung
Schrankmöbel gliedert den Großraum
Glänzend rosa lackierter Holzwerkstoff

Das turmartige »Haus des Kindes« überragt die angrenzende Bebauung der Karl-Marx-Allee und bildet mit dem nahezu identischen »Haus Berlin« ein Tor zum Strausberger Platz. Die Grundrisse des vom sowjetischen Neoklassizismus inspirierten 1950er-Jahre-Baus basieren auf einem regelmäßigen Raster ohne eindeutige Nutzungszuweisung der Räume. Die Bauherrin, als Musikerin viel auf Reisen, wollte Ballast abwerfen und war auf der Suche nach einer kleinen, feinen Wohnung mit der Perfektion einer Hotelsuite. Für das Haus sprach u. a. die Lage der Wohnung im 7. Obergeschoss mit großer Südterrasse. Ein Flur zwischen Etagenlobby und Terrasse konnte einbezogen und so eine vollwertige Zweiraumwohnung geschaffen werden. Das mittlere, bisher von Flur, Bad und Küche besetzte Grundrissquadrat sollte auch als solches wahrnehmbar sein. Dazu wurden alle nicht tragenden Wände entfernt, die Türöffnungen in den massiven Querwänden, soweit statisch vertretbar, erweitert und mittig ein langes Schrankmöbel durchgesteckt.

Temporäre Abgeschlossenheit
Dieses neue, türhohe Element verbindet die Teilräume zu einem Großraum, ermöglicht aber auch deren temporäre Abgeschlossenheit. Der mittlere Raum ist in eine Diele mit kleiner Kochzeile und ein Bad geteilt; beide bleiben aber über eine mattierte Glaswand verbunden, die Tageslicht durchlässt und nachts hinterleuchtet werden kann. Über eine Vielzahl von Klappen, Türen und Auszügen öffnet sich das Möbel. Es bietet nicht nur vielfältigen Stauraum, sondern integriert auch Badobjekte, Küchen- und Haushaltsgeräte, diverse Anschlüsse sowie eine Vielzahl von Beleuchtungsmöglichkeiten. Im Bereich der Wanddurchbrüche dienen die auf der Rückseite mit Spiegeln versehenen Türen auch dem Raumabschluss zwischen den Zimmern sowie Küche und Diele.

Ein farbiger Akzent im neutralen Raum
Das komplexe und ausgeklügelte Objekt aus Holzwerkstoff kontrastiert mit der Neutralität der vorhandenen Räume. Dem entspricht auch seine optische Präsenz: Die Oberflächen wurden mit einem 2-Komponenten-PUR-Lack, außen hochglänzend rosa und innen matt dunkelrot, lackiert. Somit wurde das Möbel auch den Anforderungen in den Nassbereichen gerecht. Dagegen sind die Wände in lichtem Grau gehalten, die Decken, Fenster und Laibungen sind weiß gestrichen.

Grundriss Bestand
Maßstab 1:200
Grundriss · Schnitte
Maßstab 1:100

1 Eingang
2 Diele/Küche
3 Zimmer (Schlafen)
4 Bad
5 Zimmer (Wohnen)
6 Terrasse
7 Kleiderschrank
8 Waschtisch
9 Waschmaschine/Trockner
10 Garderobe
11 Kühlschrank/Backofen
12 Kochnische
13 Vorratsschrank

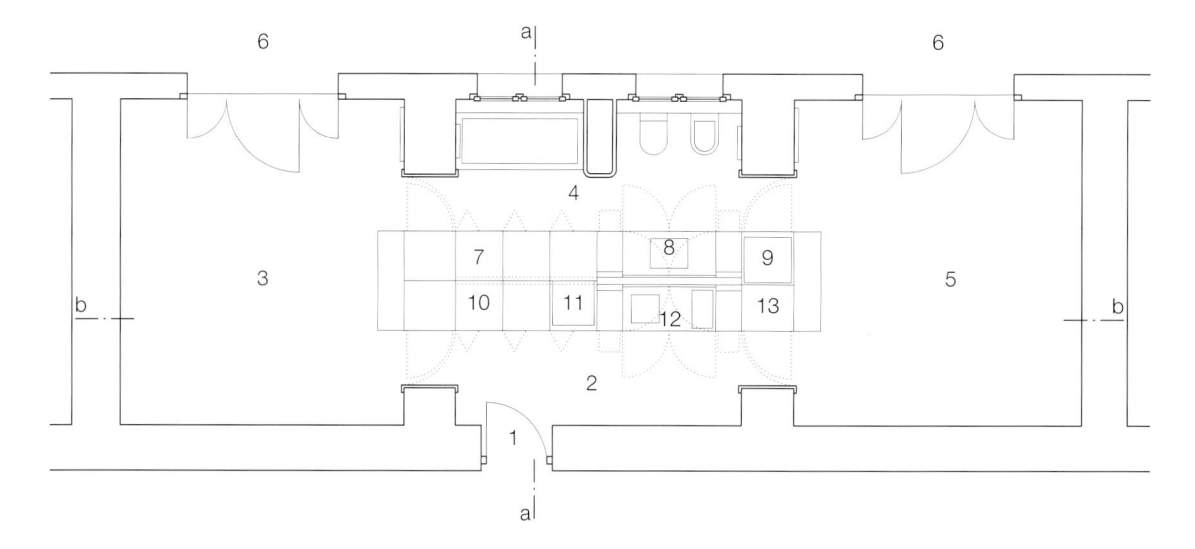

Projektdaten:

Nutzung: Wohnen
Konstruktion: Trockenbau
lichte Raumhöhe: 2,86 m
Bruttorauminhalt: 145 m³
Bruttogrundfläche: 53 m²
Baujahr: 2006
Bauzeit: 7 Monate

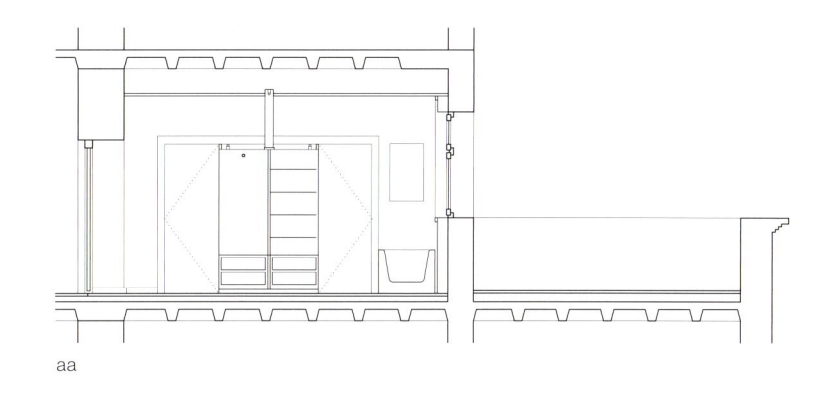

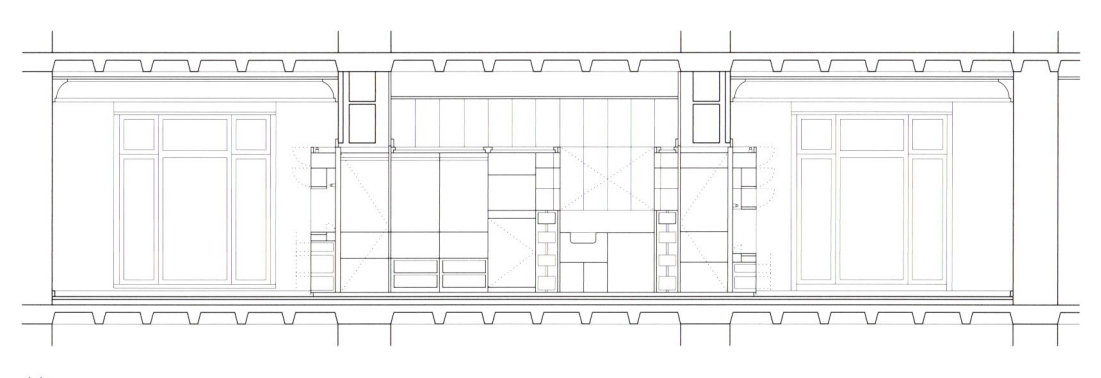

aa

bb

Detailschnitte
Maßstab 1:20

1 abgehängte Decke Gipskarton weiß gestrichen
2 Leuchtstoffröhre dimmbar
3 Glasscheibe, Innenseite satiniert,
  rahmenlos eingebaut
  (in Koch-/Waschnische bis Oberkante
  Edelstahlverblendung nach unten gezogen)
4 Spanplatte 22 mm,
  rosafarben hochglanzlackiert
5 Fischgrätparkett Eiche schwimmend verlegt,
  geölt gewachst, 400/90 mm teils neu,
  teils an Bestand angepasst
6 Abdichtung unter Parkett im gesamten
  Bad- und Küchen-/Dielenbereich
7 Bekleidung MDF weiß lackiert
8 Arbeitsplatte Edelstahl geschliffen
  (seitlich und hinten hochgezogen)
9 Scheinfuge 3 mm
10 Abdeckklappe Elektroinstallation
11 Schranktür Spanplatte 22 mm,
   Außenseite rosafarben hochglanzlackiert,
   Innenseite vollflächig mit Spiegel beklebt
12 Schranktür innen:
   Spanplatte melaminbeschichtet
   dunkelrot lackiert 19 mm
13 Schrank-/Zimmertür außen:
   Spanplatte 22 mm,
   Außenseite rosafarben hochglanzlackiert,
   Innenseite Spiegel vollflächig 6 mm
14 Edelstahlblech
15 Türgriff eingefräst mit Nut 3 mm

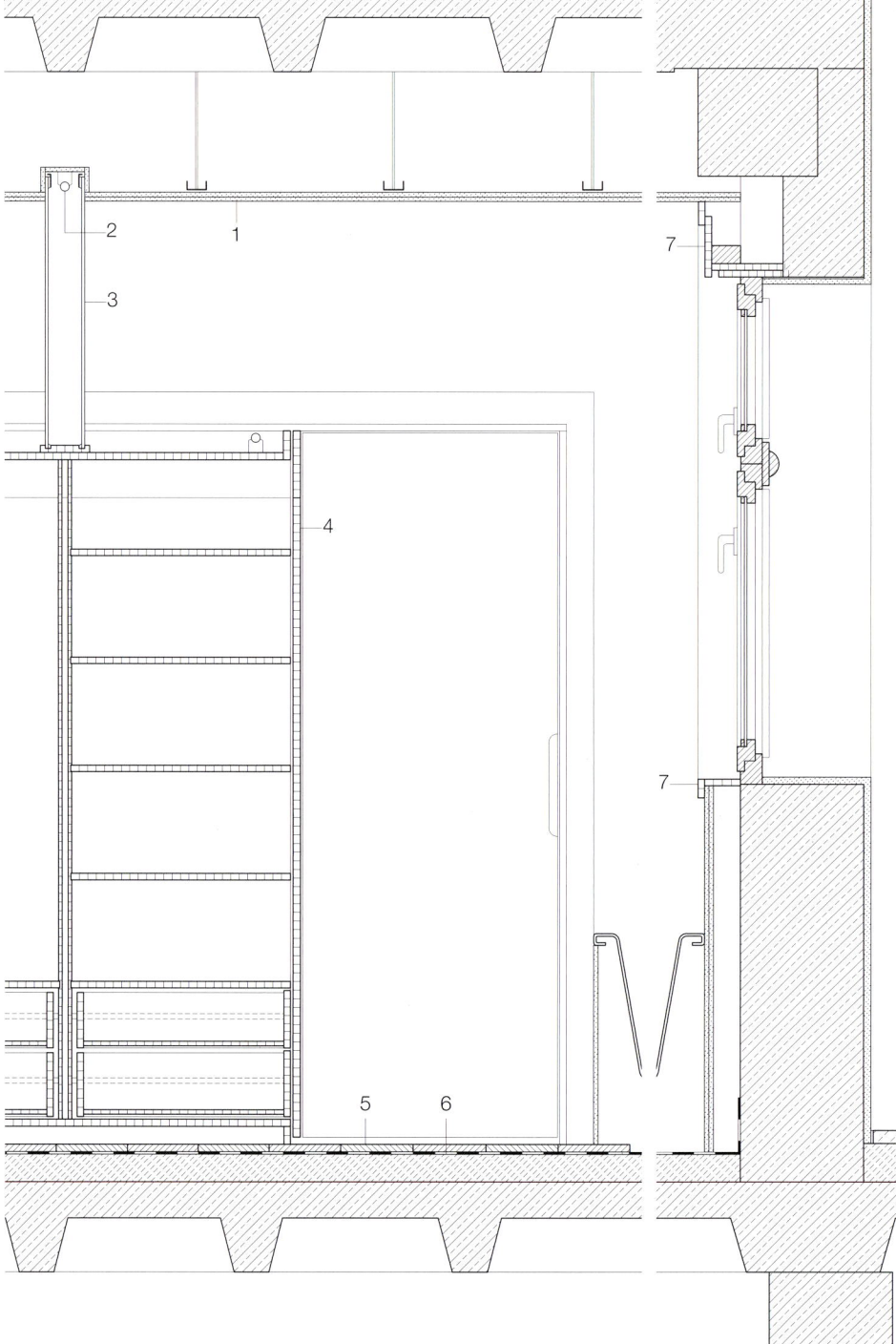

cc

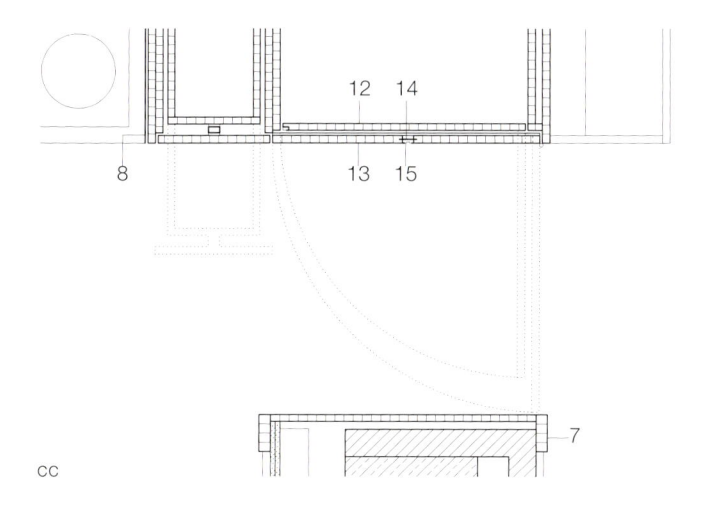

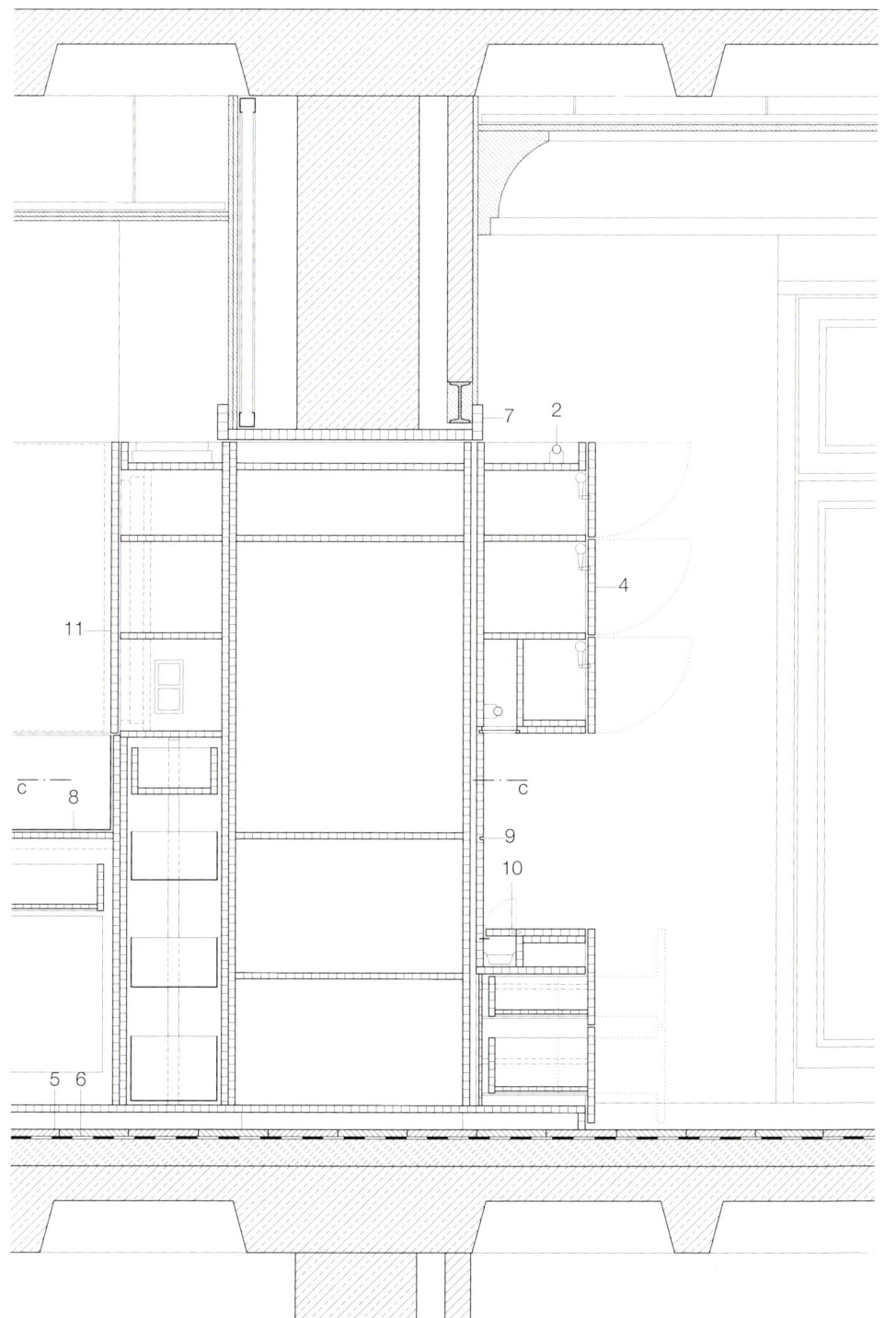

Materialeigenschaften	Schrankmöbel:
Material:	Holzwerkstoff
Stabilität:	1900–2700 N/mm²
Dichte:	450–750 kg/m³
Brandschutzklasse:	B2, normal entflammbar
Wärmeleitfähigkeit:	0,1–0,17 W/mK
Farbe:	NCS S 1020-R (Rosa)
Biegefestigkeit:	3,6–8,0 N/mm²
Druckfestigkeit:	2,8–4,5 N/mm²
Glanzgrad:	hoch
Oberflächenstruktur:	glatt

Hotel »The Emperor« in Peking

Architekten: Graft, Peking

Projektdaten:

Nutzung:	Hotellerie und Gastronomie
Konstruktion:	Trockenbau
lichte Raumhöhe:	2,63 m (UG), 2,73 m (Lobby), 2,50 m (Gästezimmer), 2,40 m (Flure)
Bruttorauminhalt:	14 000 m³
Bruttogeschossfläche:	4800 m²
Baujahr:	2008
Bauzeit:	9 Monate

Design-Hotel im Zentrum von Peking
Integrierte Möblierung verschmilzt mit Raum
Verschiedene Farben als Gestaltungskonzept

Das im April 2008 eröffnete Hotel »The Emperor« liegt zentral, nahe der »Verbotenen Stadt« – Pekings bedeutendster Sehenswürdigkeit. Mit seinen 55 Zimmern und fünf Suiten fällt das Haus vor allem durch die organisch fließenden Raumkompositionen und dem Spiel mit Material, Farbe und Form auf.

Fließende Raumkompositionen

Das bestehende Gebäude wurde, wie bei Graft üblich, entkernt und vollkommen neu organisiert.
Im Erdgeschoss befindet sich die freundlich gestaltete Lobby mit Sitzgelegenheiten und Informationsbereich. Weite und Großzügigkeit bestimmen das Untergeschoss. Hier fügen sich die einzelnen Funktionsbereiche wie Lounge, Restaurant und Bar zu einem offenen Raumkontinuum. Tageslicht erhält der Raum über den südlich vorgelagerten, mit Bambus gestalteten Patio. Außen liegende Treppen führen vom Straßenraum über den Patio in diese Ebene und ermöglichen so den Zugang unabhängig vom Hotel. Die Gästezimmer sind in fünf Kategorien mit Zimmergrößen von 30 bis 69 m² aufgeteilt. Als Besonderheit gibt es keine Zimmernummern – der Ankommende muss seinen Raum mithilfe des grafisch abstrahierten Porträts eines historischen Kaisers auf der Magnetkarte identifizieren, das sich dann in stark vergrößerter Form auf der Zimmertür wiederfindet. In den Standardzimmern trennt eine halbtransparente Glasscheibe das Bad vom Wohn- und Schlafbereich. Die schwarzen Fliesen aus Schiefer kontrastieren mit der in Weiß gehaltenen Einrichtung.

In der dritten Etage bietet die elegante Dachterrasse mit Spa-Bereich, Swimmingpool, Bar und Konferenzraum einen grandiosen Blick über die »Verbotene Stadt«.

Veloursleder als wiederkehrendes Material

Als durchlaufendes Material, das die unterschiedlichen Architekturelemente verbindet, fungiert Veloursleder – in kräftigen Tönen gefärbt, zieht es sich bandartig durch das gesamte Haus. Es beginnt als Sitzlounge im Foyer und tritt dort auch als Wandbekleidung und Präsentationsfläche in Erscheinung, taucht dann in den Zimmerfluren wieder auf, wo es die kommunikativen Sitzgelegenheiten bekleidet. In den Gästeräumen schließlich werden die Bänder an Wänden und Einbauschränken weitergeführt, um schließlich in Sofabänke, Bett und Sitzkissen überzugehen. Die einzelnen Etagen setzen sich dabei in unterschiedlichen Farben (Grün, Türkis, Orange) von einander ab. Die Farbgebung bezieht sich dabei auf die Bemalungen eines gegenüberliegenden Tempels. Die allgemein zugänglichen Aufenthaltsbereiche sind ebenfalls in kräftigem Orange gehalten. Diese Farbe dominiert auch in Bar und Restaurant im Untergeschoss, wo fest eingebaute Sitzgelegenheiten und bewegliche Stühle mit Veloursleder überzogen sind.

Lichtkonzept

Der gezielte Einsatz von indirektem Licht in allen Situationen schafft eine angenehme Atmosphäre. In abgehängte Decken integrierte Vouten gliedern die Räume, markieren Bewegungszonen und sorgen für blendungsfreies Licht. Hinterleuchtete textile Trennwände schaffen weiches Licht im Loungebereich und grenzen die Sitzinseln voneinander ab.

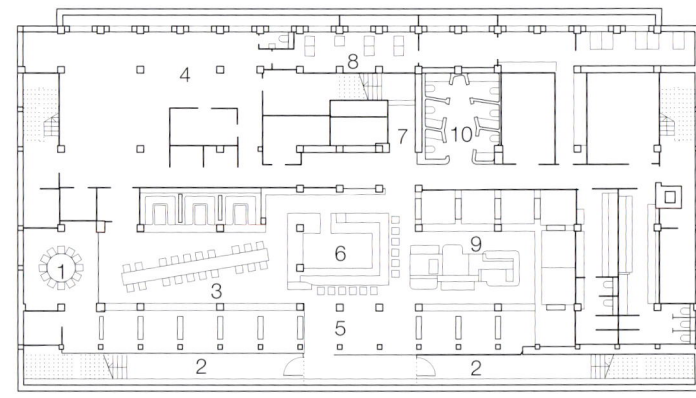

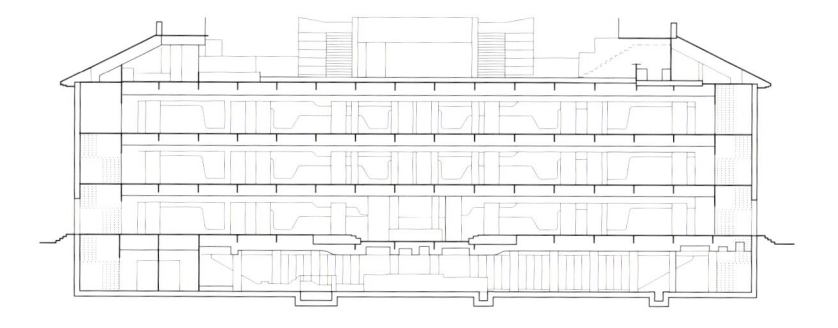

Grundrisse
Untergeschoss
Erdgeschoss
Dachgeschoss
Schnitt
Maßstab 1:500

1 VIP-Nebenzimmer
2 Patio, Bambusgarten
3 Restaurant
4 Küche
5 Empfang
6 Bar
7 Aufgang zur Lobby
8 Mitarbeiterkantine
9 Loungebereich
10 Toiletten
11 Lobby, Rezeption
12 Standard-Zimmer
13 »Deluxe«-Zimmer
14 »Junior«-Zimmer
15 Bar
16 Spa-Bereich
17 Fitnessraum
18 Konferenzraum

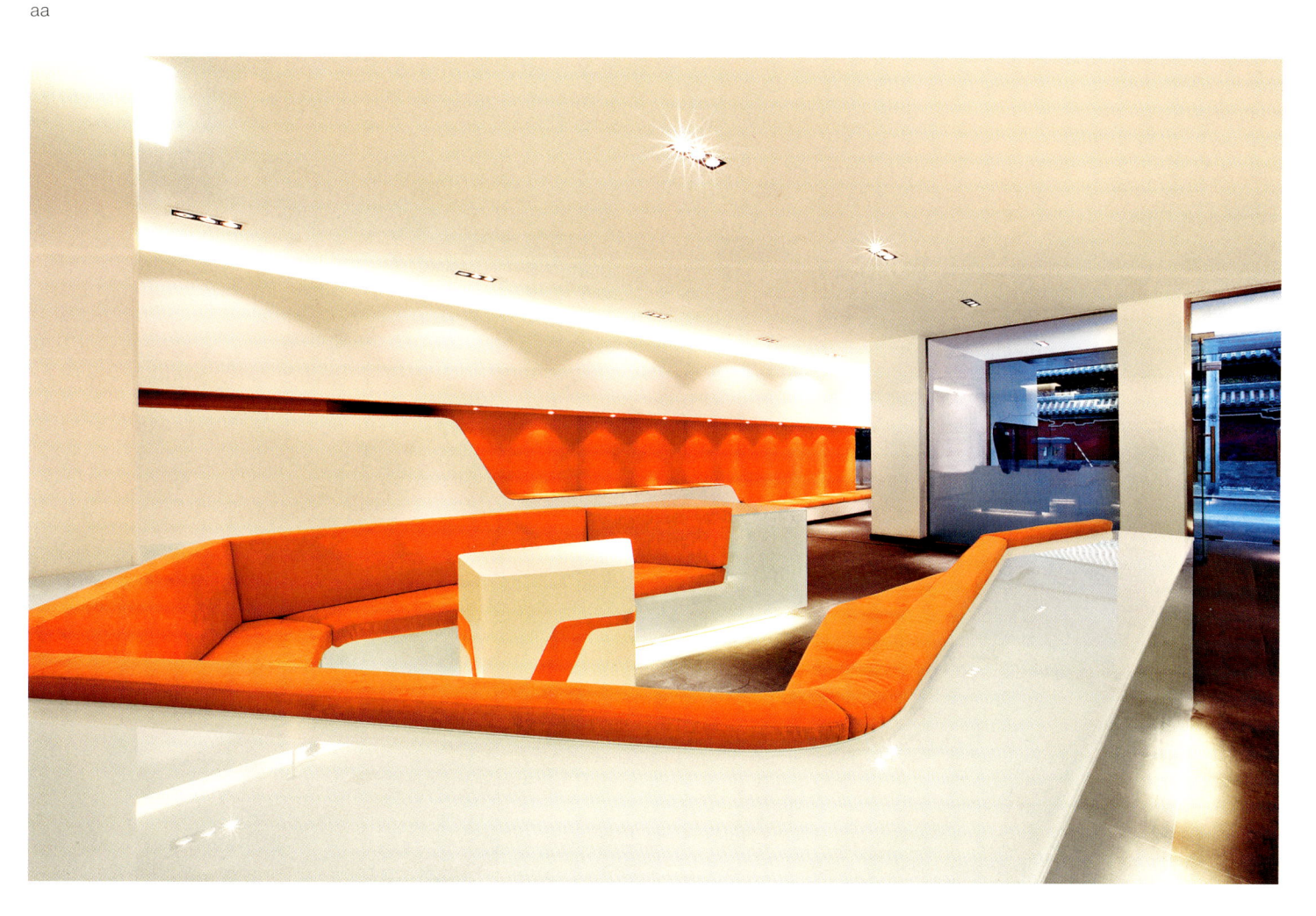

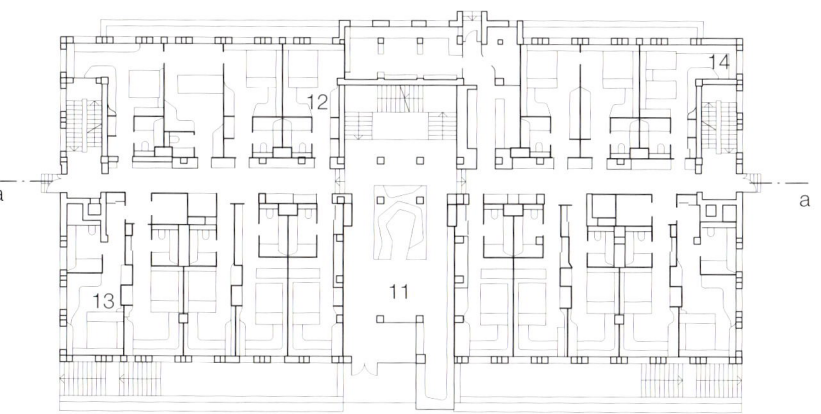

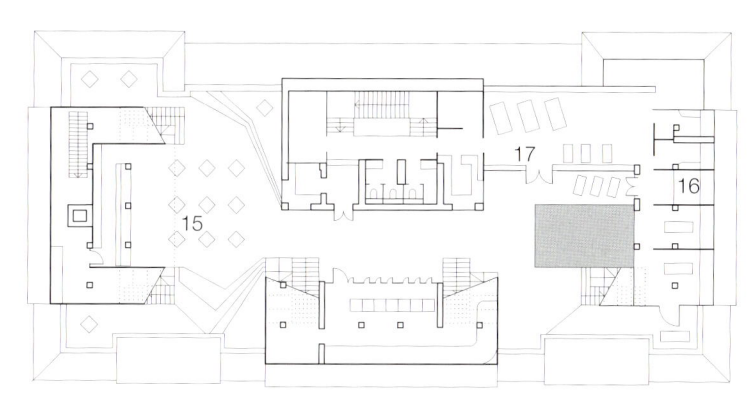

aa

30

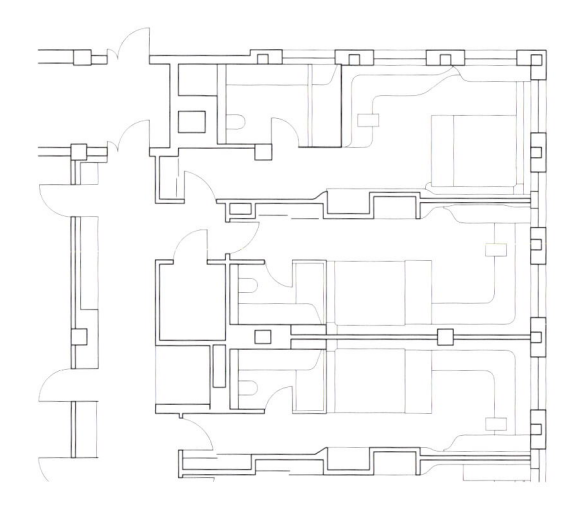

Ausschnitt 1. OG »Deluxe-Zimmer«
Maßstab 1:200
Vertikalschnitt
Maßstab 1:20

1 abgehängte Decke
  Gipskarton weiß gestrichen 12,5 mm
2 indirekte Beleuchtung, Leuchtstoff
3 Schaumstoffpolster mit Wildleder bezogen
4 Leseleuchte
5 Beistelltisch, MDF weiß lackiert 2× 18 mm
6 Bodenbelag
  Parkett Nussbaum 50/25/600 mm
7 Schreibtischplatte MDF 2× 18 mm
  auf Stahlunterkonstruktion
8 Abdeckung satiniertes Glas
9 Paneel MDF 9 mm, gepolstert,
  mit Wildleder bezogen

Materialeigenschaften Sitzgelegenheiten:

Anwendung:	Bekleidung, Möbelbezüge, Dekorationsmaterial
Material:	Polyester und Polystirol
Produktname:	Alcantara
Stabilität:	nicht formstabil
Gewicht:	leicht
Abrieb:	kratzfest
Wasser:	spritzwasserbeständig
Farbe:	beliebig
Lichtdurchlässigkeit:	undurchlässig
Oberflächenstruktur:	matt, flauschig

Hoteletage im »Puerta América« in Madrid

Architekten: Zaha Hadid Architects, London

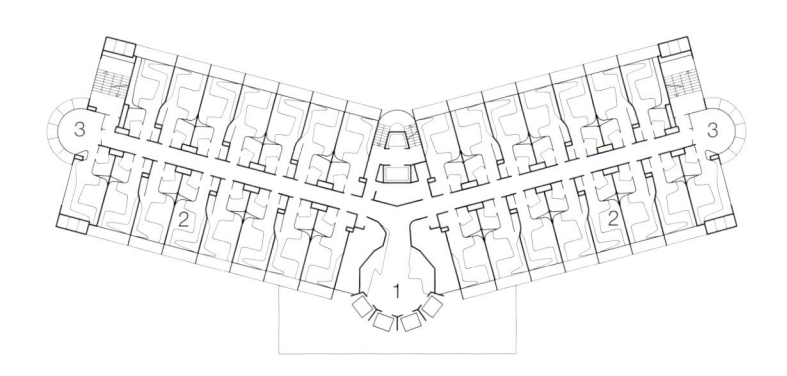

Futuristische 3D-Landschaft
Thermisch verformbarer Mineralwerkstoff

Als Besonderheit des Designhotels »Puerta América« beauftragte der Bauherr verschiedene Stararchitekten jeweils eine Hoteletage zu entwerfen. Vorgegeben war lediglich der Grundriss mit einem kleinen Foyer, 28 Gästezimmern und zwei Suiten. Die Ausgestaltung der Innenräume überließen die Bauherren vollständig der Fantasie der Architekten. Das Resultat sind ganz unterschiedliche Stockwerke – ein gestapeltes Patchwork aus verschiedenen Architekturhaltungen und Herangehensweisen. Die Etage, die Zaha Hadid gestaltete, wirkt durch die fließende Formen wie aus einem Guss.

Foyer und Etagenflur

Schon beim Öffnen der Aufzugtüren bekommt der Gast eine erste Ahnung von der futuristisch modellierten 3-D-Landschaft: Eine bizarr in sich gedrehte Skulptur dient als Leuchte, aus den gebogenen Decken und Wänden wachsen Bänke heraus und in den Fluren wölben sich die nahtlosen weißen Wände zu höhlenartigen Räumen. Die indirekte Beleuchtung der Flurdecken verstärkt diesen Eindruck. In die Türblätter sind zum Flur hin Zimmernummern und Buchstaben gefräst und einzeln von hinten mit LEDs beleuchtet. Der Gast kann vorformulierte Wünsche, wie das unvermeidliche »Bitte nicht stören« einschalten, um sie dem Hotelpersonal oder anderen Vorbeilaufenden zu übermitteln.

Fließende Oberflächen im Hotelzimmer

Was im Foyer und den Fluren beginnt, erreicht in den Hotelzimmern seinen Höhepunkt: Boden, Wand und Decke scheinen ineinander zu fließen. Das notwendige Mobiliar wie Bett, Schreibtisch, Sessel und Schrank faltet und wölbt sich daraus hervor. Kein rechter Winkel, keine harte Kante stören die schneeweiße, respektive nachtschwarze Raumskulptur. Auch im Bad gehen Badewanne, Waschbecken und Ablageflächen in geschwungenen Formen ineinander über; selbst Handtuchhalter und Mülleimer fügen sich wie selbstverständlich ein. Realisiert wurde die ungewöhnliche Zimmerlandschaft mit thermisch verformbaren Mineralwerkstoff, der in vorgefertigten Teilen auf eine MDF-Unterkonstruktion montiert, anschließend verklebt und geschliffen wurde, sodass die Fugen nicht sichtbar sind. Die Raumbeleuchtung erfolgt indirekt aus Falten in der Wand- und Deckenverkleidung. Auch die Spots für direktes Licht an Bett und Schreibtisch sind flächenbündig integriert und unterbrechen nirgends die glatte Oberfläche.

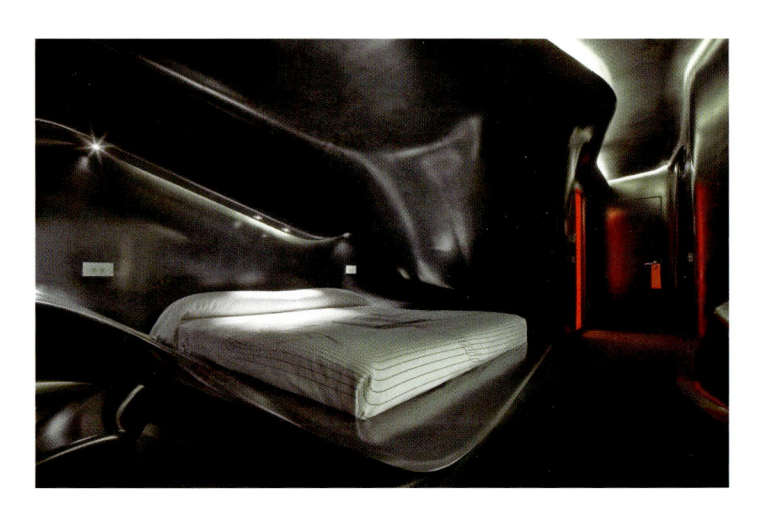

Projektdaten:

Nutzung:	Hotellerie
Konstruktion:	Mineralwerkstoff auf Holzunterkonstruktion
lichte Raumhöhe:	2,20–2,60 m
Bruttorauminhalt:	3480 m³ (Etage)
Bruttogrundfläche:	1200 m² (Etage)
Baujahr:	2005

Grundriss
1. Obergeschoss
Maßstab 1:750

Grundriss
Schnitt
Zimmer
Maßstab 1:100

1 Foyer
2 Gästezimmer
3 Suite
4 Bad
5 Schrank mit Schiebetür
6 Bett
7 Schreibtisch
8 Sitzbank

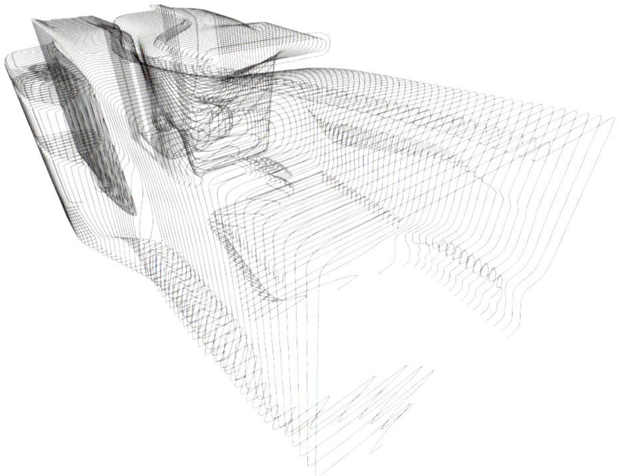

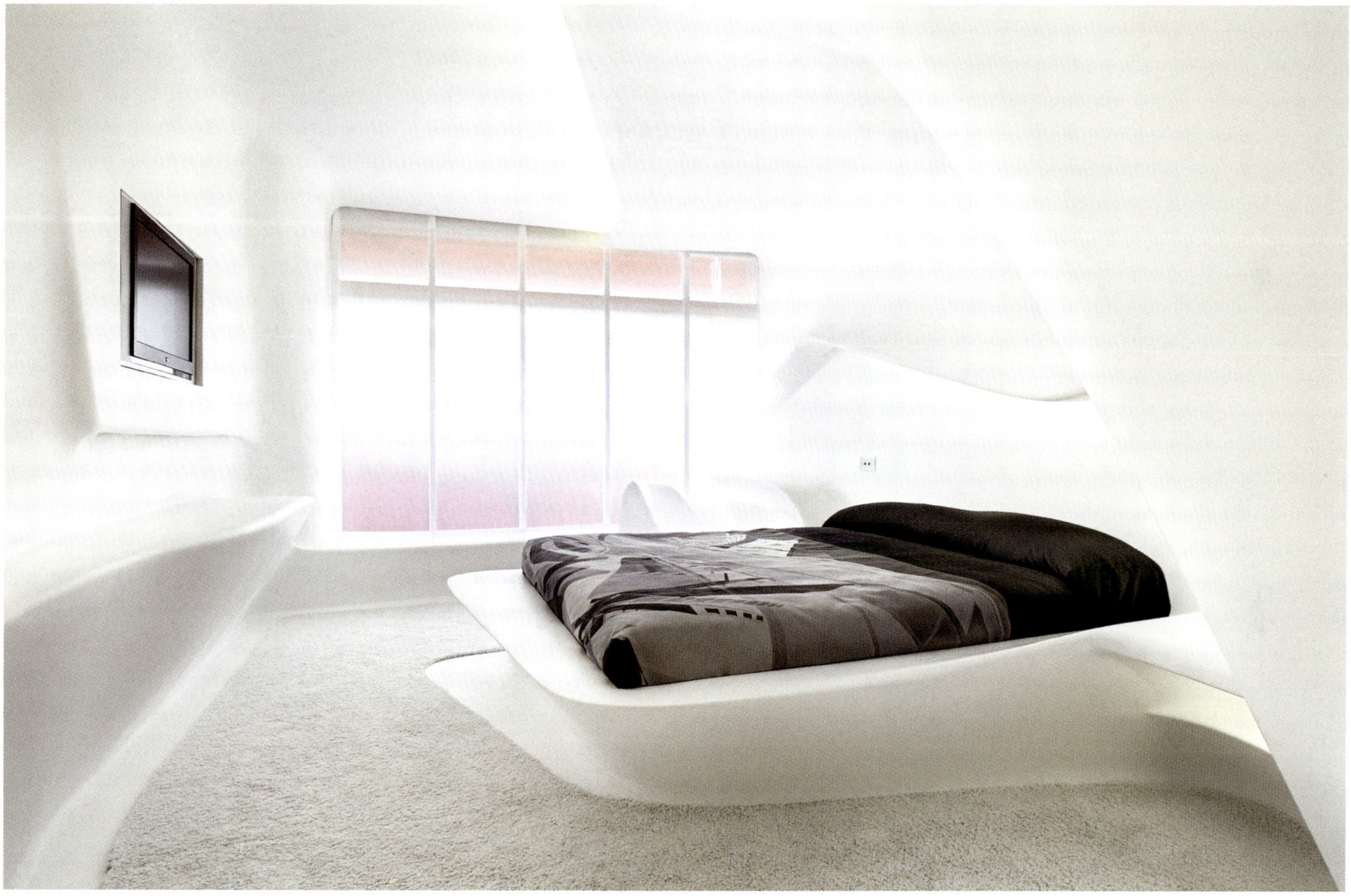

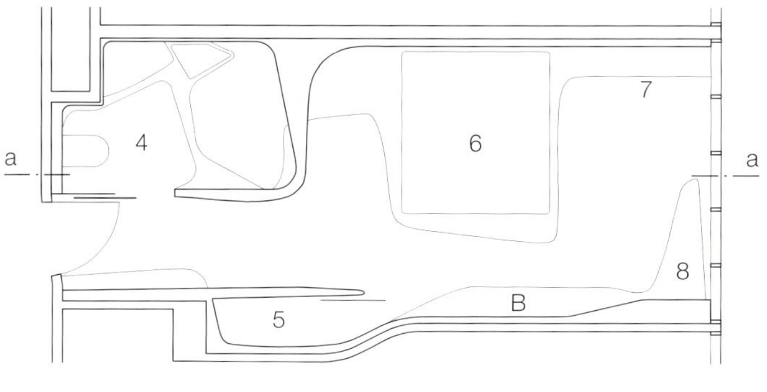
a
4
6
7
a
8
5
B

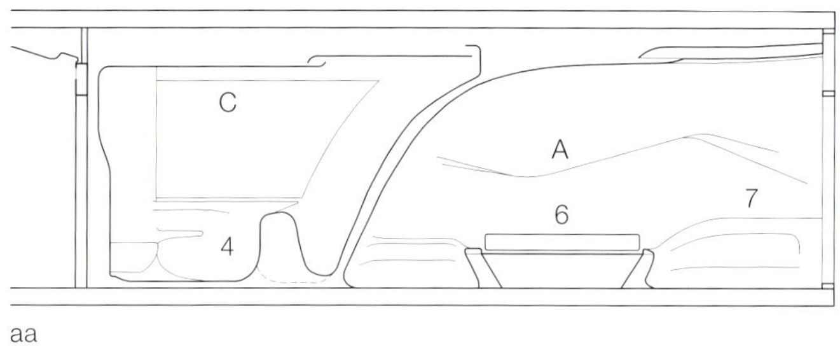
C
A
6
7
4
aa

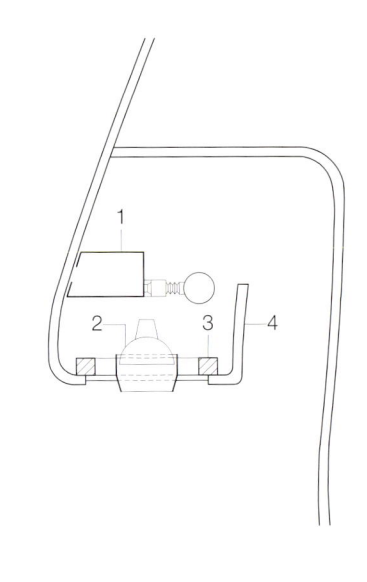

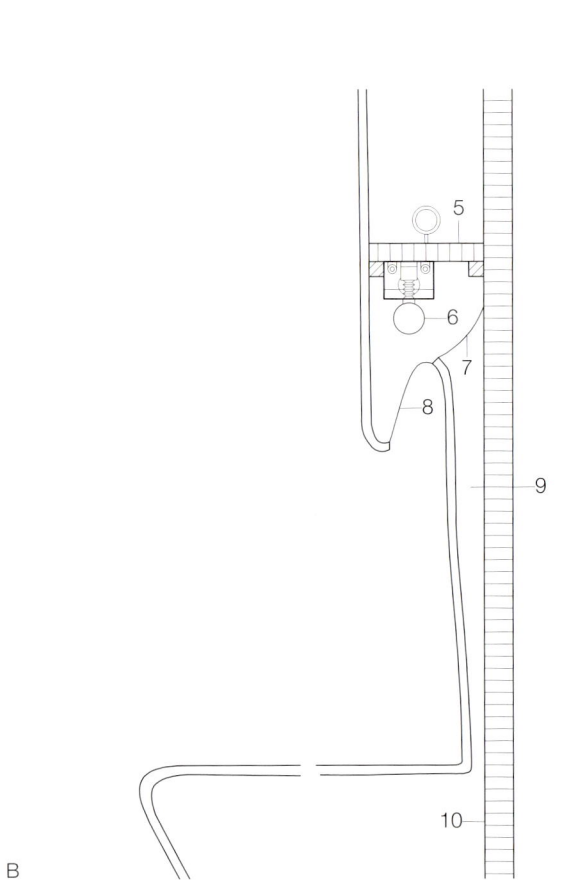

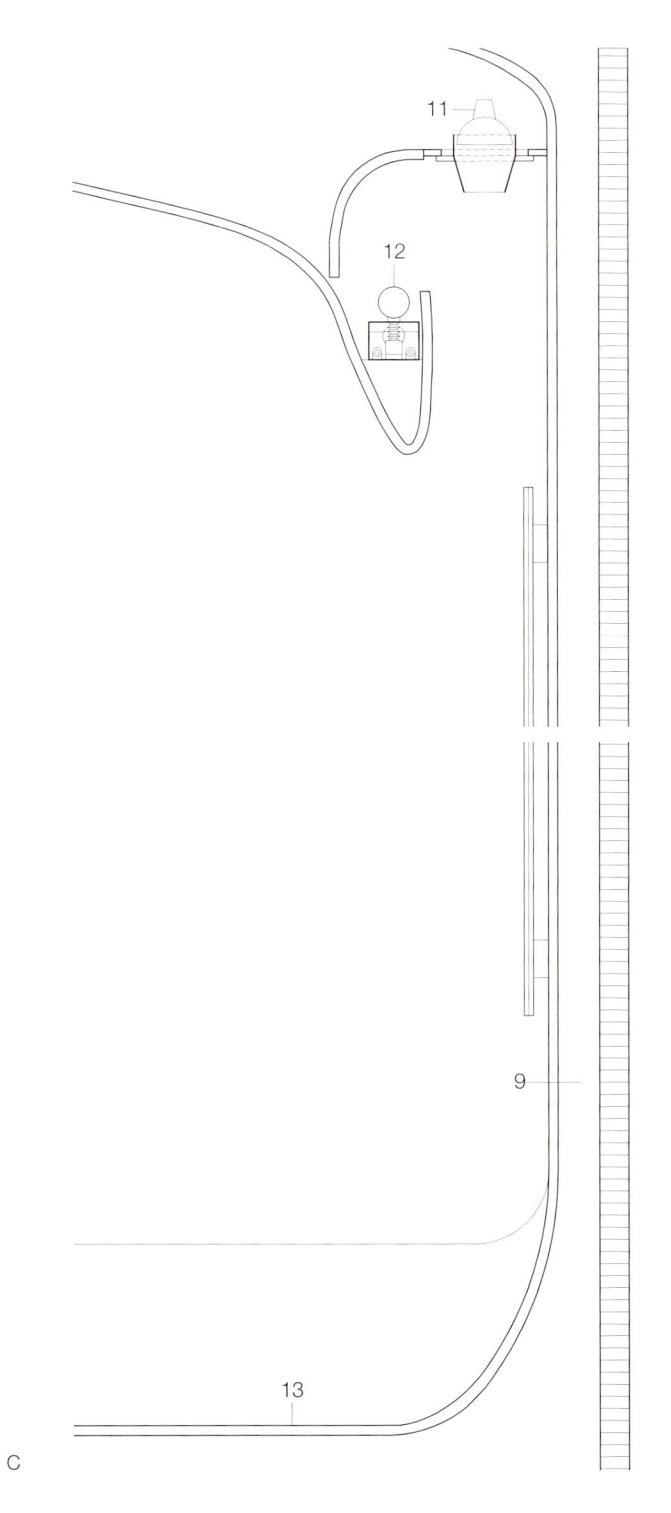

Indirekte und direkte Beleuchtung
Detailschnitte   Maßstab 1:5

A Kopf des Betts
B Ablage unterhalb des Fernsehers
C Badspiegel

1 Halterung Kaltkathodenröhre, Drahtbügel
2 Leseleuchte Halogenspot, justierbar, matt schwarz
3 Abdeckung opak
4 Mineralwerkstoff thermisch verformt 6 mm, mit Bohrung Ø = 90 mm
5 Spanplatte abnehmbar, weiß 19 mm
6 Beleuchtung Kaltkathodenröhre, frei geformt
7 Oberfläche opak, matt weiß als Abschluss der beleuchteten Nische
8 Mineralwerkstoff transluzent, 2 mm
9 Unterkonstruktion Formteil, rechtwinklig zum Mineralwerkstoff MDF 19 mm
10 Unterkonstruktion Spanplatte, weiß 19 mm
11 Downlight justierbar
12 Kaltkathodenröhre frei geformt, zu Wartungszwecken abnehmbar
13 Waschbecken Mineralwerkstoff thermisch verformt, 6 mm

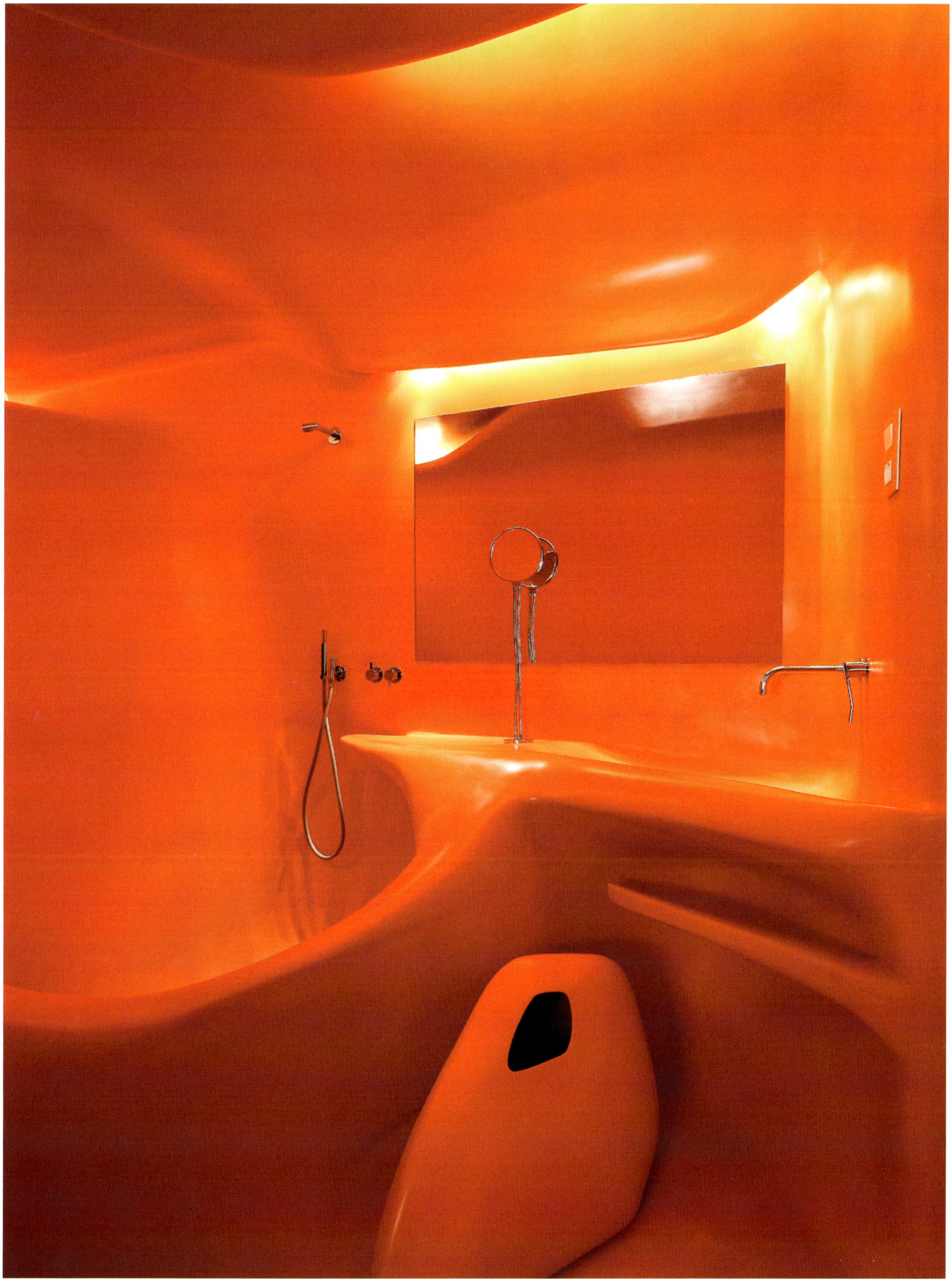

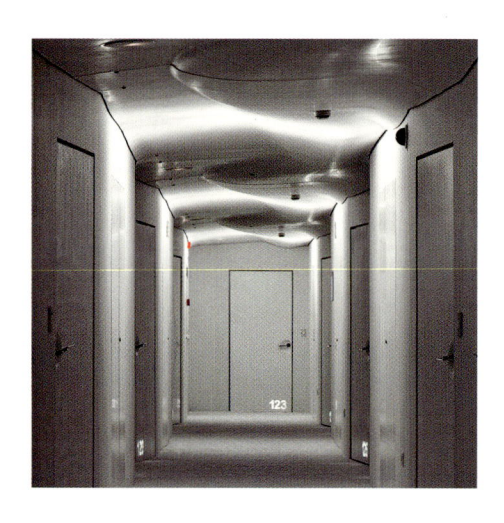

Materialeigenschaften Wände, Decken, Möbel:
Material: acrylgebundener Mineralwerkstoff
Hersteller/Produkt: LG Hi-Macs

Stabilität: Biege-E-Modul 8900 MPa
Dichte: 1,71 g/cm³
Brandschutzklasse: B1, schwer entflammbar
Thermische
Ausdehnung: 0,048 mm/mK
Wasseraufnahme: < 0,1 %
Farbe: Alpine White (S28), Fiery Red (S25), Black (S22)
Biegefestigkeit: 76,9 MPa
Zugfestigkeit: 32,7 MPa
Kugeldruckhärte: 257 N/mm²
Stoßfestigkeit: >25 N
Lichtechtheit: >6
Oberflächenstruktur: porenfrei

Vertikalschnitt Indirekte Beleuchtung Hotelflur
Horizontalschnitt Zimmertür mit Leuchtschrift
Maßstab 1:5

1 Unterkonstruktion Spanplatte Formteil weiß 19 mm
2 abgehängte Decke Mineralwerkstoff 6 mm
3 Rastergitter quadratisch, matt schwarz zur Absorption von Streulicht 10 mm
4 Reflektor Spiegel justierbar 80 × 50 mm mit Stahlstab am Strahler befestigt
5 Halogenstrahler im Wandhohlraum gefasst
6 Beleuchtung der Wörter: LED-Bänder über die gesamte Wortlänge
7 Türaufdopplung Mineralwerkstoff Alpine White 6 mm, eingravierte Buchstaben 2 mm
8 Türblatt Holz, weiß matt lackiert
9 Abstandshalter/Abtrennung zwischen Worten
10 Leerfeld ohne Beschriftung

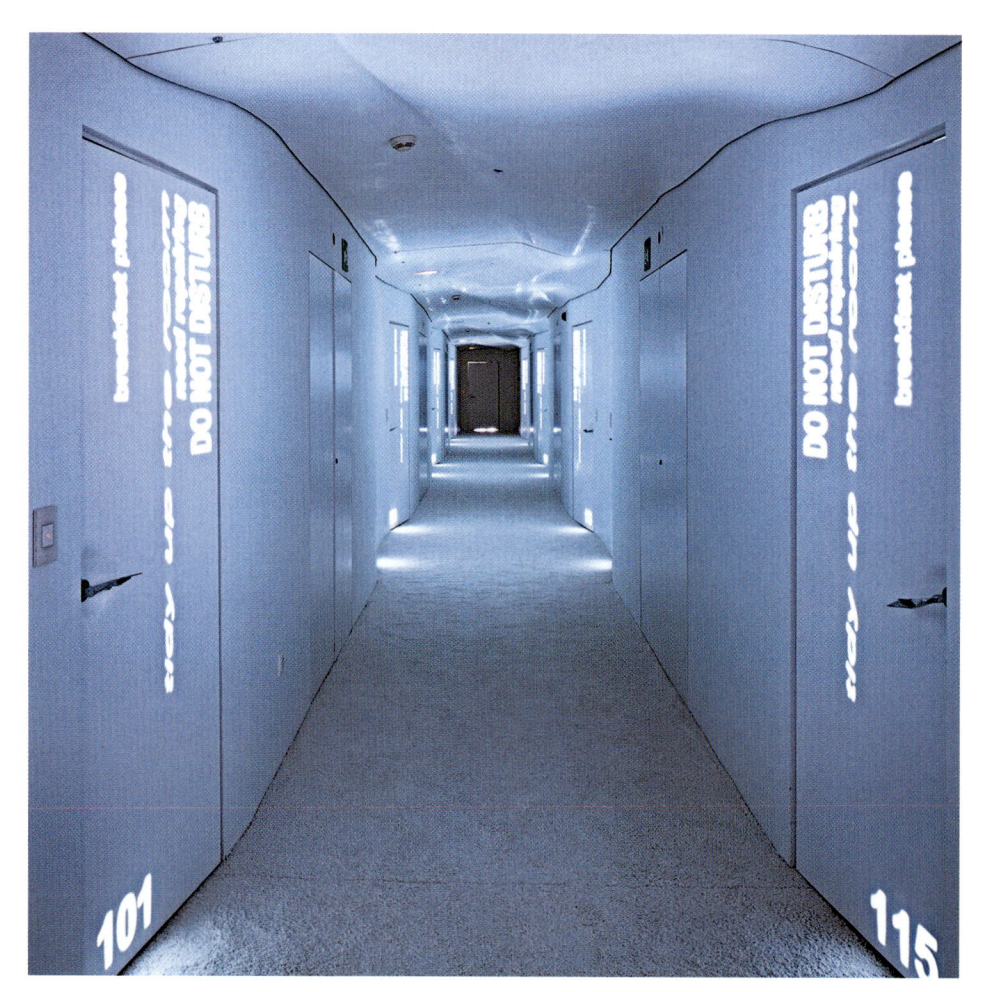

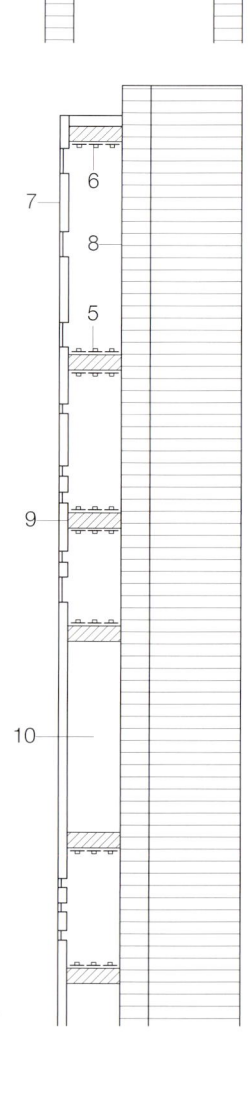

Mineralwerkstoff im Innenausbau

Zaha Hadid ist bekannt für ihre expressiven Gebäudeentwürfe. Ob schräg, spitz oder geschwungen – dynamische Formen sind ihr Markenzeichen. Allerdings sind diese manchmal schwierig in die Realität umzusetzen. Nicht ohne Grund hat es lange gedauert, bis die inzwischen berühmte Architektin einen der Entwürfe ihrer vielen gewonnenen Wettbewerbe tatsächlich bauen konnte. Mittlerweile sind ihre Gebäude aus der Architektur nicht mehr wegzudenken. Oft wird jedoch vergessen, dass hinter den dynamisch geformten Skulpturen auch eine große technische Leistung steckt.

So verhält es sich auch bei der von Zaha Hadid gestalteten Etage mit Gästezimmern im Hotel »Puerta América« in Madrid. Was im Resultat als von leichter Hand entworfene fließende Landschaft anmutet, war in der tatsächlichen Umsetzung sehr komplex. Schließlich bilden Wände, Decken und Möbel eine einzige Oberfläche – noch dazu mit sich ständig ändernder Wölbung.

Realisierung des komplexen Entwurfs

Um die dreidimensional geformte Raumschale herstellen zu können, musste zunächst ein geeignetes Material gefunden werden. Dafür bot sich der acrylgebundene Mineralwerkstoff »LG Hi-Macs« des koreanischen Herstellers LG Chem an – ein Material, das beispielsweise im Küchenbau verwendet wird. Er besteht zu etwa zwei Dritteln aus Mineralien und zu einem Drittel aus Acrylharz und ist thermisch verformbar – ein wesentliches Kriterium für die komplizierte Bauaufgabe. Darüber hinaus gilt das Material dank seiner porenfreien Oberfläche als sehr pflegeleicht, ist fugenlos und entspricht der Brandschutzklasse B1.

Den Zuschlag für den nicht ganz alltäglichen Auftrag erhielt die Firma Rosskopf & Partner, Spezialist für die Verarbeitung von Mineralwerkstoff. Im Vorfeld erstellte sie ein Modell des Hotelzimmers im Maßstab 1:10 sowie die besonders komplexe Sofaspitze als Modell in Originalgröße. Von den Architekten erhielt das Unternehmen keine gewöhnlichen Konstruktionszeichnungen, sondern ein digitales 3-D-Modell, das in einzelne Segmente aufgeteilt wurde. Daraus wurden die Daten für den Formenbau abgeleitet, anhand derer computergesteuerte Maschinen Formteile aus MDF frästen. Dabei mussten die komplex gebogenen Oberflächen genau den Vorgaben entsprechen – unter Einhaltung sehr enger Toleranzen. Mithilfe dieser Formteile wurden die Zuschnitte aus dem Mineralwerkstoff schließlich thermisch verformt.

Obwohl »LG Hi-Macs« den thermoplastischen Werkstoffen zugeordnet wird, gilt es normalerweise als eingeschränkt verformbar, weil die Mineralanteile nur in Grenzen zum Fließen gebracht werden können. Bei diesem Projekt gelang es jedoch, mit höheren Biegetemperaturen und längeren Verformungszeiten kleinere Mindestradien und größere Biegeflächen zu erzielen.

Die verformten Module wurden schließlich auf eine Unterkonstruktion aus MDF montiert, vor Ort aneinander gefügt und verklebt. Zum Schluss wurden die Klebestellen verschliffen, sodass die Stoßfugen nicht mehr sichtbar sind. Für ein Zimmer inklusive Bad wurden etwa 250 einzelne Formen benötigt, wobei vier verschiedene Zimmervarianten und zwei Suiten zu realisieren waren. Der Ausbau erfolgte auf Rohboden, Rohdecke sowie vormontierten Trennwänden aus Gipskarton. Leitungen von Klimaanlage und Abwasser aus dem darüber liegenden Stockwerk mussten in der Decke untergebracht werden. Dabei ergaben sich Abweichungen von bis zu 17 cm, die durch die Lichtfalte in der Decke und die Änderung des Bettmaßes von 200 auf 190 cm ausgeglichen wurden.

Neben den technischen Herausforderungen bedeutete die Bauaufgabe auch einen logistischen Aufwand: In Spitzenzeiten fuhren pro Woche fünf Lastwagen nach Madrid, die wegen der begrenzten Kapazität der Kräne zu genau vorgegebenen Zeiten an der innerstädtischen Baustelle eintreffen mussten. Bis zu 70 Monteure waren im Zwei-Schicht-Betrieb vor Ort auf der Baustelle.

Martin Funck

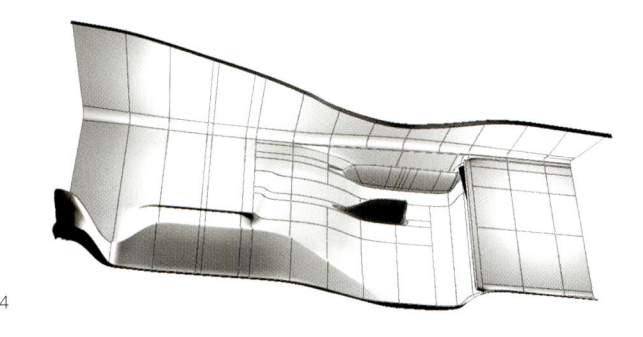

1 Verkleben einzelner Segmente zu einer Badewanne
2 Endkontrolle und Endschliff eines Werkstücks
3 fugenlose Verklebung des Mineralwerkstoffs
4 digitales 3-D-Modell der Innenwand mit integriertem Schrank und Schreibtisch; Aufteilung in Segmente

Gästepavillons in Olot

Architekten: RCR Arquitectes, Olot

Reflektierende Oberflächen
Minimalistisches Design
Vollverglaste Wände und Böden

Die Besitzer eines Restaurants im katalanischen Olot wollten ihren Gästen einen Ort für Übernachtungen anbieten – modern und doch besinnlich sollte er sein. Von artifiziellen Schilfrohren – grün lackierten Stahlprofilen – geleitet, gelangt der Gast zunächst auf einen Metallsteg, den grün schimmernde transluzente Glaslamellen flankieren, die Einblicke verwehren. Noch ahnt man nicht, dass man sich bereits vor den Fassaden der fünf Gästepavillons mit ihren kleinen Innenhöfen befindet. Sobald man den gläsernen Vorhang durchschreitet, verschwimmen alle Raumgrenzen. Man ist gänzlich von grünem Glas umgeben, alle Oberflächen reflektieren das Licht. Die Grenzen zwischen Außen- und Innenraum heben sich auf, das Gefühl »draußen« zu sein, irritiert. Es gibt nur ein einziges Möbelstück auf dem Glasboden, einen flachen Quader, der gleichzeitig als Bett, Sofa und Tisch dient. Weder Fernseher noch Steckdose, Stuhl oder Schrank sind zu sehen – nichts stört die kontemplative Atmosphäre. Das Badezimmer hält Überraschungen bereit: Im ersten Moment scheint der Raum leer zu sein, die Wasserflächen unterscheiden sich kaum von den Glasflächen. Das Waschbecken hat keine Armaturen, es ist wie die ebenerdige Badewanne ständig mit Wasser gefüllt, das über einen Sensor ausgetauscht wird, sobald es benutzt wurde. Die Einbauten sind Entwürfe der Architekten und tragen zur entrückten Atmosphäre des Orts bei, die den Gästen eine Nacht der Ruhe und Besinnung ermöglicht.

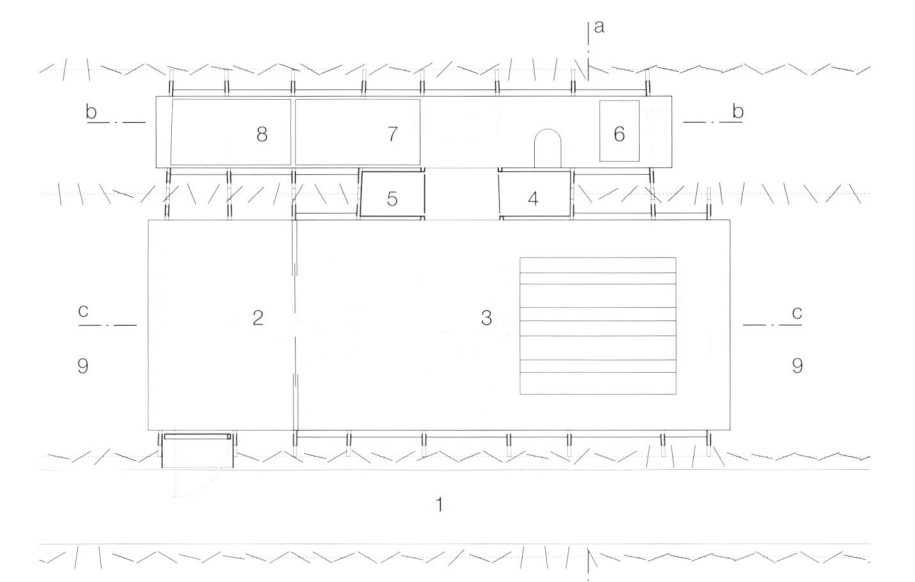

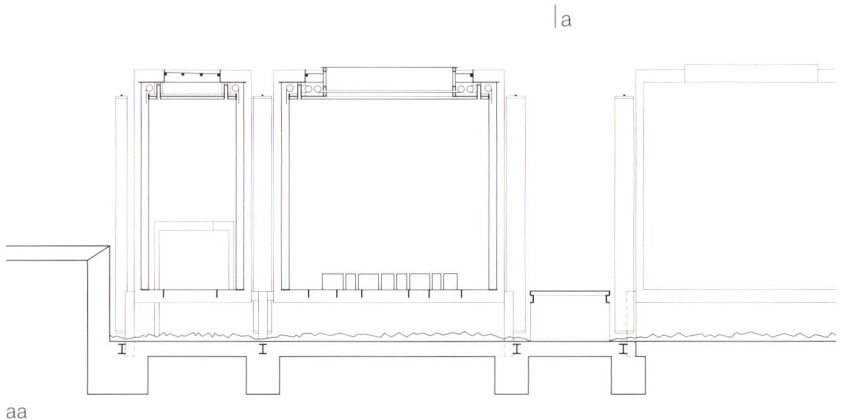

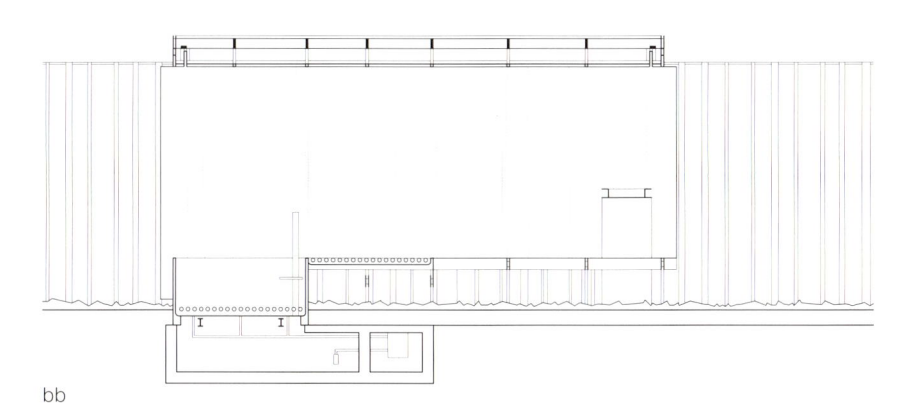

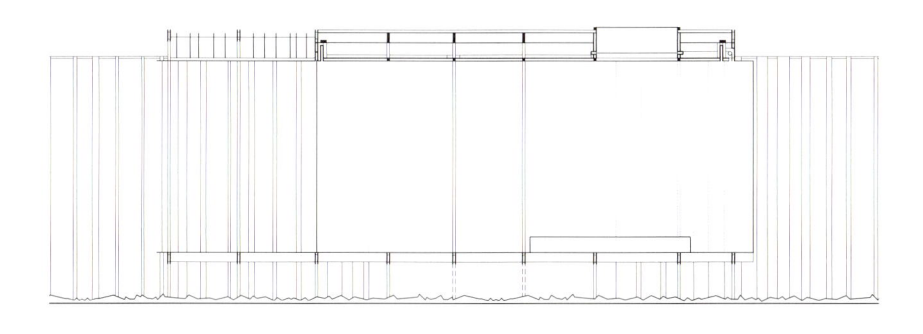

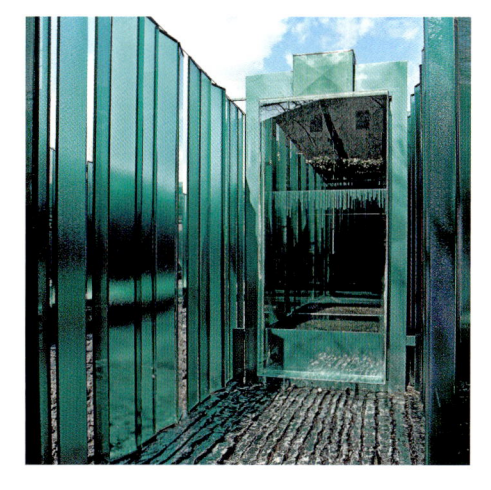

Grundriss · Schnitte
Maßstab 1:100

1 Zugangssteg
2 Eingangsbereich überdacht
3 Schlafen/Aufenthalt
4 Schrank/Kühlschrank
5 Garderobe
6 Waschbecken
7 Duschbecken
8 Badebecken
9 Hof

Projektdaten:

Nutzung:	Hotellerie und Wohnen
Konstruktion:	Stahlskelett, Glas
lichte Raumhöhe:	2,5 m
Bruttorauminhalt:	325 m³
Bruttogrundfläche:	130 m²
Baujahr:	2005
Bauzeit:	12 Monate

Materialeigenschaften Glas:

Material:	ESG
Stabilität:	E-Modul $6,8 \times 10^4$ N/mm
Dichte:	2,5 g/cm³
Brandschutzklasse:	A1, nicht brennbar
Schmelztemperatur:	1100 °C
Farbe:	grün, transparent
Lichtdurchlässigkeit:	82 %
Druckfestigkeit:	800–1000 N/mm²
Biegebruchfestigkeit:	120 N/mm²
max. Biegefestigkeit:	50 N/mm²
Glanzgrad:	hoch
Oberflächenstruktur:	glatt

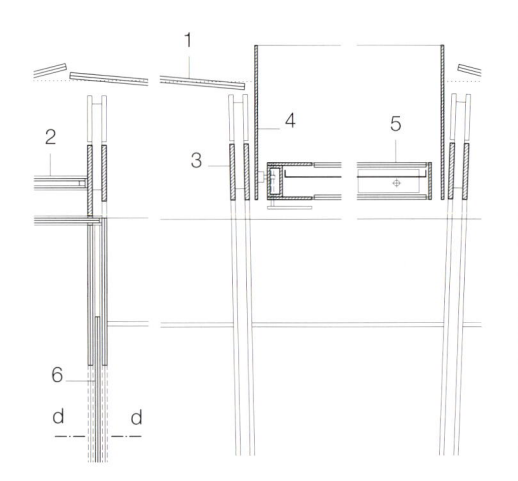

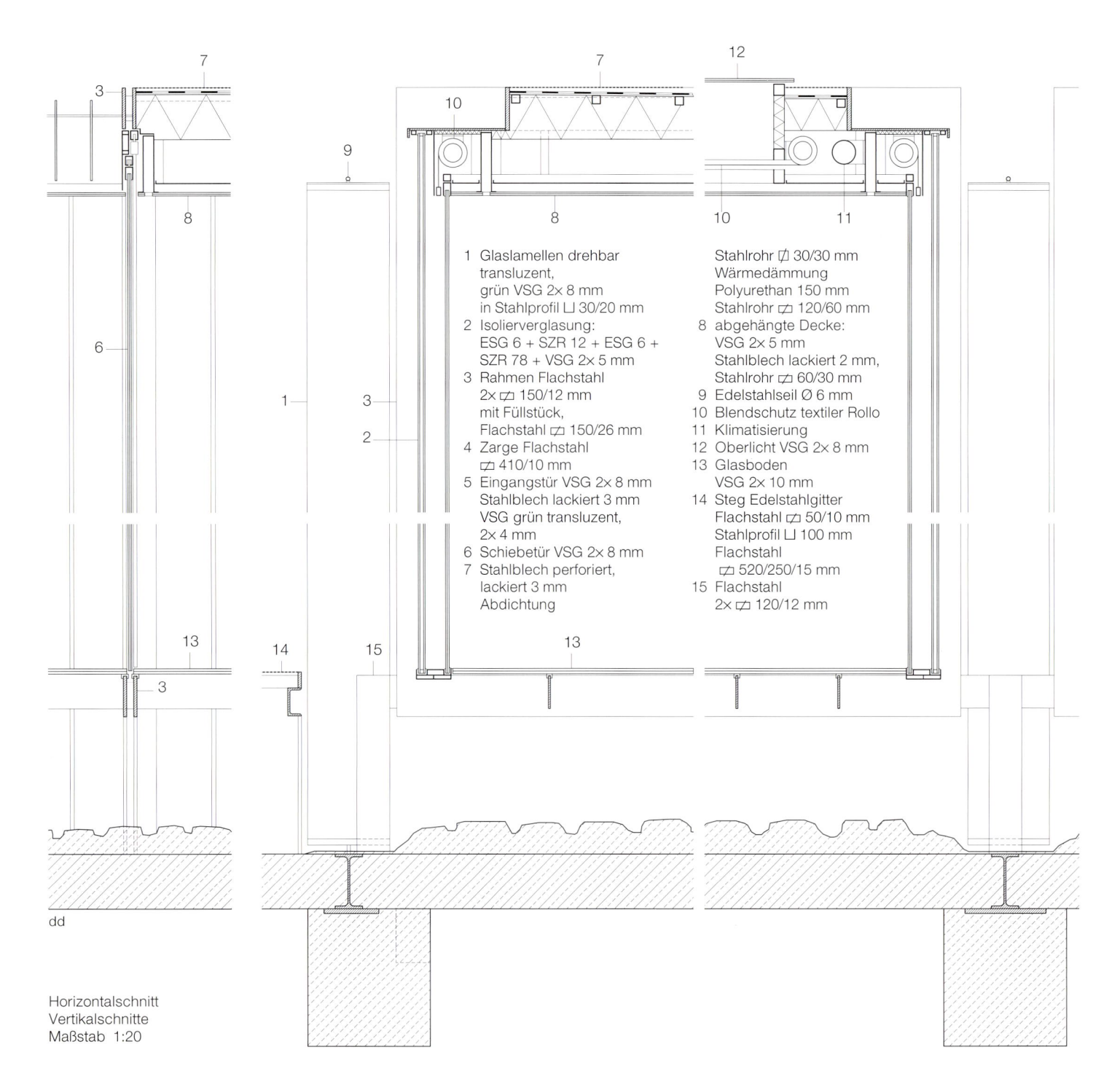

1 Glaslamellen drehbar
   transluzent,
   grün VSG 2× 8 mm
   in Stahlprofil ⌐ 30/20 mm
2 Isolierverglasung:
   ESG 6 + SZR 12 + ESG 6 +
   SZR 78 + VSG 2× 5 mm
3 Rahmen Flachstahl
   2× ▭ 150/12 mm
   mit Füllstück,
   Flachstahl ▭ 150/26 mm
4 Zarge Flachstahl
   ▭ 410/10 mm
5 Eingangstür VSG 2× 8 mm
   Stahlblech lackiert 3 mm
   VSG grün transluzent,
   2× 4 mm
6 Schiebetür VSG 2× 8 mm
7 Stahlblech perforiert,
   lackiert 3 mm
   Abdichtung

  Stahlrohr ▭ 30/30 mm
  Wärmedämmung
  Polyurethan 150 mm
  Stahlrohr ▭ 120/60 mm
8 abgehängte Decke:
   VSG 2× 5 mm
   Stahlblech lackiert 2 mm,
   Stahlrohr ▭ 60/30 mm
9 Edelstahlseil Ø 6 mm
10 Blendschutz textiler Rollo
11 Klimatisierung
12 Oberlicht VSG 2× 8 mm
13 Glasboden
   VSG 2× 10 mm
14 Steg Edelstahlgitter
   Flachstahl ▭ 50/10 mm
   Stahlprofil ⌐ 100 mm
   Flachstahl
   ▭ 520/250/15 mm
15 Flachstahl
   2× ▭ 120/12 mm

Horizontalschnitt
Vertikalschnitte
Maßstab 1:20

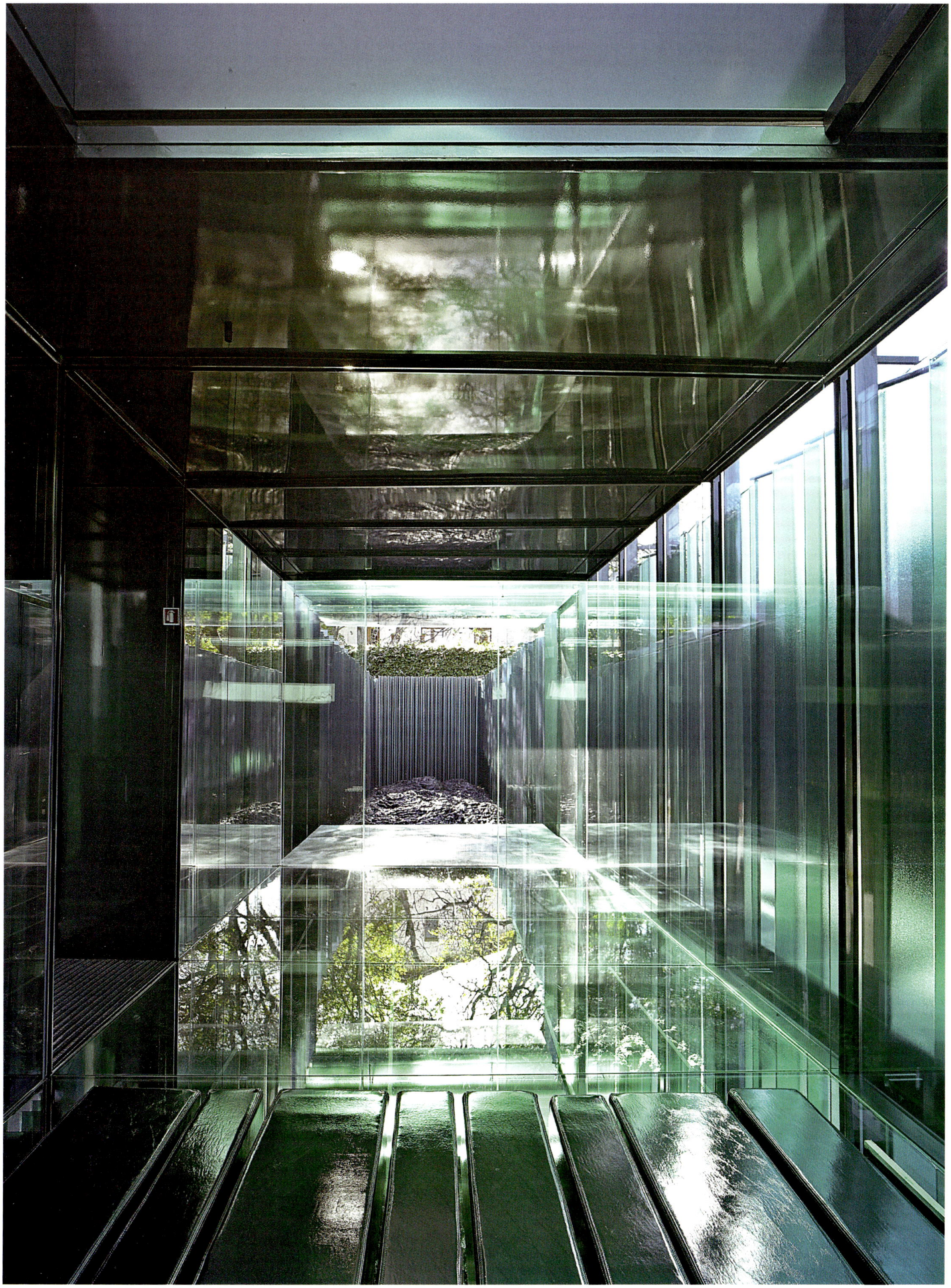

Hotel »Ginzan-Onsen-Fujiya« in Obanazawa

Architekten: Kengo Kuma & Associates, Tokio

Umfangreiche Sanierung und Modernisierung
Traditionelle japanische Materialien

Materialinszenierungen, oftmals mit einem das Projekt dominierenden Baustoff, kennzeichnen viele Arbeiten von Kengo Kuma. Bei der tief greifenden Umgestaltung dieses Onsen-Hotels setzt er auf verschiedene, aufwändig von Hand verarbeitete traditionelle Baustoffe und minimierte Details.
Das im schneereichen Norden der Hauptinsel Honshu gelegene Obanazawa ist für seine heißen Quellen (Onsen) bekannt. Dicht an dicht drängen sich traditionelle japanische Herbergen entlang des Flusses Ginzan. Auch wenn viele der Hotels sichtbar modernisiert sind, stand es außer Frage, größere Änderungen an Maßstab oder Kubatur des 100 Jahre alten »Ginzan-Onsen-Fujiya« vorzunehmen, die das Gesamtensemble sprengen würden. Das bestehende Gebäude wurde größtenteils demontiert und unter Verwendung neuer wie alter Bauteile wieder aufgebaut. Nach außen lassen die mit vergrößerten Fensteröffnungen und einheitlichen Holzlamellen klar gegliederten Fassaden sowie der sich zur Straße öffnende, nur durch ein Wasserbecken und halbtransparente Glasschiebewände abgetrennte Eingangsbereich die moderne Interpretation des japanischen Gästehauses erkennen. Im Inneren ist ein großzügiges zweigeschossiges Foyer in die Gebäudestruktur eingefügt. Handgeschöpftes Japanpapier befindet sich an vielen Wandflächen. Paneele aus geschlitzten Bambusrohren verkleiden Wände und Deckenflächen in Erschließungs- und Badbereichen und dienen als halbtransparente Raumteiler rund um das Foyer. Gemeinsam mit beinahe transparenten Wandelementen aus geätztem Glas zonieren sie Eingangs- und Erschließungsbereiche. In den Gemeinschaftsbädern wirken wiederum einzelne Materialien wie etwa Bambus oder Hibaholz. Im Zusammenspiel mit der indirekten Beleuchtung und gezielten Ausblicken entsteht eine ruhige und entspannte Atmosphäre. Sparsam verteilte, klar gestaltete Möbel in Foyer und Gästezimmern, die eigens für das Projekt entworfen wurden, tragen ebenso dazu bei, in der traditionellen Hülle moderne, kontemplative Räume zu schaffen.

Projektdaten:

Nutzung:	Hotellerie
Konstruktion:	Stahlbeton, Hibaholz auf Holzunterkonstruktion
lichte Raumhöhe:	2,53 m
Bruttorauminhalt:	2352 m³
Bruttogeschossfläche:	928 m²
Baujahr:	2006
Bauzeit:	15 Monate

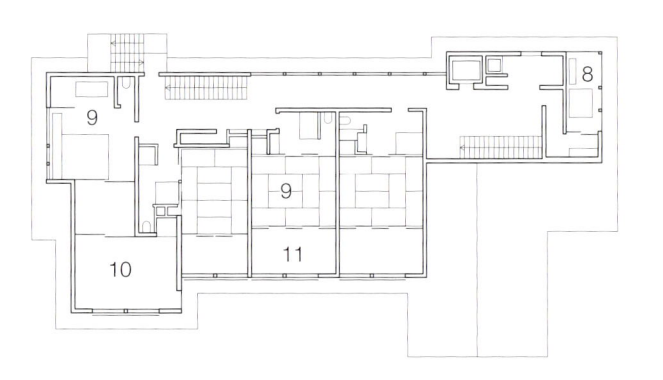

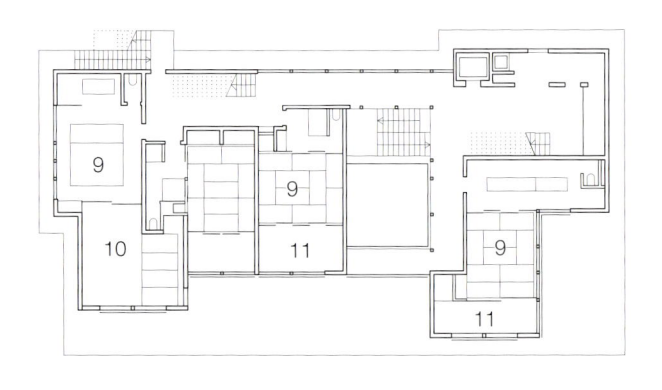

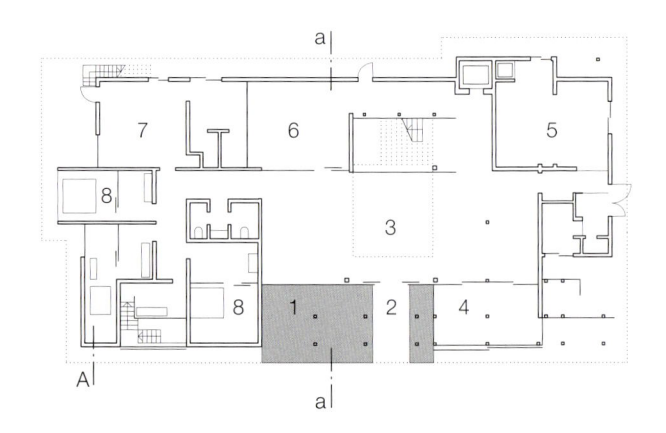

Grundrisse
Schnitt
Maßstab 1:400

1 Wasserbecken
2 Eingang
3 Eingangshalle
4 Café
5 Küche
6 Büro
7 Umkleide/Pausenraum
  für Mitarbeiter
8 Gemeinschaftsbad
9 Gästezimmer
10 Essbereich
11 Loggia

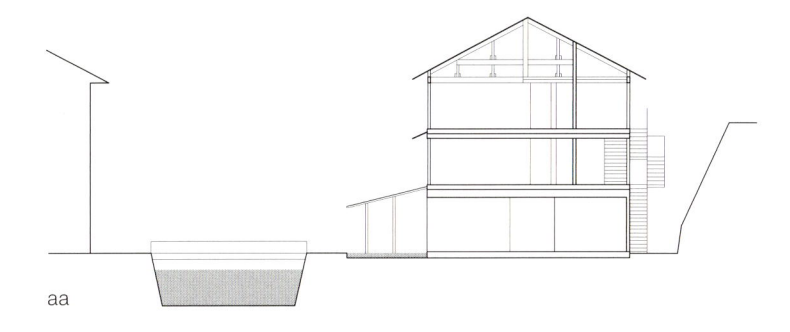

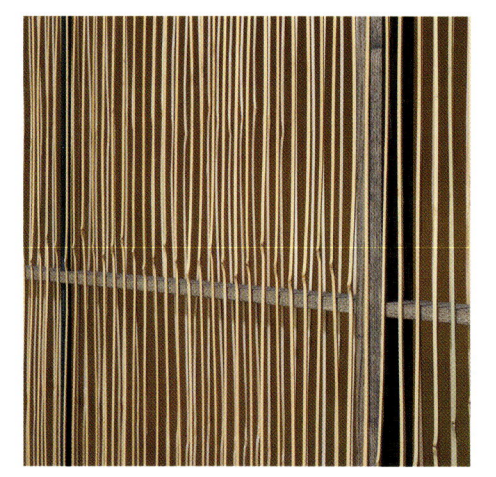

Materialeigenschaften Paneele:

Anwendung:	Innenausbau, Möbelbau, Leichtbau
Material:	Bambusrohr
Stabilität:	Biege-E-Modul 1700–2200 kN/cm²
Gewicht:	ca. 600 kg/m³
Brandschutzklasse:	B2, normal entflammbar
Lichtdurchlässigkeit:	undurchlässig
Druckfestigkeit:	8,63 kN/cm² (parallel zur Faser) 5,25–9,3 kN/cm² (senkrecht zur Faser)
Zugfestigkeit:	23,25 kN/cm²–27,58 kN/cm²
Biegefestigkeit:	1650 kN/cm²
Schwerfestigkeit:	1,67 kN/cm²
Oberflächenstruktur:	rau

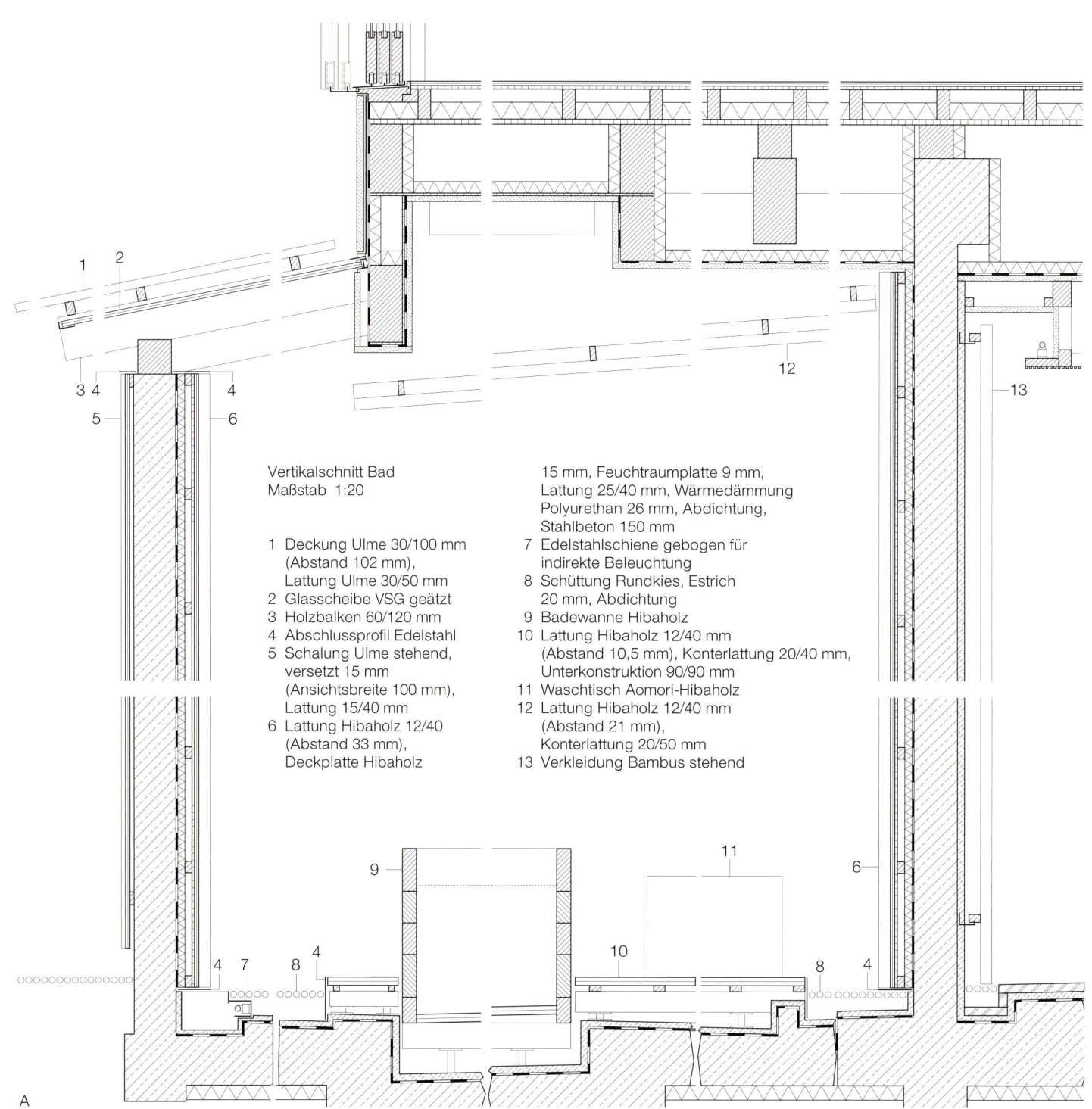

Vertikalschnitt Bad
Maßstab 1:20

1 Deckung Ulme 30/100 mm (Abstand 102 mm), Lattung Ulme 30/50 mm
2 Glasscheibe VSG geätzt
3 Holzbalken 60/120 mm
4 Abschlussprofil Edelstahl
5 Schalung Ulme stehend, versetzt 15 mm (Ansichtsbreite 100 mm), Lattung 15/40 mm
6 Lattung Hibaholz 12/40 (Abstand 33 mm), Deckplatte Hibaholz 15 mm, Feuchtraumplatte 9 mm, Lattung 25/40 mm, Wärmedämmung Polyurethan 26 mm, Abdichtung, Stahlbeton 150 mm
7 Edelstahlschiene gebogen für indirekte Beleuchtung
8 Schüttung Rundkies, Estrich 20 mm, Abdichtung
9 Badewanne Hibaholz
10 Lattung Hibaholz 12/40 mm (Abstand 10,5 mm), Konterlattung 20/40 mm, Unterkonstruktion 90/90 mm
11 Waschtisch Aomori-Hibaholz
12 Lattung Hibaholz 12/40 mm (Abstand 21 mm), Konterlattung 20/50 mm
13 Verkleidung Bambus stehend

A

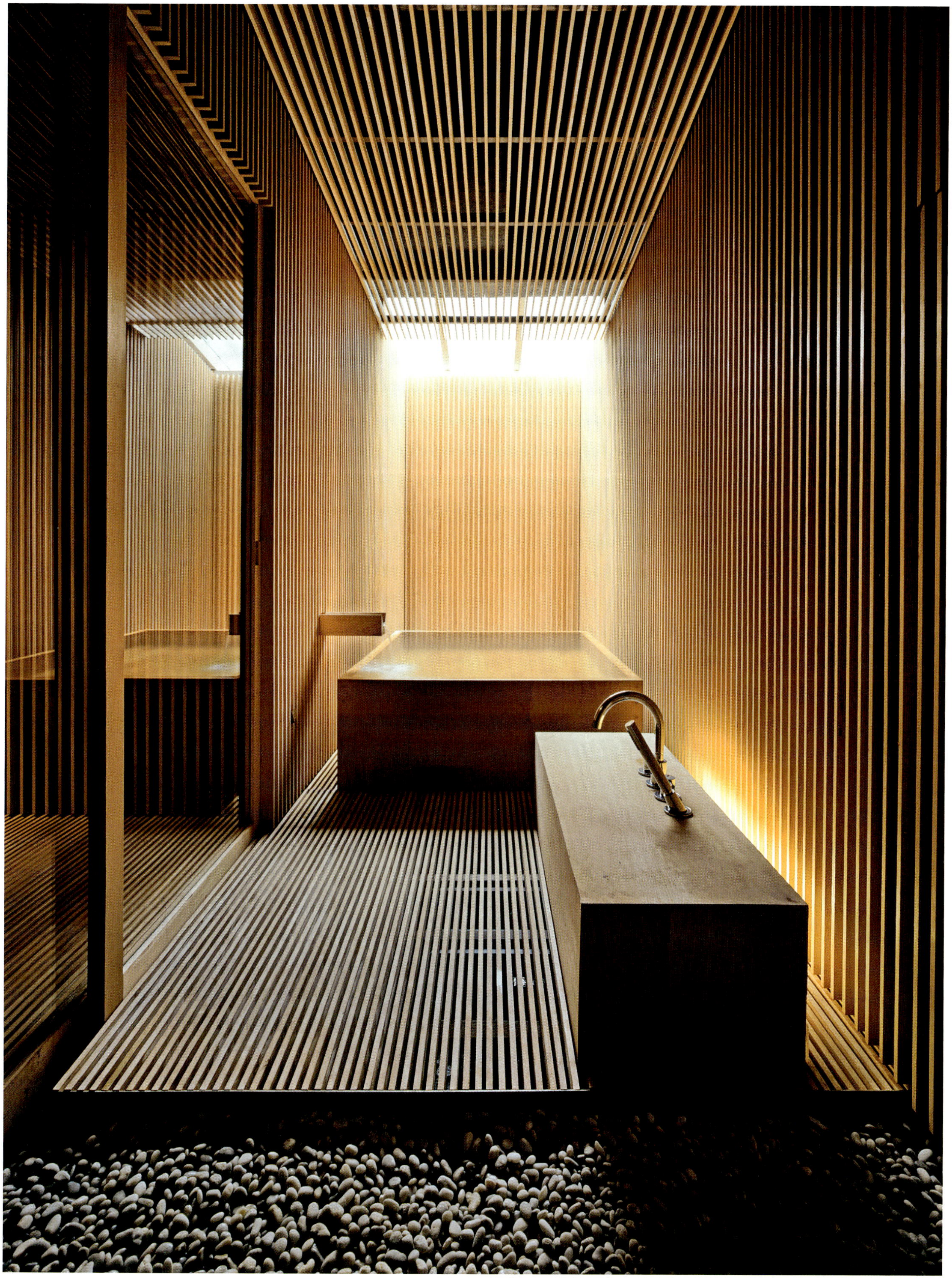

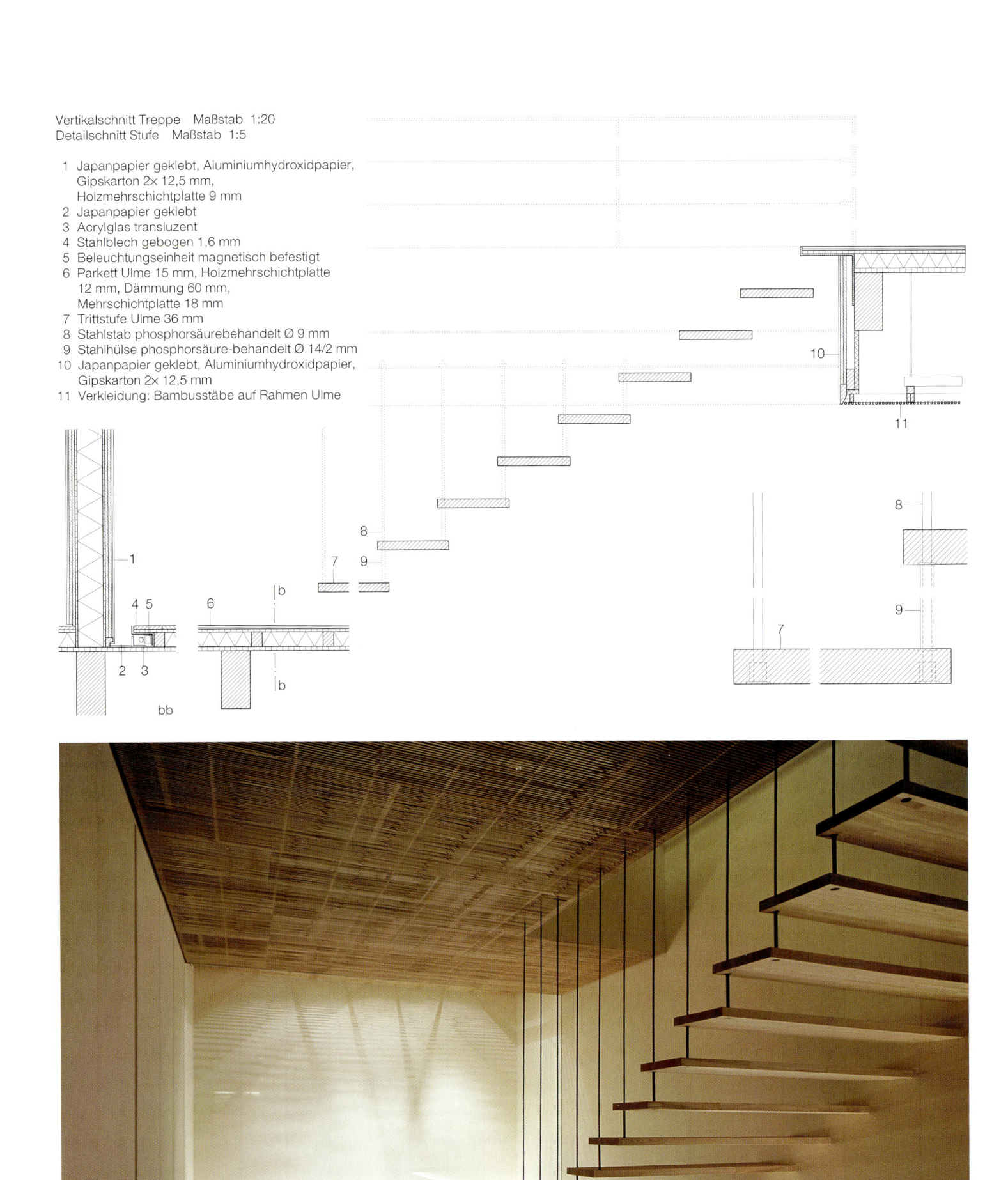

Vertikalschnitt Treppe Maßstab 1:20
Detailschnitt Stufe Maßstab 1:5

1 Japanpapier geklebt, Aluminiumhydroxidpapier,
  Gipskarton 2× 12,5 mm,
  Holzmehrschichtplatte 9 mm
2 Japanpapier geklebt
3 Acrylglas transluzent
4 Stahlblech gebogen 1,6 mm
5 Beleuchtungseinheit magnetisch befestigt
6 Parkett Ulme 15 mm, Holzmehrschichtplatte
  12 mm, Dämmung 60 mm,
  Mehrschichtplatte 18 mm
7 Trittstufe Ulme 36 mm
8 Stahlstab phosphorsäurebehandelt Ø 9 mm
9 Stahlhülse phosphorsäure-behandelt Ø 14/2 mm
10 Japanpapier geklebt, Aluminiumhydroxidpapier,
   Gipskarton 2× 12,5 mm
11 Verkleidung: Bambusstäbe auf Rahmen Ulme

47

Pfarr- und Jugendheim in Thalmässing

Architekten: meck architekten, München

Massive und natürliche Materialien
Gefühlvoller Umgang mit überlieferten Baustoffen
Präzise Detaillösungen

In der protestantisch geprägten Gemeinde Thalmässing in Mittelfranken steht die einzige katholische Kirche etwas abseits der Hauptstraße auf einem grünen Hanggrundstück – ohne Bezug zur umgebenden kleinteiligen Wohn- und Gewerbebebauung. Mit der Erweiterung, der kleinen Kirche ein Pfarr- und Jugendzentrum hinzuzufügen, ergab sich die Chance, die städtebauliche Situation neu zu definieren: Zwischen Kirche und Neubau spannt sich nun ein trapezförmiger, abgetreppter Platz, der Alt und Neu verbindet und gleichzeitig neue Wegebeziehungen schafft. Im 2001 ausgelobten Wettbewerb war eigentlich ein Grundstück gegenüber des Gotteshauses vorgesehen. Weil die Architekten jedoch den Blick auf das Eingangsportal mit dem großen Volumen nicht verstellen wollten, platzierten sie das neue Gebäude an der Seite. Der schmale Betonriegel steht in respektvollem Abstand zu der neobarocken Kirche und ist äußerlich unscheinbar.

Drehbare raumhohe Wandscheiben
Um eine möglichst geringe Gebäudehöhe zu erreichen, wurden die Räume ihrer Höhe nach dem Hang folgend angeordnet. Im Inneren zeichnet sich das Zentrum durch wenige edle Materialien aus. Das Herzstück ist der große Mehrzwecksaal, der sich mit einer Glasfront zum Platz und zur Kirche orientiert. Drei drehbare raumhohe Wandscheiben aus Eichenholz lassen sich in offener Position fixieren und schaffen so eine durchlässige Verbindung zum Foyer.

Feinmaschiges Weidengeflecht
Den Blickfang im Saal bildet die Rückwand aus feinmaschigem Weidengeflecht, die sich über die gesamte Länge des Gebäudes fortsetzt und in einem Stück von Hand geflochten wurde. Die Idee zu der ungewöhnlichen Wandbekleidung entwickelten die Architekten aus dem Wunsch des Bauherren nach einer behaglichen Komponente. Entstanden ist eine lebendige warme Oberfläche, die ihre optischen und haptischen Qualitäten je nach Blickwinkel und Lichteinfall immer wieder neu entfaltet. Ferner trägt die weiche offene Struktur zu einer guten Raumakustik bei. Ebenfalls bemerkenswert ist der durchgängig verwendete Bodenbelag. Der dunkle, fast schwarze Gussasphalt-Estrich wird auch den gehoben Ansprüchen der Nassbereiche gerecht und rundet mit seiner spiegelnd polierten und fugenlosen Oberfläche den wertigen und doch zurückhaltenden Gesamteindruck der Materialien ab.

Projektdaten:

Nutzung:	Kultur/Bildung
Konstruktion:	Stahlbeton und Mauerwerk
lichte Raumhöhe:	2,79–4,20 m
Bruttorauminhalt:	2381 m³
Bruttogrundfläche:	525 m²
Baujahr:	2004
Bauzeit:	20 Monate

Grundrisse · Schnitt
Maßstab 1:400

1 Foyer
2 Pfarrsaal
3 Küche
4 Gruppenraum
5 Innenhof
6 Meditationsraum
7 Büro
8 Musikübungsraum

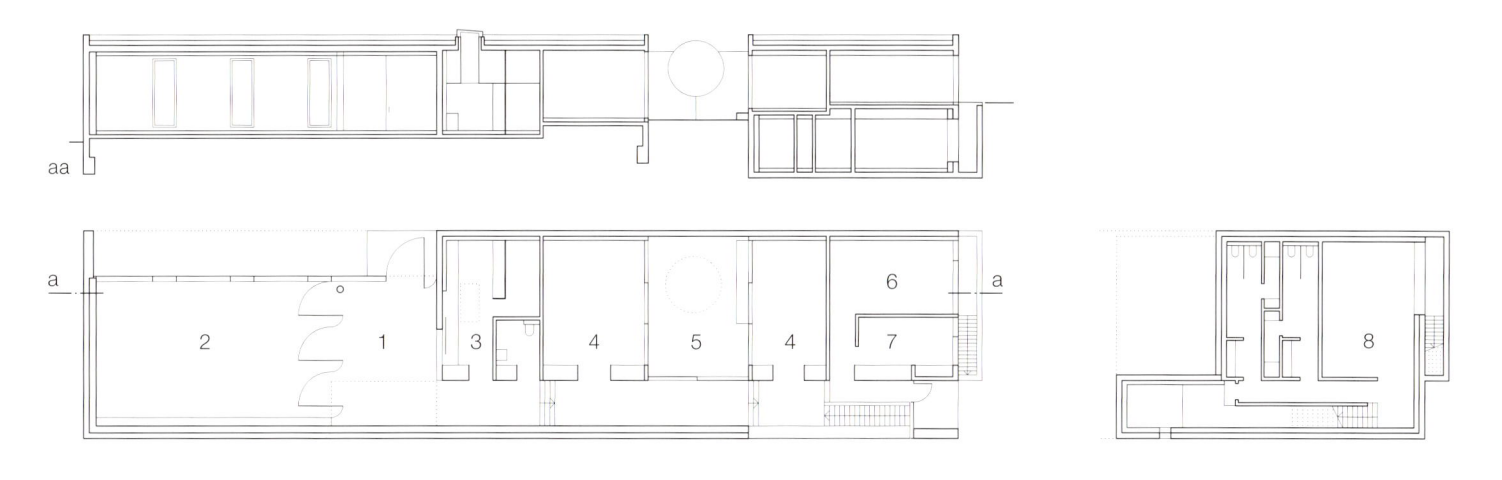

aa

a ⎯ 2 ⎯ 1 ⎯ 3 ⎯ 4 ⎯ 5 ⎯ 4 ⎯ 6 ⎯ 7 ⎯ a   8

49

bb

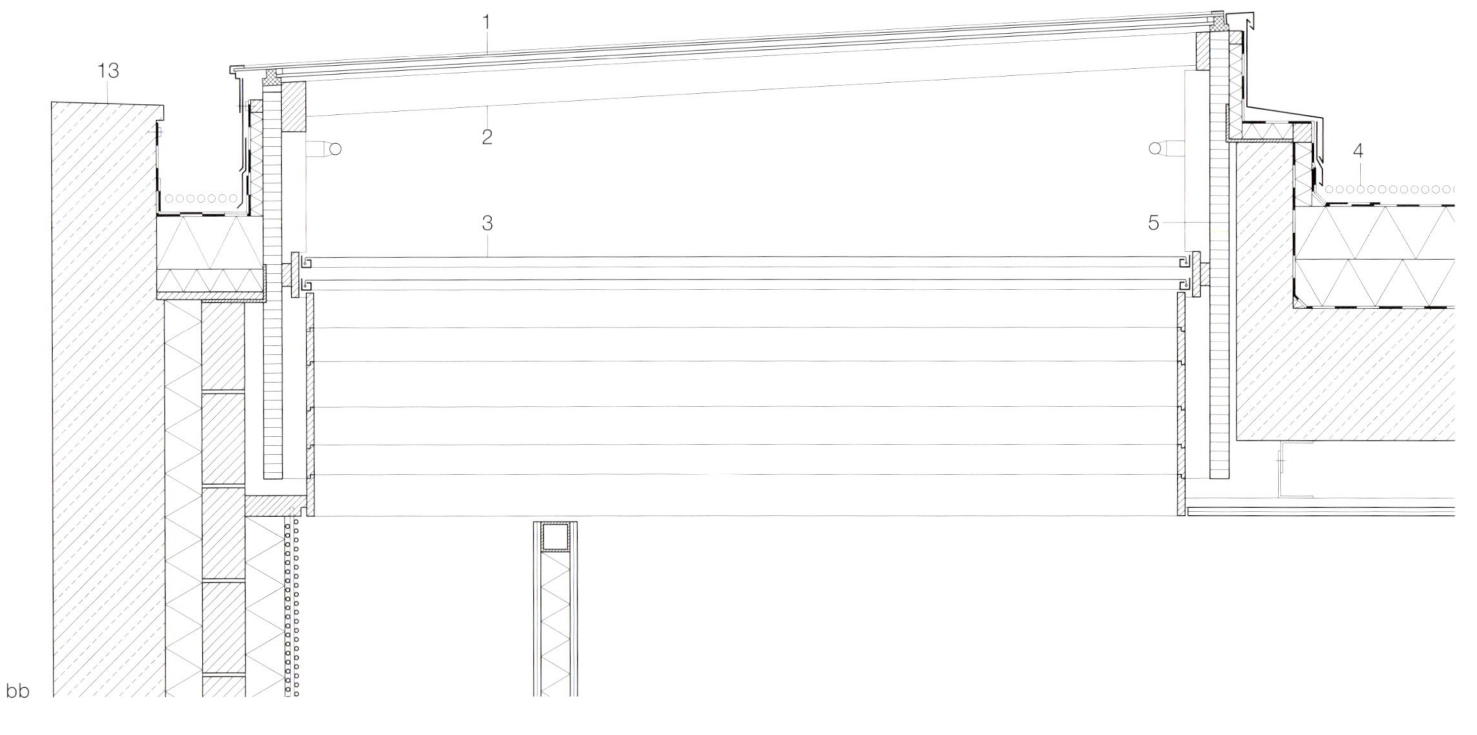

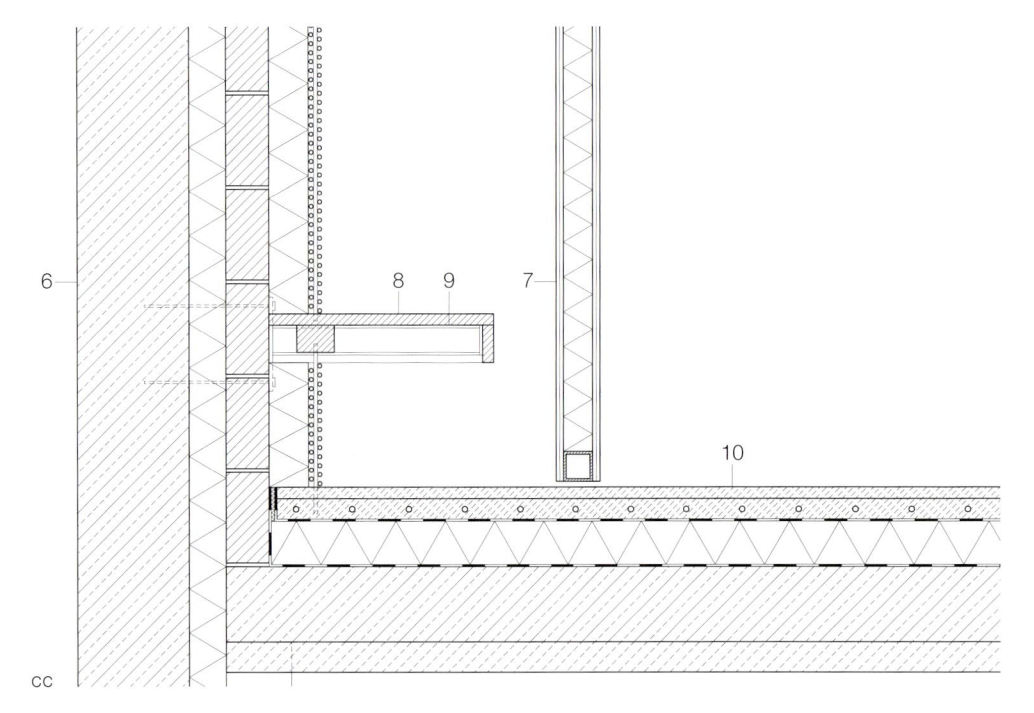

Vertikalschnitte · Horizontalschnitt
Maßstab 1:20

 1 Isolierverglasung ESG 6 mm +
   SZR 16 mm + VSG 2× 4 mm
 2 Stahlprofil T 80/50/5 mm
 3 Lichtfolie PVC opak
 4 Dachaufbau:
   Kies 50 mm
   Abdichtung Polyolefinbahn
   Gefälledämmung Polystyrolhartschaum
   90–240 mm
   Dampfsperre
   Stahlbetondecke 350 mm
   abgehängte Decke Eiche lasiert 20 mm
 5 Furnierschichtholzplatte 50 mm
 6 Wandaufbau:
   Sichtbeton 300 mm
   Wärmedämmung Schaumglas 100 mm
   Vormauerung Ziegel 115 mm
   Weidengeflecht auf Holzunterkonstruktion,
   z. T. mit Absorber hinterlegt
 7 Drehtür:
   Eiche massiv 20 mm
   Stahlrohr ⌑ 80/80/10 mm
   Dämmung Mineralwolle 80 mm
 8 Sitzbank Eiche massiv 30 mm
 9 Stahlprofil IPE 80 mit Kopfplatte
   250/250/10 mm
10 Bodenaufbau:
   Gussasphaltestrich,
   geschliffen poliert gewachst 30 mm
   Heizestrich 65 mm
   Trennlage PE-Folie
   Wärmedämmung 120 mm
   Abdichtung Bitumenbahn
   Bodenplatte Stahlbeton 200 mm
   Sauberkeitsschicht 80 mm
11 Isolierverglasung VSG 2× 5 mm +
   SZR 16 mm + VSG 2× 5 mm
12 Fassadenpfosten BSH Eiche lasiert
13 Attikabeschichtung:
   PU-Versiegelung auf Grundierung

cc

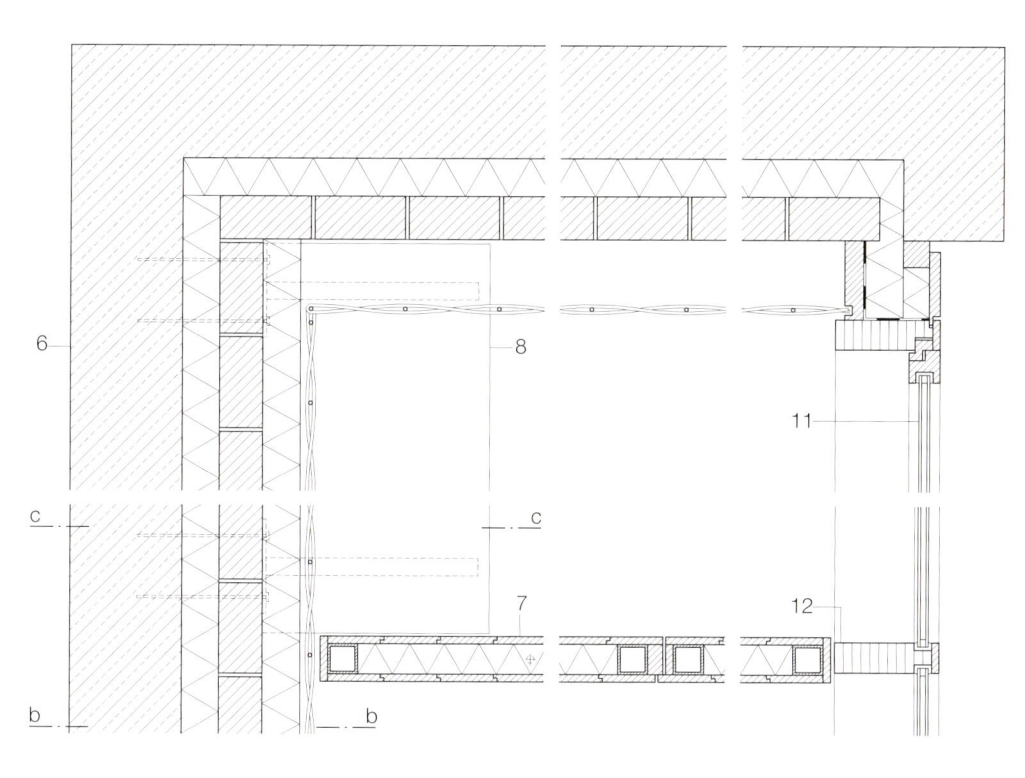

Materialeigenschaften	Wandbekleidung:
Material:	Weidenzweige
Stabilität:	E-Modul 8800 N/mm²
Dichte:	0,41 g/cm³
Brandschutzklasse:	B1, schwer entflammbar (durch Schutzlack)
Farbe:	natur
Zugfestigkeit:	77 N/mm²
Druckfestigkeit:	30–35 N/mm²
Schlagfestigkeit:	50 kJ/m²
Härte:	30 N/mm²
Glanzgrad:	gering
Oberflächenstruktur:	glatt

Multimedia-Pavillon in Jinhua

Architekt: Erhard An-He Kinzelbach KNOWSPACE, Wien

Projektdaten:

Nutzung:	Kultur
Konstruktion:	Stahlbeton
lichte Raumhöhe:	2,90–3,80 m
Bruttorauminhalt:	166 m³
Bruttogrundfläche:	67 m²
Baujahr:	2007
Bauzeit:	12 Monate

Polyvalenter Raum
Konsequente Bambusoberfläche
Integration der Projektionsbereiche

Der Multimedia-Pavillon ist Teil des Jinhua Architecture Parks, einem Projekt zur Aufwertung des umliegenden Baulands. Der Künstler und Architekt Ai Weiwei kuratierte diesen gemeinsam mit Herzog & de Meuron.

Der Multimedia-Pavillon fungiert in erster Linie als Filmvorführraum. Die transluzent verglasten Stirnfassaden öffnen sich zum Park hin und dienen sowohl als Eingang als auch als Projektionsfläche für den Innenraum. Außerhalb der Vorführzeiten erlaubt die Glasfassade die Sicht in den Pavillon hinein, gleichzeitig spiegelt sich darin die umgebende Parklandschaft. Das Dach, das Sitzstufen für ein Freiluftkino bereitstellt, lädt zum Verweilen ein.

Zwei Projektionstrichter bestimmen den Innenraum. Dieser besteht aus der linearen Abfolge von 20 Rahmen, deren Querschnitte von Achse zu Achse variieren. Gemeinsam formen sie eine gestufte Landschaft und integrieren Oberfläche, Konstruktion und Programm in einer Struktur. Die kontinuierliche Raumoberfläche aus Bambus nimmt zugleich Sitzgelegenheiten, mediale Oberflächen, Stauraum, Lautsprecher und Beleuchtung auf und macht somit eine zusätzliche Möblierung des Raums überflüssig. Der so entstehende polyvalente Raum dient nicht nur dem multimedialen Raumprogramm, sondern ermöglicht zugleich einen Ort der Versammlung und Ruhe inmitten des Parks. Hier überlagern sich virtuelle und physische Räume.

Schnitt · Grundriss
Maßstab 1:200
Horizontalschnitt · Vertikalschnitt
Maßstab 1:20

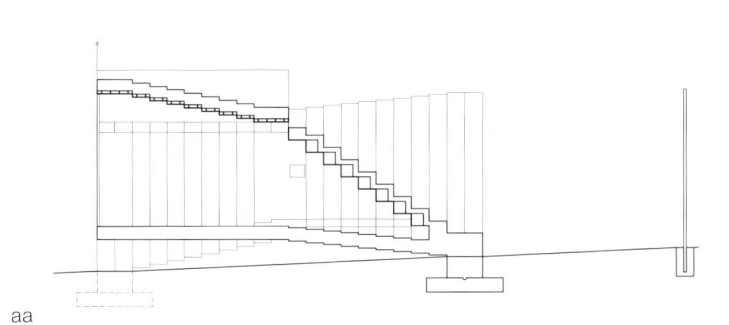

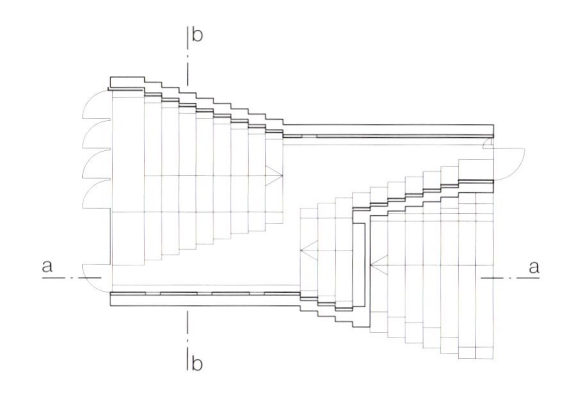

1 Mosaikfliesen
  Edelstahlblech gebürstet 18/18 mm
  Dünnbettkleber
  Stahlbeton 300 mm
  Kantholz 60/20 mm
  Sperrholzplatte 8 mm
  Bambusbretter
  transparent beschichtet 12 mm
2 Edelstahlprofil
  ⌐ 20/10 mm
3 Sichtbeton weiß
4 Stahlrohr ▭ 80/60 mm
5 Tür Verbundglas
  Float 8 mm + Acrylglas matt 6 mm
6 Leuchtenabdeckung
  Acrylglas matt 6 mm
7 Lautsprecher
8 Flachbildschirm
  berührungssensitiv

Materialeigenschaften Innenraum:	
Material:	Bambus-Sperrholz
Stabilität:	E-Modul 14 000 N/mm²
Dichte:	820 kg/m³
Brandschutzklasse:	B 1, schwer entflammbar
Hitzebeständigkeit:	400 °C
Farbe:	natur
Zugfestigkeit:	55–75 MPa
Druckfestigkeit:	> 80 MPa
Schlagfestigkeit:	600–850 J/m
Härte:	32 HBW

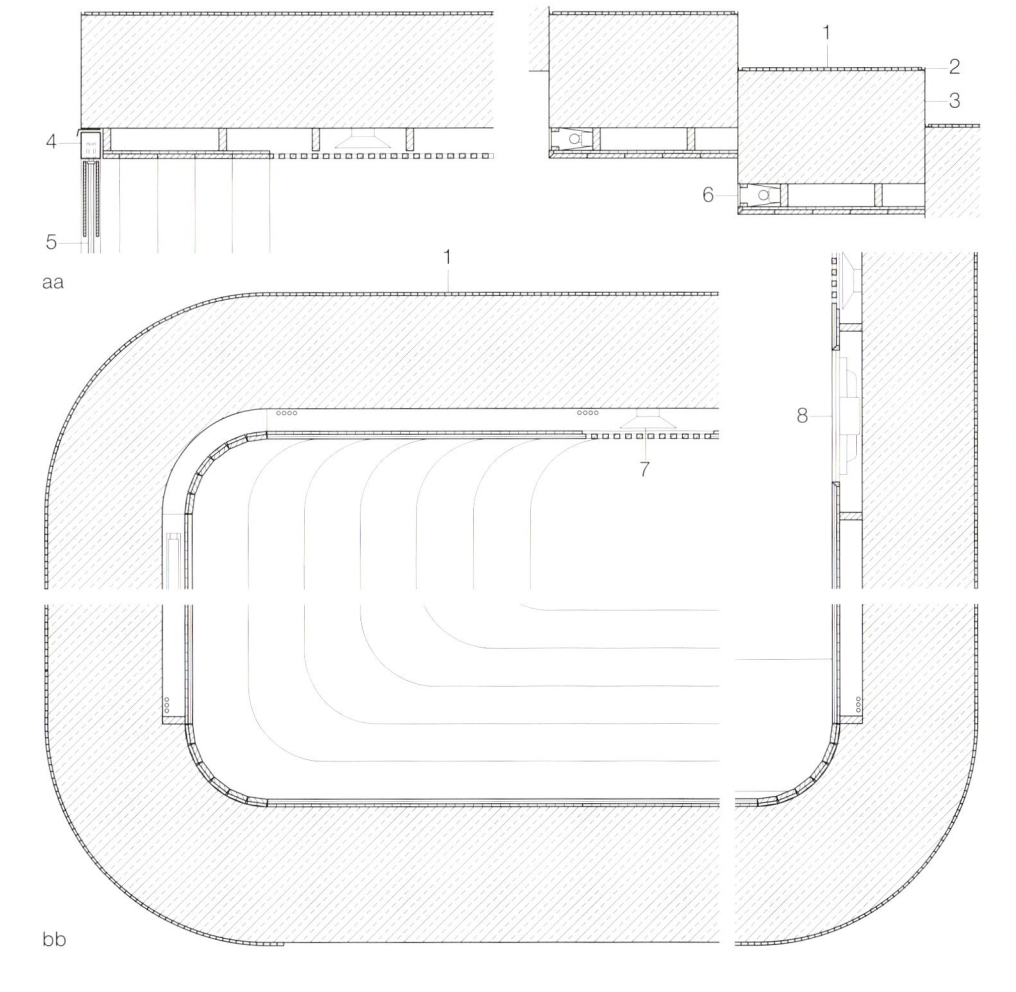

Theater in Zürich

Architekten: EM2N, Zürich

**Erweiterung und Sanierung eines Theaters
Raue industrielle Oberflächen
Farbe Rot als Akzent**

Seit Jahren wird das Industriequartier Oerlikon im Norden Zürichs einem Transformationsprozess unterzogen. Im Zuge dessen verwandelte sich auch der ehemalige Stadthof in ein modernes Musicaltheater. 500 neue Bühnenplätze, mehr Foyerfläche und moderne Bühnentechnik erforderten eine radikale Umformung des Bestandsgebäudes, die nur den Bühnenturm und das Untergeschoss stehen ließ.

Eine neue einheitliche Raumschicht umgibt den freigestellten und vergrößerten Saal- und Bühnenkörper. Die dunkelgraue Haut aus perforiertem Stahltrapezblech hüllt das gesamte Gebäude ein und formt sich in polygonalen Zügen zu einer kantigen Skulptur. Wenige großformatige und quadratische Fenster durchstoßen die Lochblechhülle und erlauben gezielte Einblicke in das Haus, aber durch ihre unterschiedliche Maßstäblichkeit und versetzte Anordnung geben sie keinen Aufschluss über die Anzahl der Stockwerke. Viele kleine, hinter der Fassade verborgene Öffnungen schimmern nachts geheimnisvoll mit der roten Theaterbeschriftung um die Wette. Der Eingang schneidet die Fassade dreiecksförmig auf, saugt den ankommenden Besucher wie durch das aufgerissene Maul eines Tiers ein und führt ihn ins Innere. Die raue, industriell gefärbte Ästhetik zeigt sich dort in den sichtbar belassenen Rohbauflächen der Außenhaut, der sichtbaren Haustechnikinstallation und dem Ortbetonboden. Nur die Sessel und der Teppichboden in Rot setzen in dem sonst dunkel gehaltenen Saal einen kräftigen Farbakzent.

Projektdaten:

Nutzung:	Kultur, Gastronomie
Konstruktion:	Stahlbeton
lichte Raumhöhe:	2,30–21,80 m
Bruttorauminhalt:	44 025 m³
Bruttogrundfläche:	2724 m²
Baujahr:	2006
Bauzeit:	22 Monate

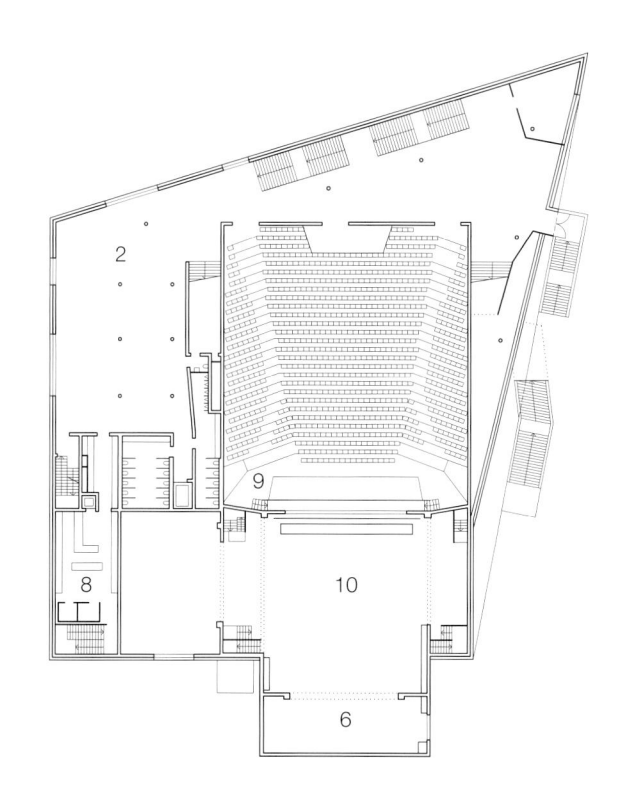

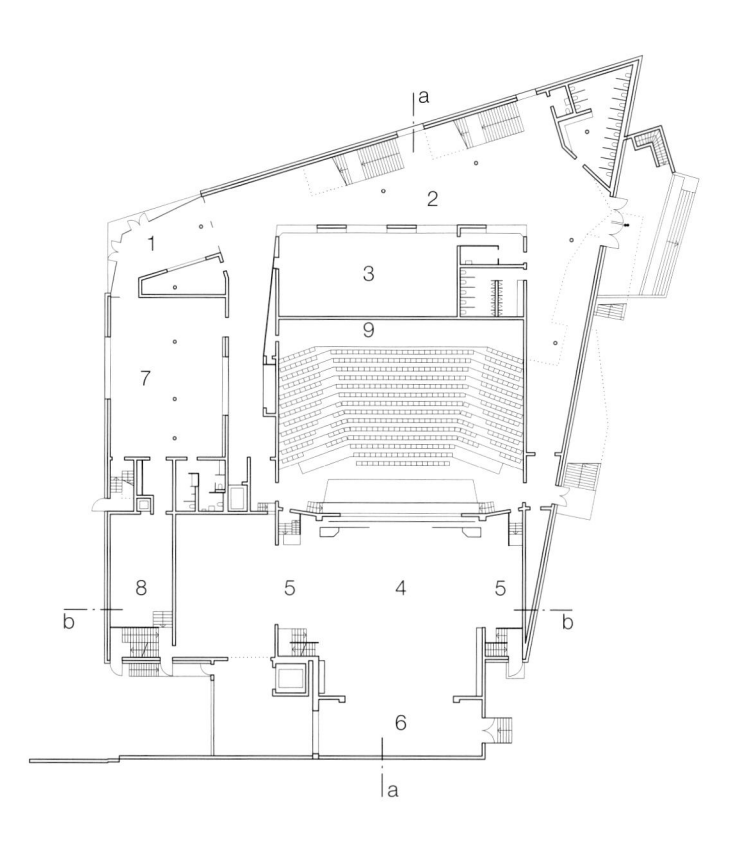

Grundrisse	1 Eingang	6 Hinterbühne
Schnitte	2 Foyer	7 Restaurant
Maßstab 1:750	3 Garderobe	8 Küche
	4 Hauptbühne	9 Auditorium
	5 Seitenbühne	10 Luftraum Bühne

Materialeigenschaften Bodenbelag:	
Material:	getufteter Schnittpol-Velourbelag
Produktname:	Vegas, Hersteller Balta
Brandschutzklasse:	CflS1
Wärmedurchlass:	0,09 m²K/W
Farbe:	rot R2203/S110K4
Glanzgrad:	gering
Oberflächenstruktur:	weich

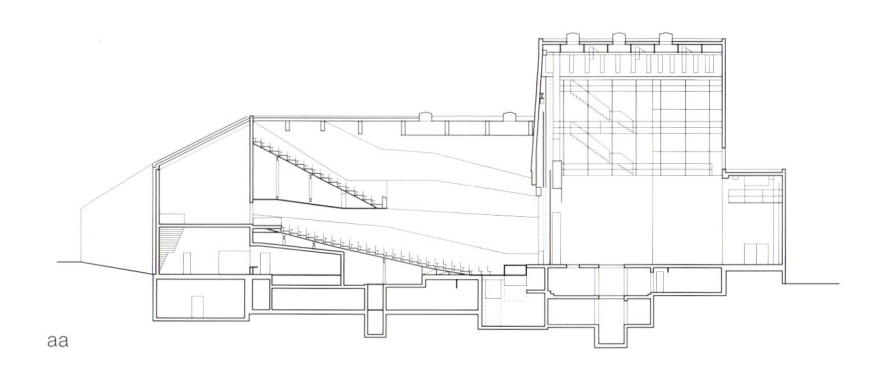

aa

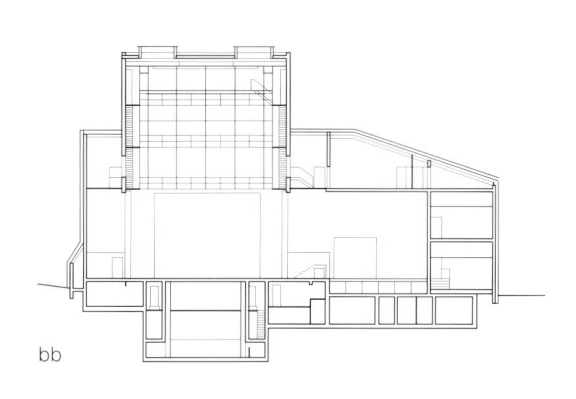

bb

56

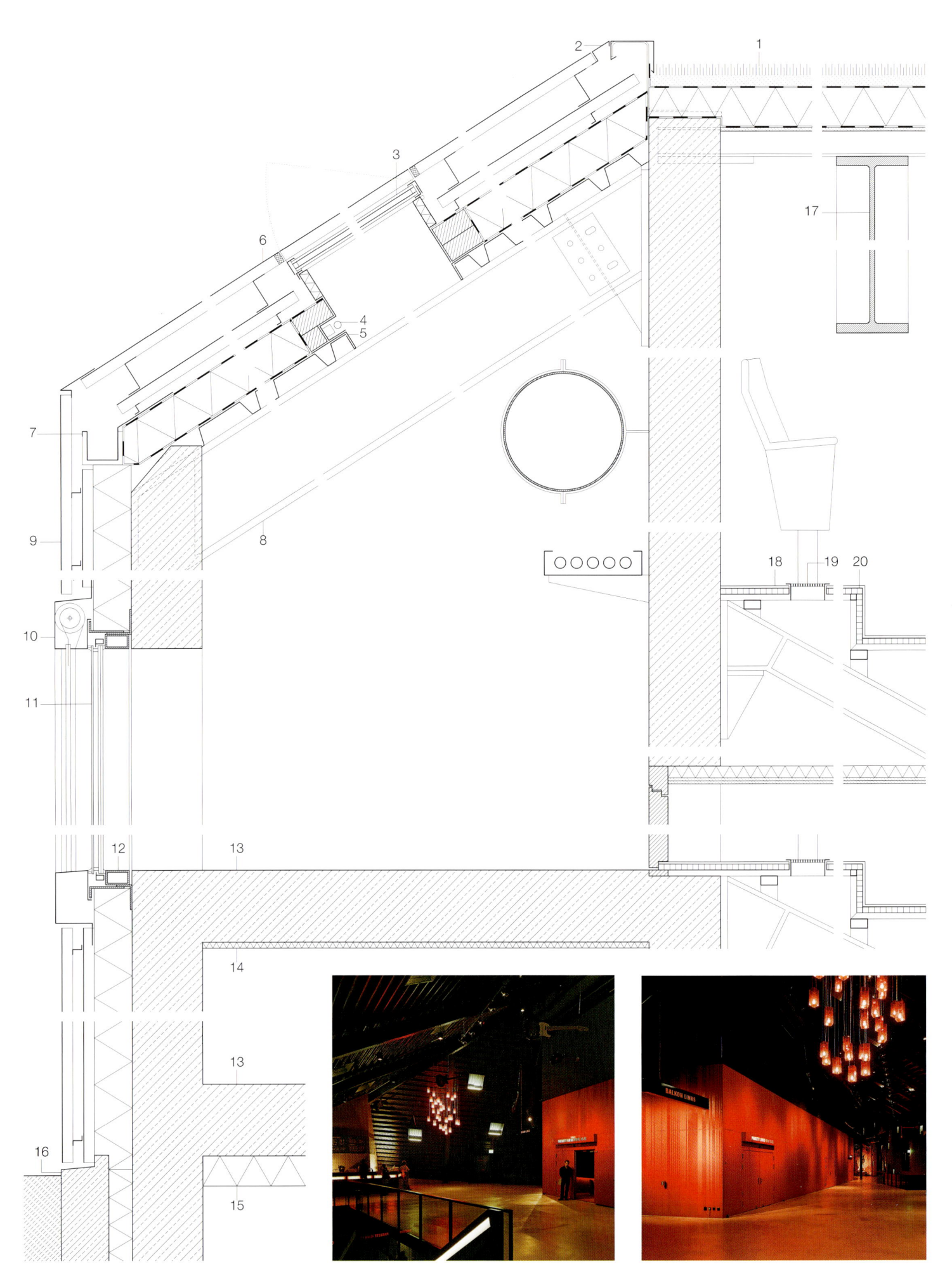

Vertikalschnitt   Maßstab 1:20

1 extensive Begrünung Substrat
  50 mm, Abdichtung
  Polymerbitumen, Wärmedämmung
  Mineralwolle 160 mm,
  Dampfbremse, Gipsfaserplatte
  15 mm, Stahlprofil HEA 120
2 Lochblech Aluminium,
  einbrennlackiert 2 mm
3 Lüftungsklappe motorisch betrieben
4 Leuchtstoffröhre
5 Stahlblech einbrennlackiert 2 mm
6 Trapezblech Stahl perforiert 45 mm,
  Z-Profil Aluminium 110/110 mm,
  Trapezblech Stahl 45 mm,
  Z-Profil Aluminium 40/45 mm,
  Hinterlüftung
  Unterspannbahn,
  Wärmedämmung Mineralwolle 160 mm,
  Dampfsperre PE-Folie,
  Trapezblech 80 mm, Stege perforiert
7 Kastenrinne Stahlblech gekantet,
  0,8 mm
8 Stahlprofil HEA 300–400
9 Trapezblech Stahl perforiert 45 mm
  Z-Profil Aluminium 40/45 mm
  Trapezblech Stahl 45 mm
  Wärmedämmung Mineralwolle 160 mm
  Stahlbeton 300 mm
10 Verkleidung Sonnenschutz, Aluminium
   einbrennlackiert 2 mm
11 Isolierverglasung
   VSG 10+SZR 20+16+4 mm
12 Stahlrohr ⊡ 100/60 mm
13 Stahlbeton beschichtet 300 mm
14 Akustikdämmplatte Holzwolle
   zementgebunden 30 mm
15 Wärmedämmung Hartschaum 80 mm
16 Sockel Stahlbeton 200 mm
17 Stahlprofil HEA 1000
18 Teppich 10 mm
19 Bodenauslassöffnung
20 Spanplatte
   zementgebunden 24 mm

Theater Agora in Lelystad

Architekt: UNStudio, Amsterdam, B + M, Den Haag

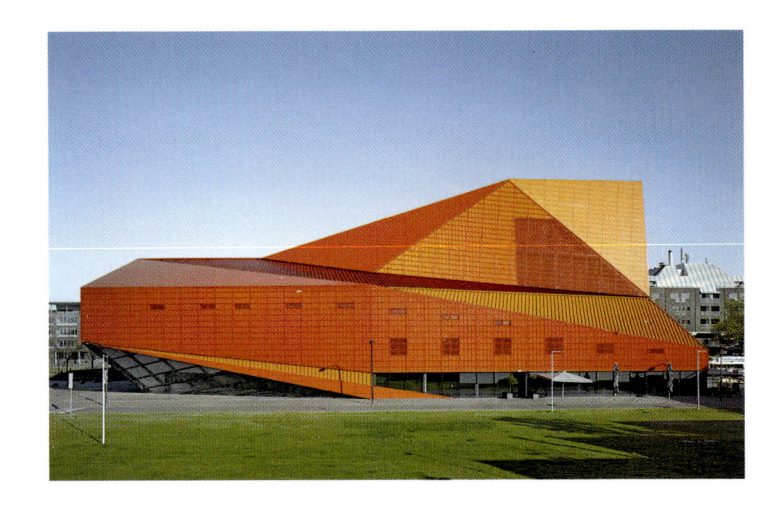

Raumskulptur mit gefalteten Wänden
Leuchtendes Farbkonzept von außen nach innen
Experimentell aber wirtschaftlich

Kräftige Farben und freie Formen bestimmen das neue kulturelle Zentrum, das Agora Theater, in der niederländischen Stadt Lelystad. Sowohl tagsüber, als auch nachts fällt der fröhlich orange Kristall dank seiner leuchtenden Farbe und der durchschimmernden Beleuchtung auf und wird so zum Orientierungspunkt. Die Farbnuancen der Fassade reichen von Gelb bis Rot; auch Stahl wird bei der Gebäudehülle in verschiedenen Variationen verwendet: als glatte Platten, gelocht oder als gekantetes Trapezblech. Diese Vielseitigkeit erweckt beim Besucher den Wunsch, die frei geformte Hülle zu umrunden, um alle Facetten des Gebäudes zu betrachten. Neben dem Auditorium mit dem dazu gehörenden Bühnenturm bekleidet die Metallhaut einen kleinen Saal mit angrenzenden Multifunktionsräumen und Gastronomieflächen für mögliche Kongressnutzungen sowie Funktionsflächen.

Farbiges Raumerlebnis

Das Gebäude zieht den Besucher durch den gläsernen Einschnitt in das Foyer, wo die Farbe in kräftiges Rosa wechselt und auch im Inneren eine heitere Atmosphäre erzeugt. Der vertikale Treppenraum öffnet sich mit einem dreieckigen Oberlicht zum Himmel. Darunter windet sich die Treppe, ebenfalls in Pink, wie selbstverständlich empor. Schräge und gebogene Flächen verstärken ihre Dynamik. Die Treppenuntersicht aus rechteckigen Aluminiumlamellen und die Brüstungsinnenseite sind in neutralem Weiß gehalten. Betritt man den Zuschauerraum setzt sich das Farberlebnis fort. Alle Flächen des Raums sind ohne Ausnahme in ein kräftiges Rot getaucht – Wände, Decke, Teppichboden genauso wie die 753 Sitzplätze.

Materialität

Der tiefrote weiche Teppich des Hauptsaals kontrastiert mit dem hellen glatten Parkett aus Bambus, das sich durch Foyer und Treppenraum zieht. Die roten Polster der Bestuhlung verstärken die feierliche Stimmung.
Durch die Wandgestaltung wird der Kontrast verstärkt. Die glatte Wand des Foyers erhält eine helle, mit Blasen bedruckte Tapete, im Saal wird das Thema der geknickten Gebäudehülle wieder aufgegriffen. Profilierte MDF-Akustikpaneele im Wechsel mit glattem Gipskarton falten sich dem Zuschauer entgegen und lösen die Saalwand auf.

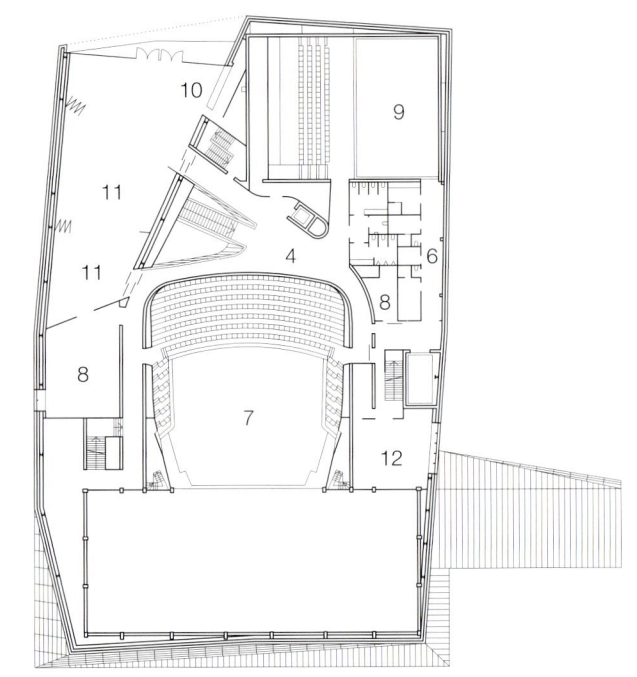

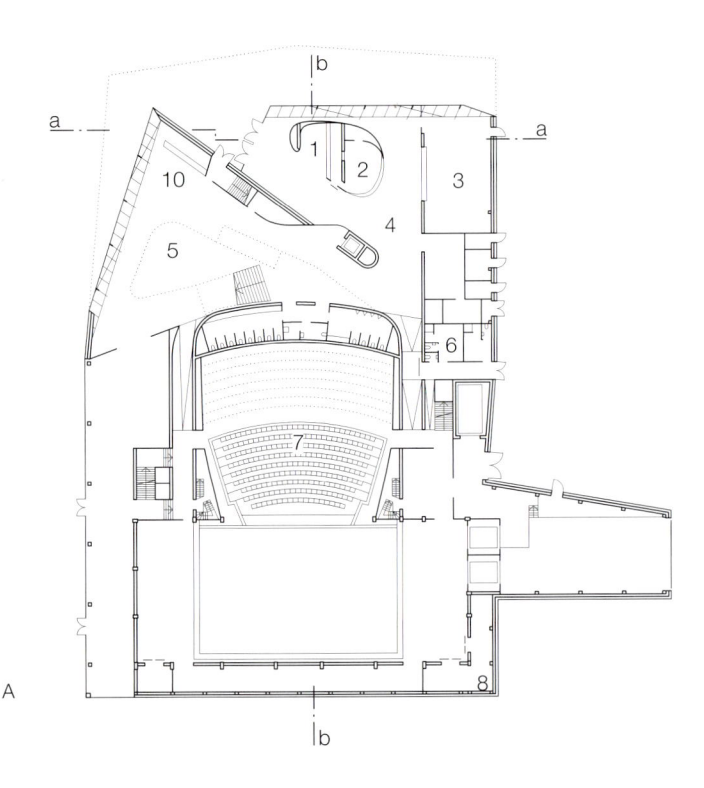

aa   bb

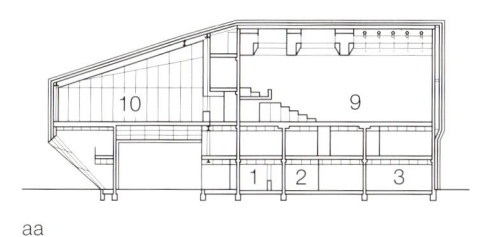

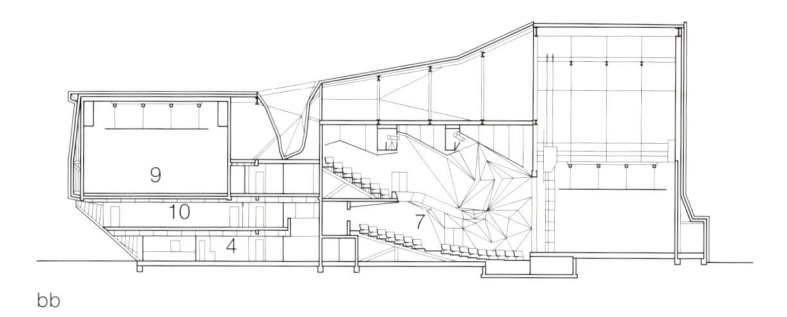

Projektdaten:

Nutzung: Kultur
Konstruktion: Stahl, Stahlbeton
lichte Raumhöhe: max. 19 m (Bühnenturm)
Bruttorauminhalt: 30 000 m³
Bruttogrundfläche: 5890 m²
Nutzfläche: Bühne Hauptsaal 195 m²
 Backstage Hauptsaal
 500 m²
 Bühne kleiner Saal 81 m²,
 Backstage kleiner Saal
 135 m²
Kapazität: Hauptsaal 753 Plätze
 kleiner Saal 207 Plätze
Baujahr: 2007
Bauzeit: 2002–2007

Grundrisse • Schnitte   3 Garderobe
Maßstab 1:800   4 Foyer
   5 Café
A Erdgeschoss   6 Umkleideraum
B 2. Obergeschoss   7 Hauptsaal
   8 Lager
   9 kleiner Saal
1 Ticketschalter 10 Bar
2 Rezeption/ 11 Mehrzwecksaal
 Kongressbüro 12 Küche

Anstelle einer rechteckigen Raumform läuft das Auditorium von Lelystad konisch zusammen. Die Saalwand ist aus Dreiecken reliefartig gefaltet und löst die Raumkonturen auf. Die verwendeten Winkel beschränken sich auf 5, 7 und 11°. Wie bei einem Kaleidoskop bewirken Licht und Schatten ein Farbenspiel aus unterschiedlichen Rottönen, das sich je nach Standort ständig verändern kann. Auch Teppichboden, Bestuhlung und sogar die mit Gewebe überzogenen Lautsprecher komplettieren mit ihrer roten Farbe den Raumeindruck.
Die dreieckigen Wandflächen bestehen im Wechsel aus profilierten MDF-Akustikpaneelen und aus Gipskartonplatten, um den Schall zu streuen und zu richten. Die Rückwand aus perforierten MDF-Paneelen dient als Schallabsorber.
Eine Computersimulation hat anhand des Datenmodells des Zuschauerraums die Nachhallzeit automatisch errechnet.
Neben einer guten Akustik besitzt der moderne Raum eine feierliche Atmosphäre, die durch das königliche Rot und die spannenden Winkelformen erreicht wird.

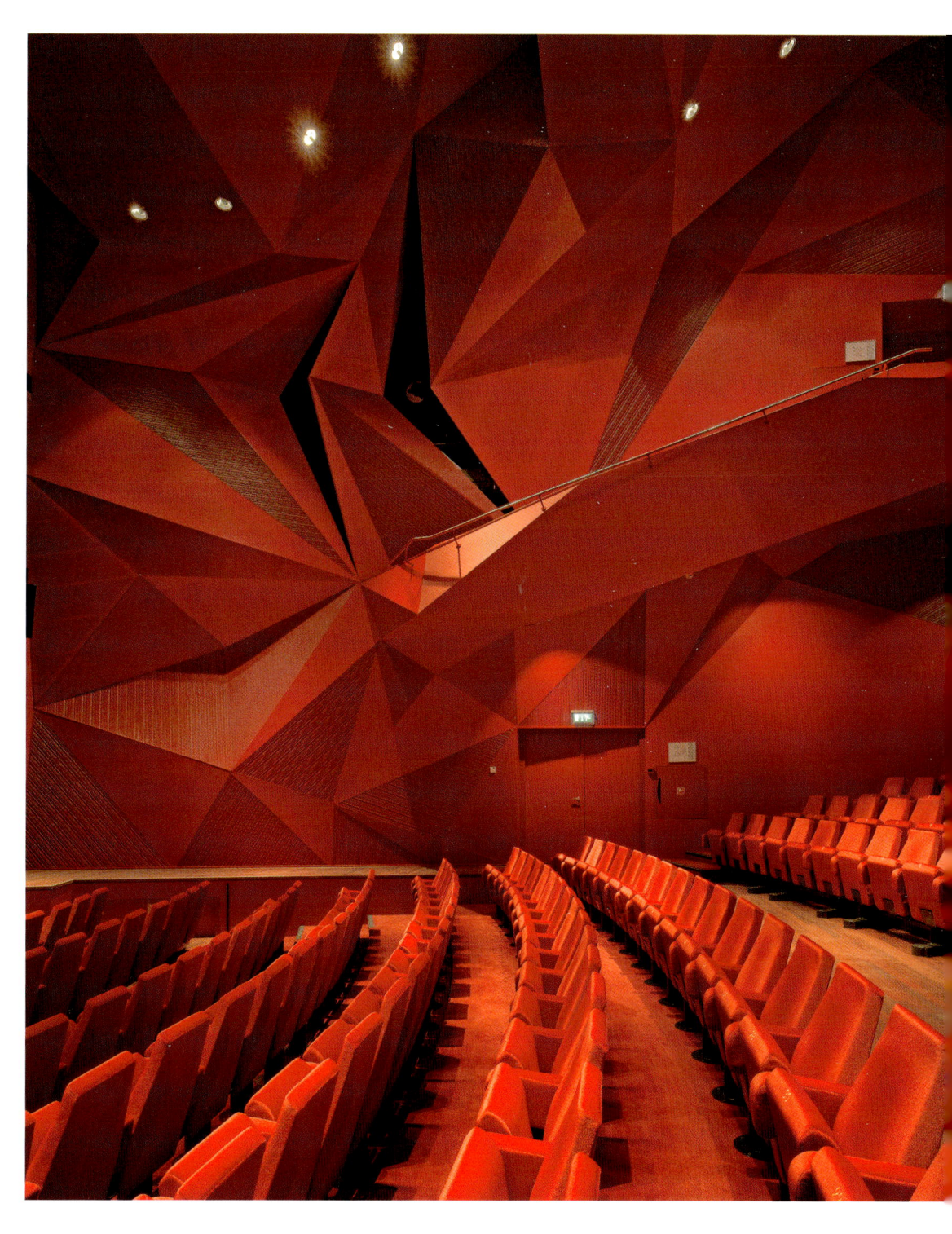

Vertikalschnitte
Haupttreppe
Maßstab 1:10

A Treppenlauf
B Treppenauge

1 Stufe Bambus 40 mm
2 Anti-Rutschstreifen 5/8 mm
3 Stahlblech gekantet
4 Trittschalldämmung 5 mm
5 Stahlprofil HEA 500
6 abgehängte Decke:
 Deckenlamellen Aluminium gekantet
 30/39/0,5 mm
 Sichtschutz Viskoseflies schwarz,
 feuerhemmend
 Unterkonstruktion Aluminiumprofil
 dazwischen
 Dämmung Mineralwolle 50 mm
7 Verkleidung Gipskarton feuerhemmend,
 12,5 mm
8 Stahlprofil HEA 200
9 Bodenaufbau:
 Parkett Bambus 15 mm
 Estrich 35 mm
 Druckschicht Vergussbeton 60 mm
 Spannbeton-Hohldecke vorgefertigt 200 mm
10 MDF 30 mm
11 Stahlprofil L 3/50/100 mm
12 akustische Verkleidung gelocht MDF 20 mm
13 Holzrahmen 96/146 mm, dazwischen
 Dämmung Steinwolle gepresst 140 mm
14 Sockelleiste MDF 20/100 mm
15 Folie pink, auf Gipskarton gelocht
 2× 12,5 mm

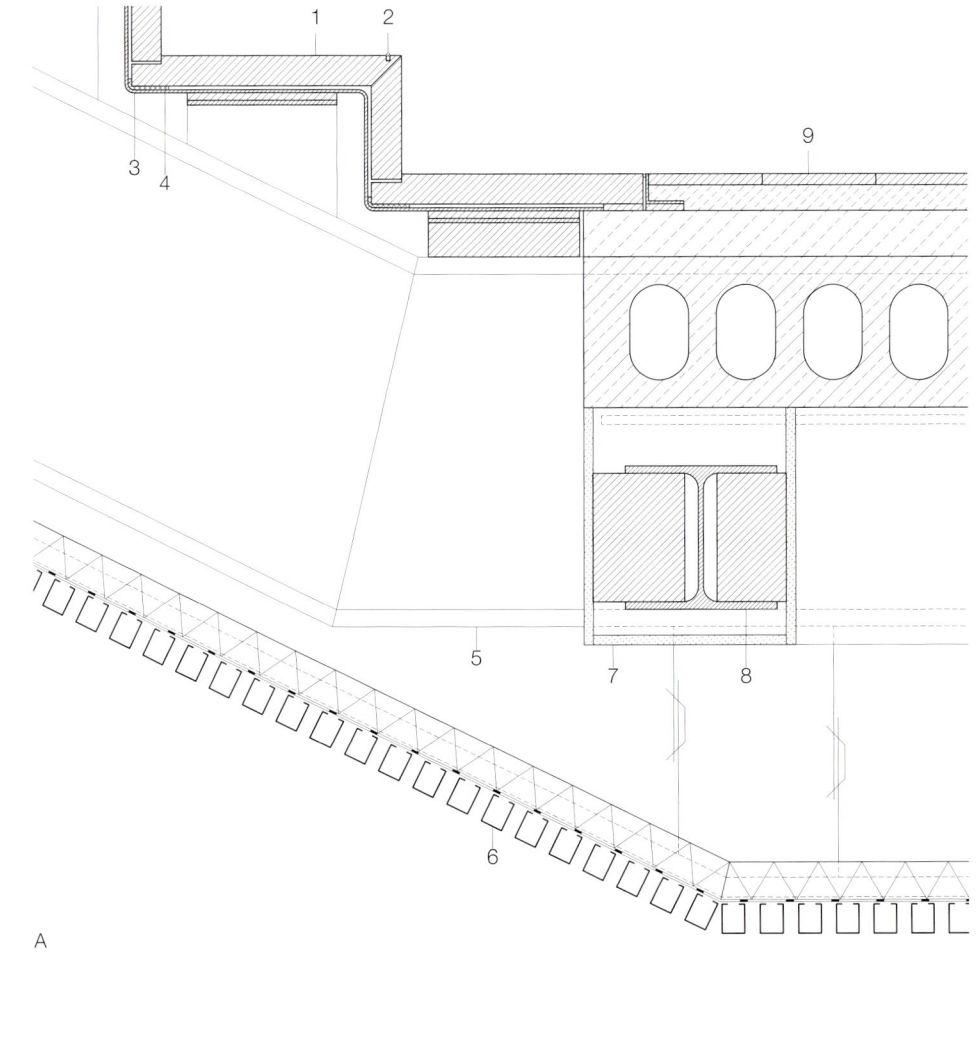

Materialeigenschaften	Bodenbelag:
Material:	Bambusparkett
Hersteller/Produkt:	Moso
Gewicht:	0,7 g/cm³
Brandschutzklasse:	B1 schwer entflammbar
Wärmeleitfähigkeit:	0,17 W/(m·K)
Farbe:	natur
Lichtdurchlässigkeit:	undurchlässig
Brinelhärte:	4 N/mm²
Oberflächenstruktur:	glatt

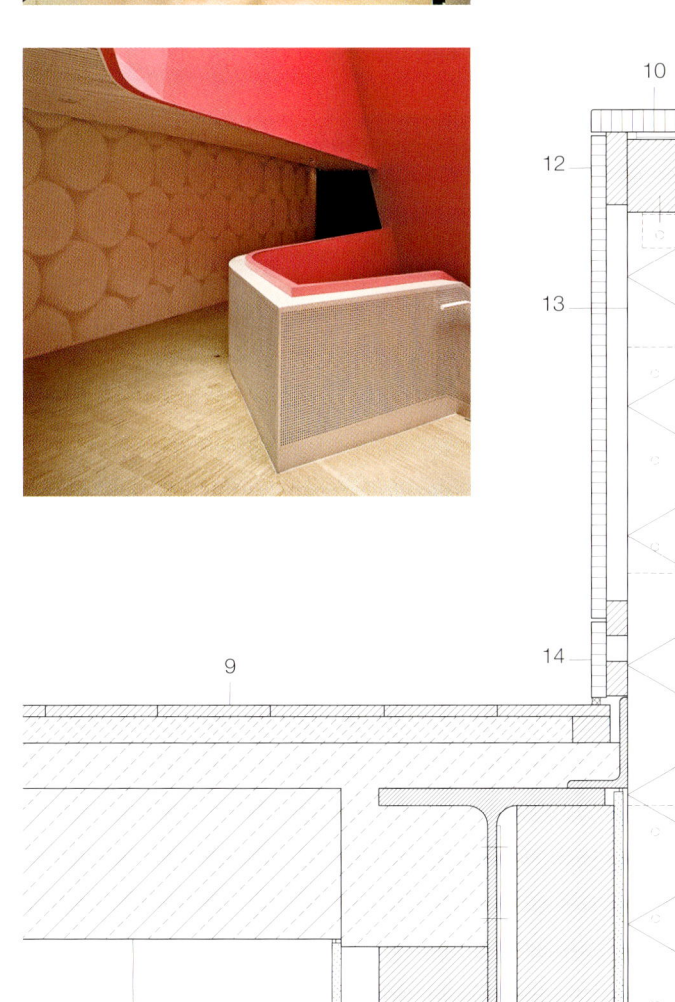

Casa da Música in Porto

Architekten: OMA, Rotterdam

**Zeitgemäßes Konzerthaus
Moderne Materialien
Klassische Form der Auditorien**

Im Jahr 2001 führte Porto, neben Rotterdam, den Titel Europäische Kulturhauptstadt und investierte nachhaltig in die städtische und kulturelle Struktur. Im Zuge dessen wurden fünf internationale Architekturbüros zu einem Wettbewerb für ein neues Konzerthaus eingeladen, den das Rotterdamer Büro OMA für sich entscheiden konnte.

Subtraktionsprinzip

Die meisten kulturellen Einrichtungen werden nur von einem verschwindend kleinen Teil der Bevölkerung genutzt. Die Mehrheit kennt sie von außen, aber nur eine Minderheit weiß, was im Inneren passiert.
OMA befasste sich mit der Beziehung zwischen dem Konzertsaal und den öffentlichen Bereichen und betrachtete das Gebäude als eine massive Form, aus der das Raumprogramm herausgeschnitten wurde, bis lediglich ein ausgehöhlter Block übrig blieb. Das große Auditorium durchmisst das gesammte Gebäude. Die klassisch rechteckige Form wurde, entgegen den Präferenzen der Architekten, aufgrund ihrer akustischen Eigenschaften gewählt.
Transparenz und Offenheit stellen bei der Casa da Música zentrale Themen dar. Das Gebäude enthüllt der Stadt sein Innerstes und zur gleichen Zeit präsentiert sich die Stadt seinen inneren Bereichen durch die großen Öffnungen in der Fassade. Die Resträume zwischen den an den Fenstern liegenden Bereichen bestehen aus sekundären Nutzflächen, wie Foyers, einem Restaurant, Terrassen, Technikräumen und der vertikalen Erschließung.
Eine durchgängige, aber begrenzt zugängliche Route verbindet alle öffentlichen Funktionen und die übrigen Räume miteinander, die um das große Auditorium aufgereiht sind. Dieser Kreislauf ermöglicht die Nutzung des Gebäudes für Feste mit mehreren gleichzeitig stattfindenden Aufführungen.

Blattgold auf Sperrholz

Während der Entwurfsphase experimentierte OMA mit neuen Materialien und neuen Einsatzmöglichkeiten für gebräuchliche und traditionelle Werkstoffe, wie beispielsweise dem weißen Beton für die Außenhülle und den rekonstruierten Fayencekacheln, die in mehreren Bereichen Verwendung finden. Das wellenförmig geschwungene Glas des Auditoriums bietet Vorteile für die akustischen Eigenschaften der Fensterflächen und lässt die Außenwelt nur gefiltert in das Innere. Die Wände und die Decke des Konzertsaals wurden mit Sperrholzplatten verkleidet, die mit einer überdimensionalen Holzmaserung aus Blattgold bedruckt sind. Auf der einen Seite ergeben diese Adern ein belebendes Spiel mit dem einfallenden Licht, auf der anderen Seite war Blattgold im portugiesischen Barock ein beliebtes Material. Die von Maarten van Severen gestalteten grauen Samtsitze bilden einen spannenden Kontrast zu den Holzwänden, vermitteln jedoch auch ein Gefühl von Gemütlichkeit. Für die Armlehnen wurden Edelstahlhohlprofile in Acryl eingegossen, aus denen die Sitznummern ausgefräst und hinterleuchtet wurden. Trotz der solitären äußeren Form ist das Innere der Casa da Música in vielerlei Hinsicht von den Stimmungen in seiner Umgebung beseelt.

Ansichten Maßstab 1:1000

Projektdaten:

Nutzung:	Kultur
Konstruktion:	Stahlbeton
lichte Raumhöhe:	max. 16 m
Bruttogrundfläche:	22 000 m²
Baujahr:	2005
Bauzeit:	5 Jahre

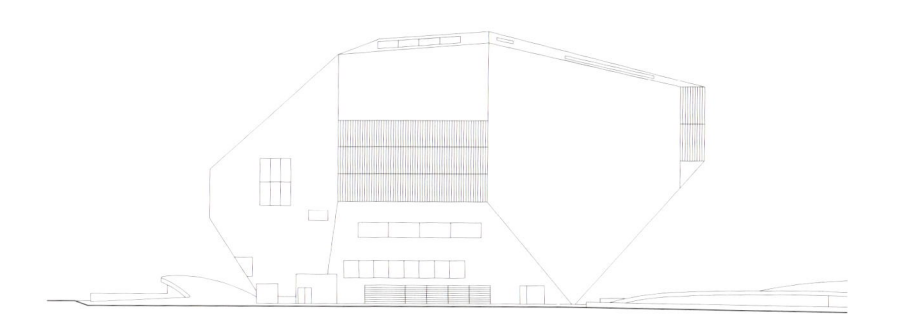

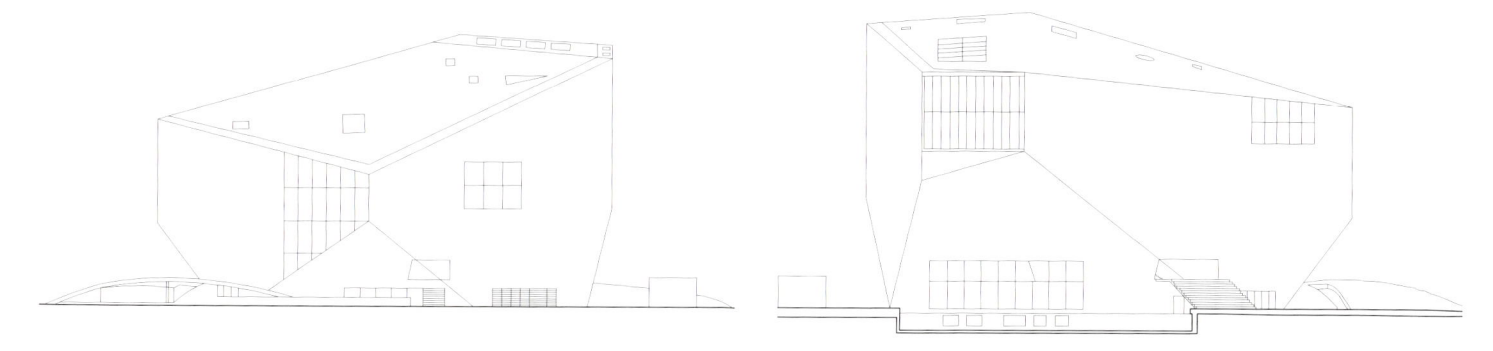

EG

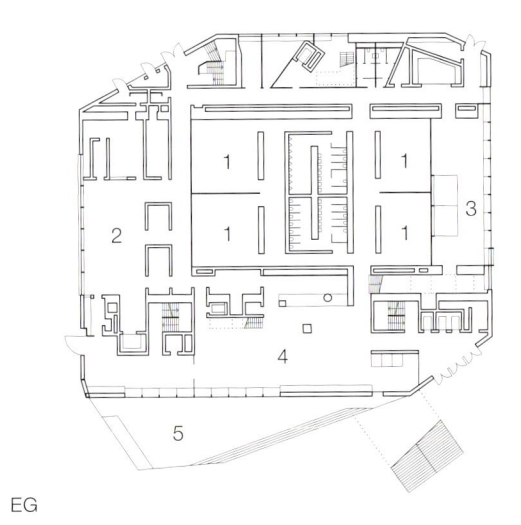

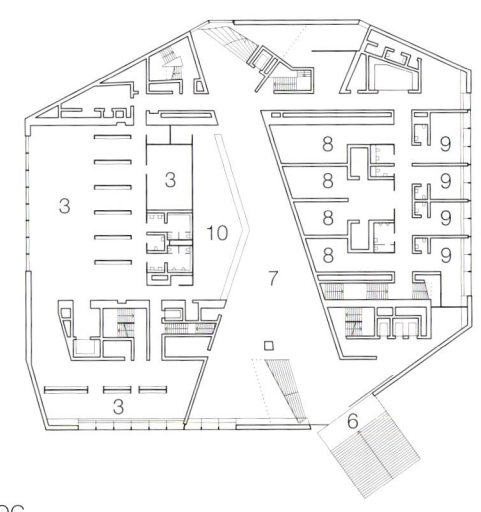

1. OG

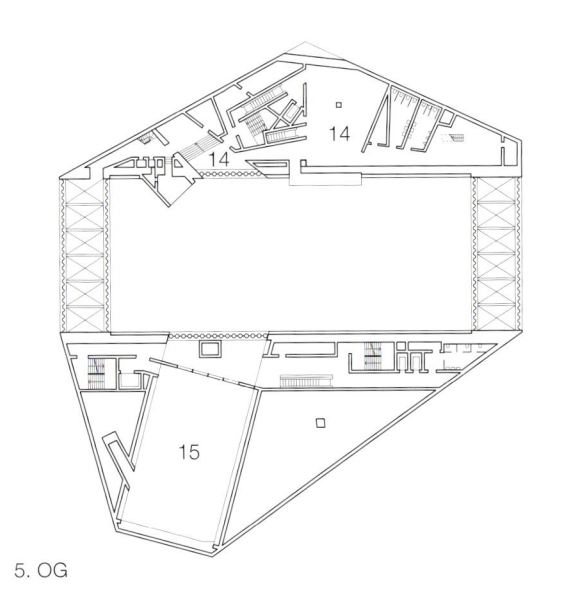

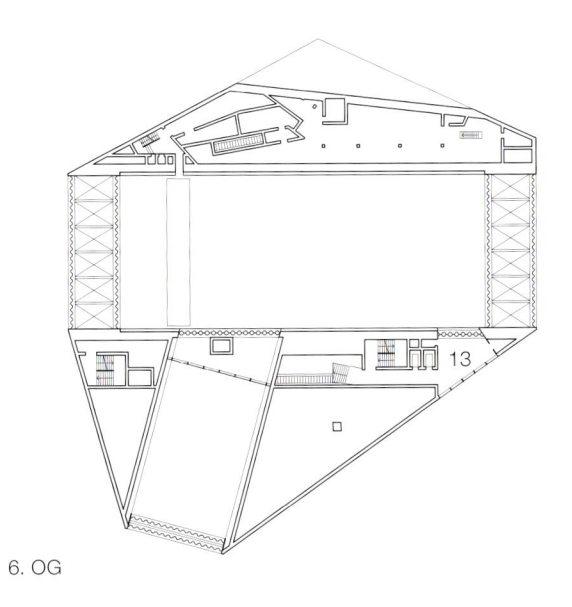

5. OG

6. OG

4. OG

aa

8. OG

bb

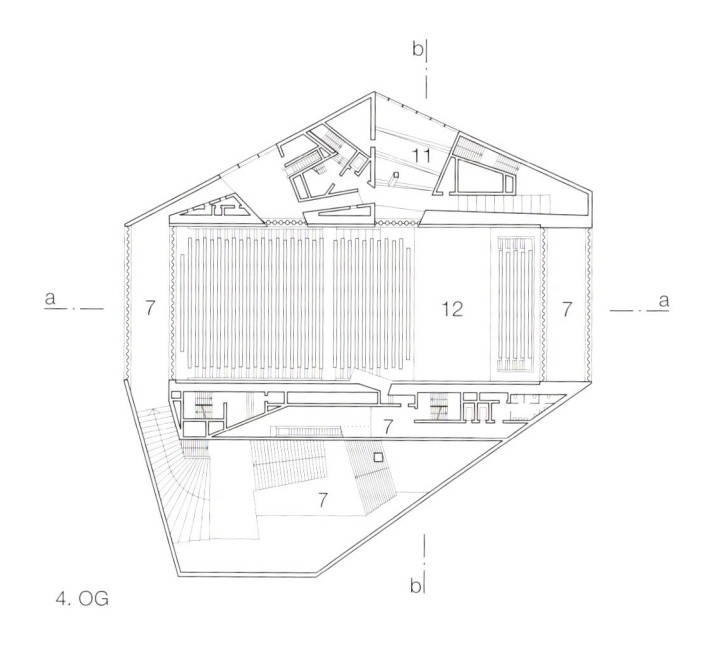

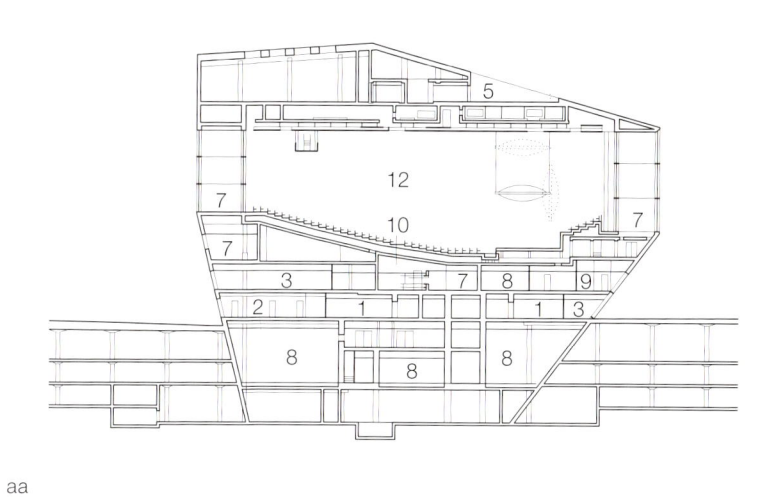

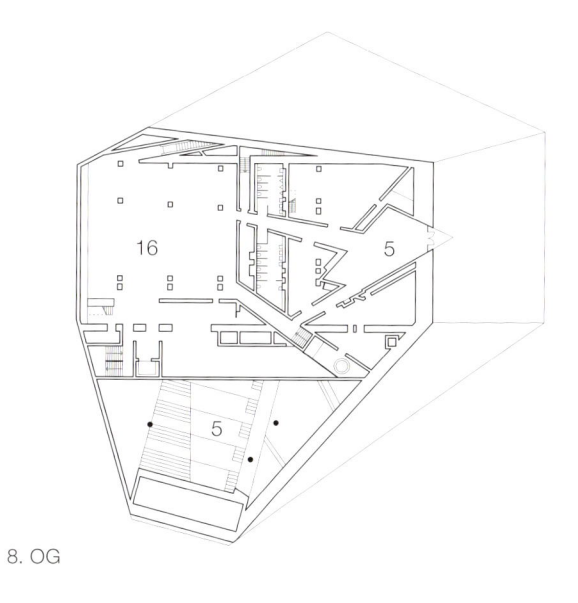

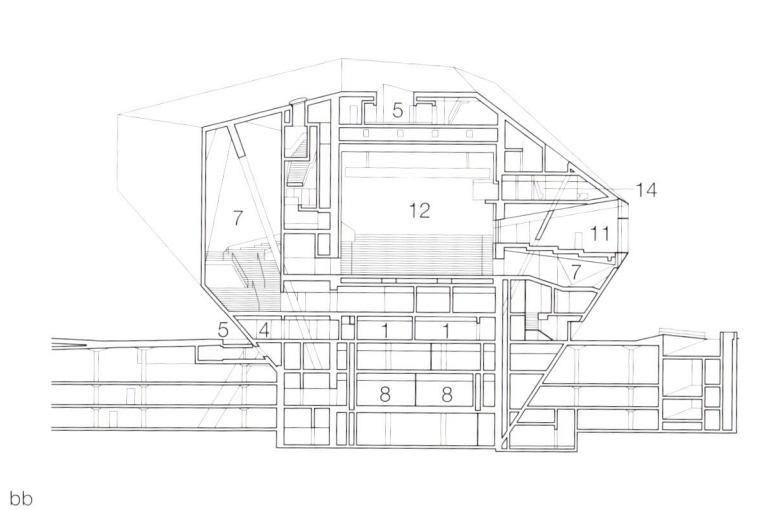

Grundrisse
Schnitte
Maßstab 1:1000

1 Umkleideraum
2 Anlieferungszone
3 Büro
4 Musikerrestaurant
5 Terrasse
6 öffentlicher Eingang
7 Foyer
8 Proberaum
9 Solistenraum
10 Tickets/Garderobe
11 Cyber-Music-Raum
12 Großes Auditorium
13 VIP-Raum
14 Ausbildungsraum
15 Kleines Auditorium
16 Restaurant

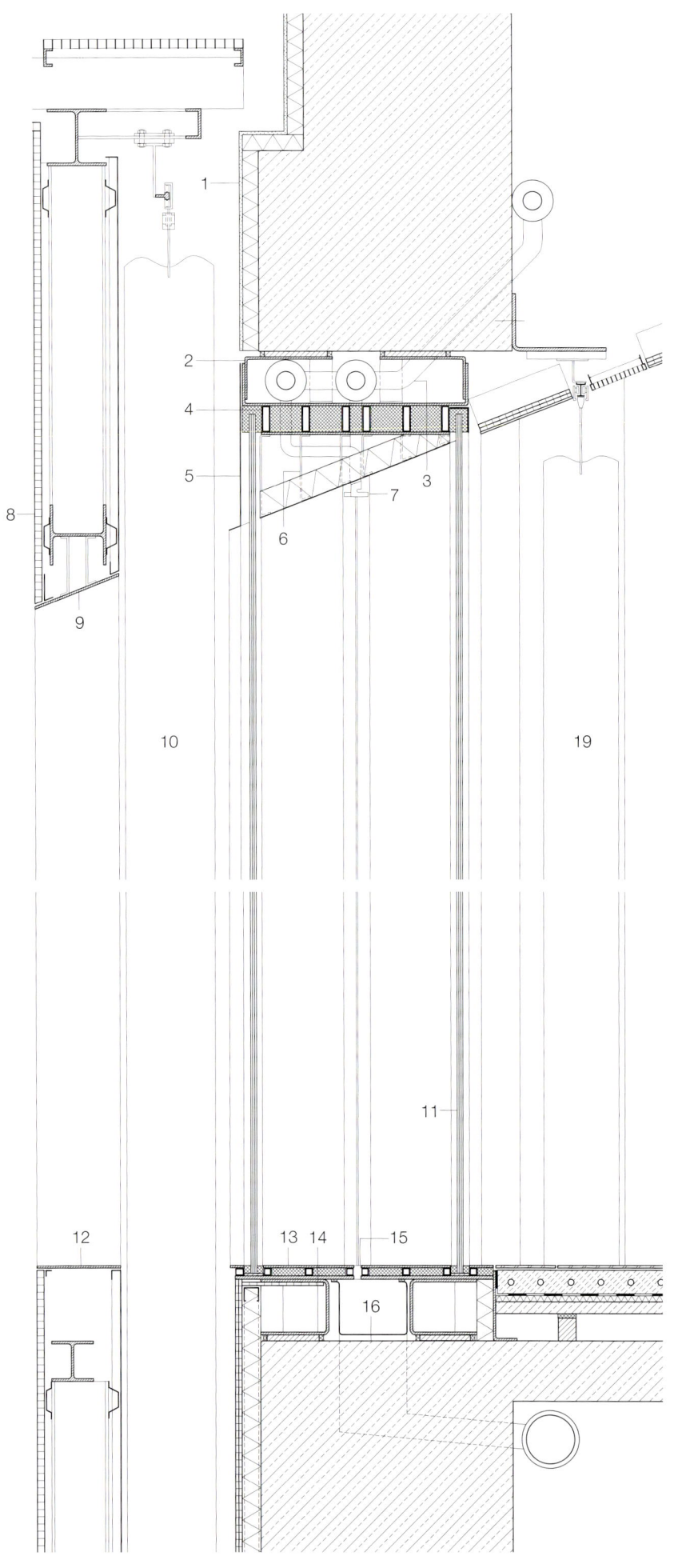

Horizontalschnitt · Vertikalschnitt
Glaswand VIP-Bereich
Maßstab 1:20

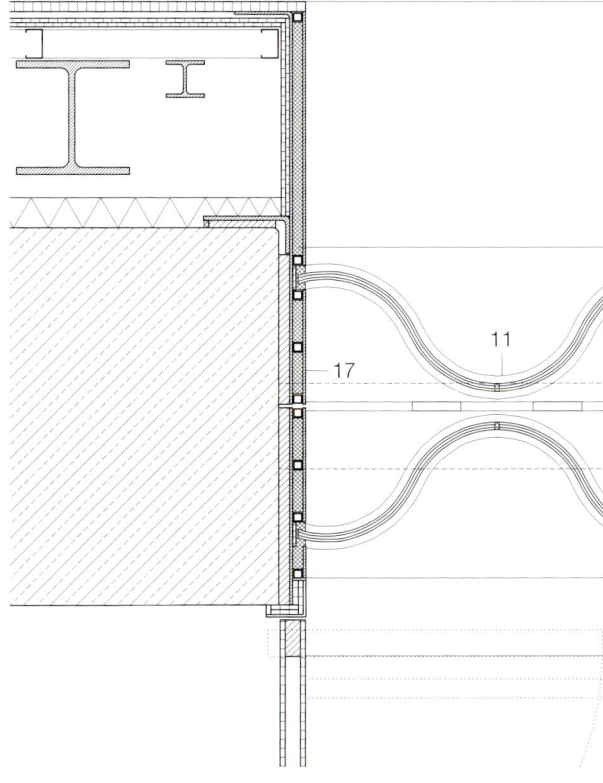

1 Gipskarton 12,5 mm
  Dämmung 50 mm
  Stahlbeton 850 mm
2 Stahlblech gekantet 5 mm
  Abstandshalter,
  dauerelastisch verklebt
3 Rohrleitung Löschwasser
4 Strangpressprofile,
  Aluminium ▯ 25/80 mm/
  Gummiprofil ▯ 100/80 mm
  Aluminiumblech 6 mm
5 Stahlblech 5 mm
6 Haltewinkel Stahl
  Dämmung
  Aluminiumblech 6 mm
7 Sprinkler
8 Holzspanplatte mit
  Blattgoldmuster 20 mm
9 Aluminiumblech 3 mm

  Stahlprofil HEA 200
10 Vorhang des Auditoriums
11 gewelltes Glas 2× ESG
  mit Silikon verfugt
12 Aluminiumblech 6 mm
  Stahlprofil HEA 140
13 Aluminiumblech 6 mm
  Strangpressprofile,
  Aluminium ▯ 20 mm/
  Gummiprofil ▯ 110/20 mm
14 Stahlprofil LJ 180/270 mm
  Abstandshalter
  dauerelastisch verfugt
15 Fuge für Wasserablauf
16 Abfluss für Sprinklersystem
17 Aluminiumblech 5 mm
  Stahlprofil HEA 200
18 Öffnungsflügel
19 Vorhang des VIP-Raumes

```
              8
         17
     10


                                          
                16
                          13
                 11
              19            18
```

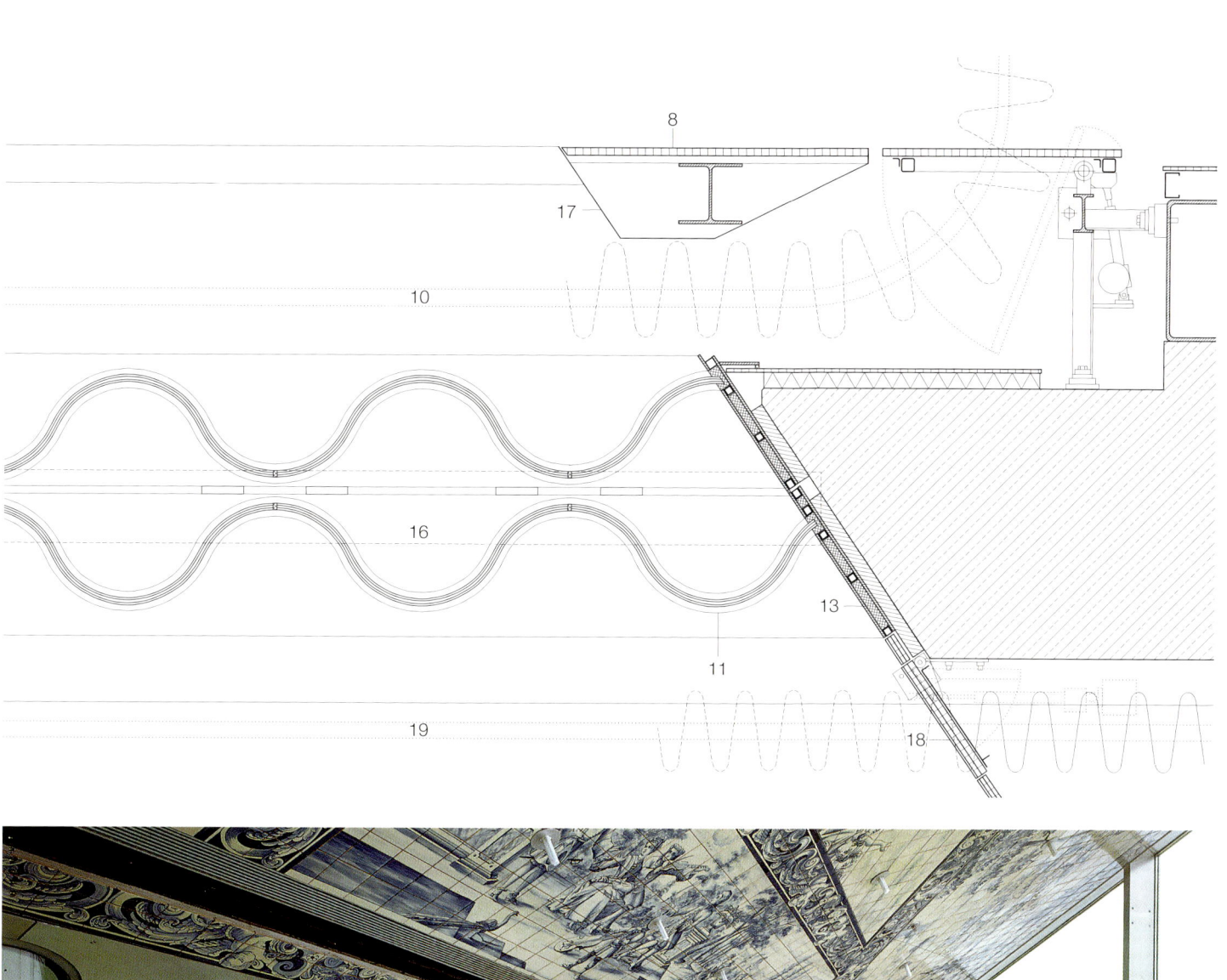

67

Dokumentationszentrum für Architektur in Madrid

Architekten: Aparicio + Fernández-Elorza, Madrid

**Auditorium als schwebende Wanne aus Beton
Eisenbahntunnel als Dokumentationszentrum
Verschiedene Vorhänge steuern Lichtstimmungen**

In den Arkaden der Neuen Ministerien in Madrid liegt das Architektur-Dokumentationszentrum »Las Arquerías«. Teile der Arkaden baute Alejandro de la Sota schon in den 1980er-Jahren zu einem Ausstellungsraum um, allerdings ist im Innern nicht mehr viel davon zu sehen. Jetzt wurde die Institution um einen Vortragssaal und ein unterirdisches, vorwiegend für Ausstellungen genutztes Gewölbe erweitert.

Umbau zum Auditorium

Vom Paseo de la Castellana gelangt man auf die Empore des neuen Auditoriums, das sich – mit einfachen Mitteln gestaltet – eindrucksvoll präsentiert. Die Decke des ehemaligen Kellergewölbes wurde hier herausgebrochen, um einen hohen und gut belichteten Raum zu schaffen. Vorbei an einer stählernen Projektions- und Übersetzerkabine führt eine Treppe hinab in das Auditorium – eine Wanne aus rohem Beton. Als Raum-im-Raum schwebt diese über dem Boden – mit Abstand zu den bestehenden Wänden. In den Fugen zwischen den Wänden und Böden verbergen sich sämtliche Installationen. Oberhalb der Wanne ist die gemauerte Bestandswand mit den Rundbogenfenstern sichtbar. Auch hier zeigt sich das Material unverputzt im rohen Zustand. Der Saal nimmt das Niveau der nördlich in den Arkaden anschließenden U-Bahnstation auf und ermöglicht so einen weiteren Zugang und Notausgang. Mit transluzenten Rollos und einem schweren, schwarzen, im geschlossenen Zustand raumdefinierenden Samtvorhang lassen sich Lichtstimmung und Nutzungsmöglichkeiten variieren. Eine Hebebühne dient als Podium für Vortragende, aber auch als Lastenaufzug für das etwas tiefer liegende, südlich anschließende Gewölbe. Alternativ gibt es ausklappbare Treppen seitlich der Hebebühne.

Unterirdisches Dokumentationszentrum

Ein 2,35 m hoher Horizontalschlitz unter einem 1 m dicken Betonbalken führt in den unterirdischen Teil des Dokumentationszentrums. Mit behutsamen Eingriffen wurde das bis 1955 als Eisenbahntunnel genutzte lang gestreckte Tonnengewölbe umfunktioniert, die nötige Haustechnik in den halbhoch aufgedoppelten Seitenwänden verborgen. Auffälligstes neues Element ist hier eine frei im Raum stehende filigrane Stahltreppe, welche die Tonnendecke zur bereits vorhandenen Ausstellungshalle im Erdgeschoss durchbricht.

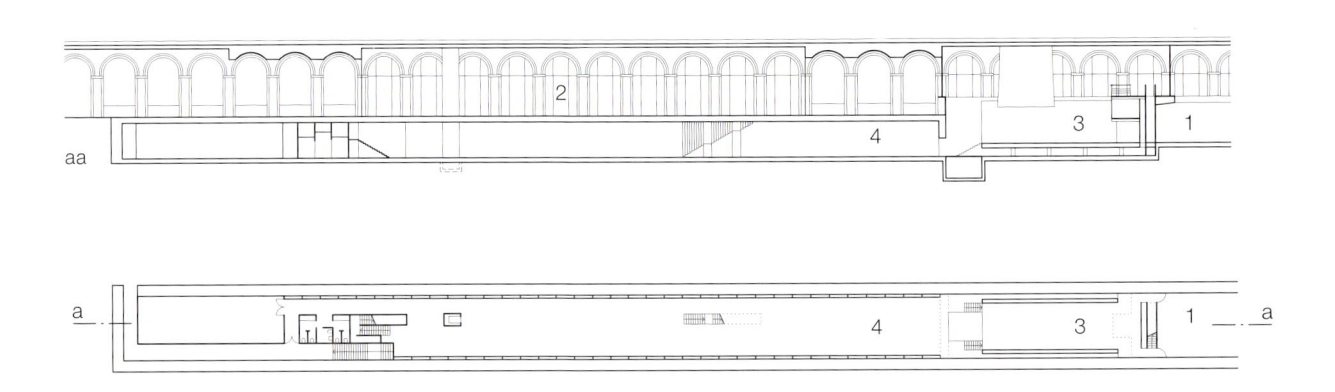

Projektdaten:

Nutzung:	Kultur/Bildung
Konstruktion:	Stahlbeton
lichte Raumhöhe:	4,5 m (Ausstellungsgewölbe)
	12 m (Vortragssaal)
Bruttorauminhalt:	7072 m³
Bruttogrundfläche:	1400 m²
Baujahr:	2004
Bauzeit:	25 Monate

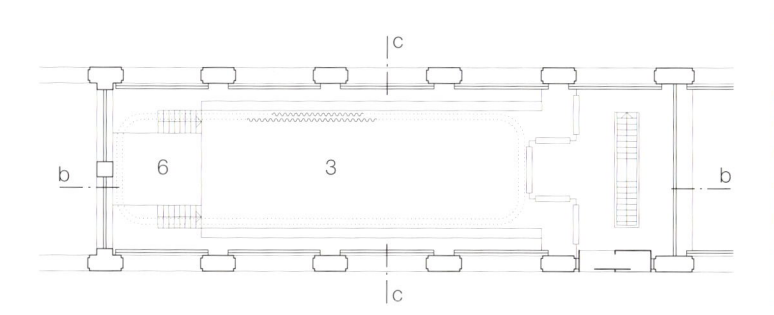

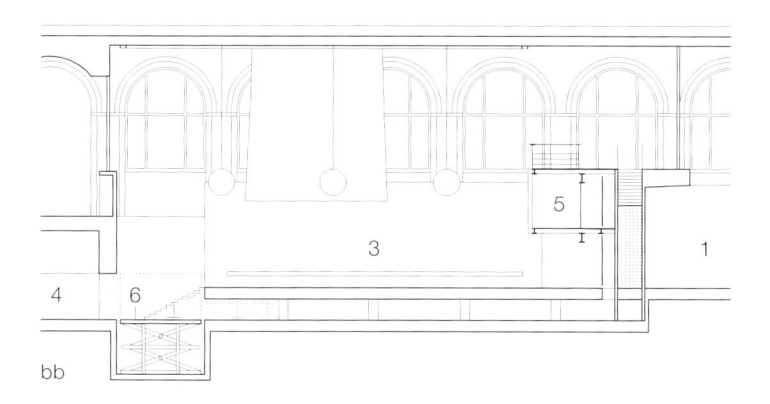

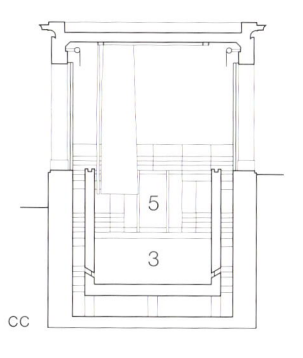

Ausschnitt Arkaden
Schnitt · Grundriss
Maßstab 1:1000
Vortragssaal
Schnitte · Grundriss
Maßstab 1:400

1 Zwischengeschoss U-Bahn
2 Ausstellungshalle (Bestand)
3 Vortragssaal
4 Ausstellungsgewölbe
5 Projektionskabine
6 Hebebühne

Schnitt Vortragssaal
Maßstab 1:50

1 Installationskanal Beleuchtung
2 Stahlbeton 500 mm
3 Wartungsgang Gitterrost auf
  Stahlprofilen L
4 Projektions-/Übersetzerkabine
5 Verkleidung Rückwand,
  Stahlblech 5 mm
6 Lüftungsschlitz,
  innen 100 mm,
  außen 200 mm
7 Lüftungsgitter
8 Bodenaufbau:
  Hartstoffestrich versiegelt 100 mm
  Stahlbeton 500 mm
9 Installationskanal
10 Stahlbetonstütze 500/500 mm

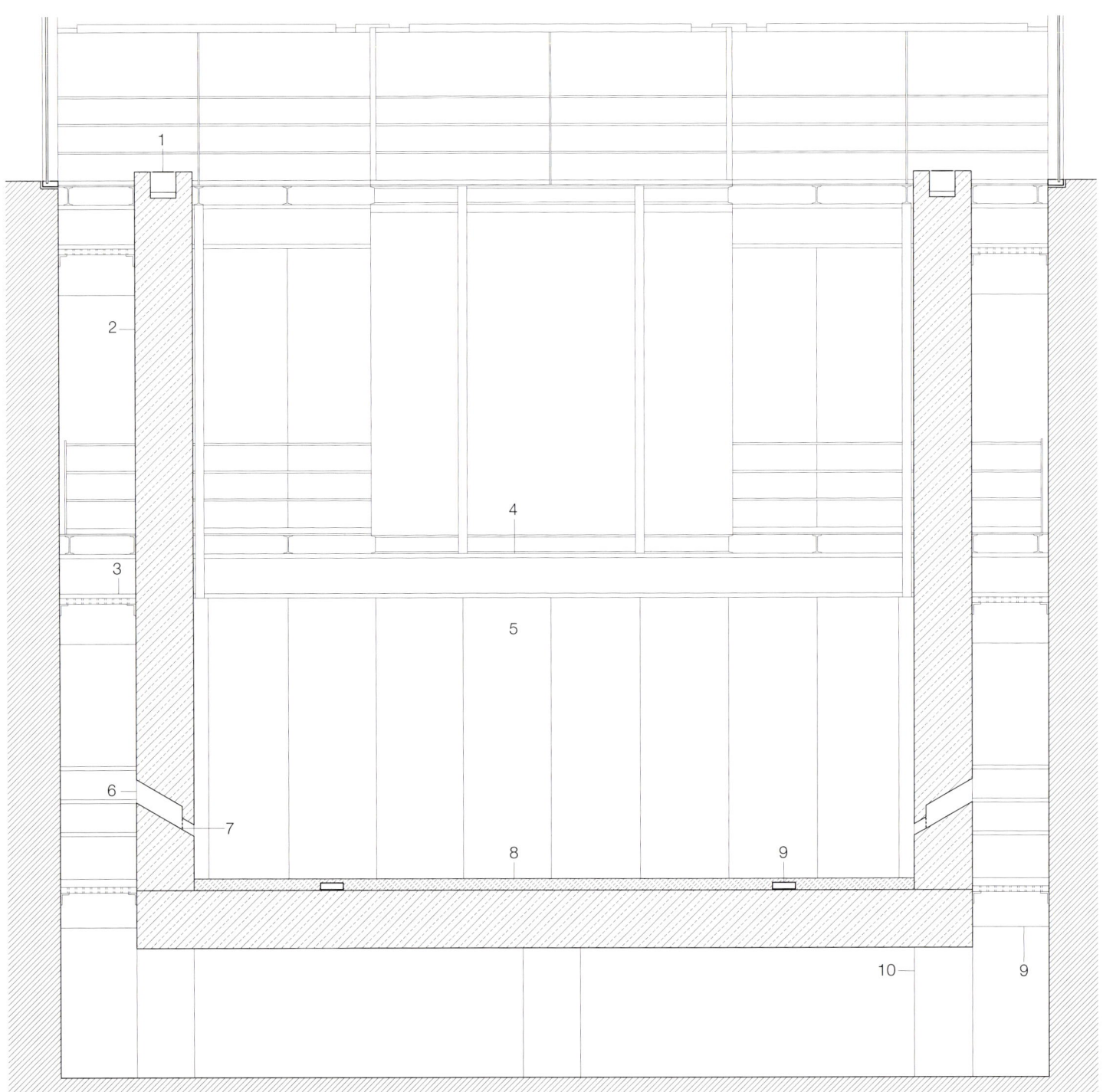

Materialeigenschaften Wände und Boden:		Materialeigenschaften Vorhänge:	
Material:	Beton	Material:	Samtstoff
Stabilität:	hoch	Stabilität:	hoch
Dichte:	2,4 g/cm^3	Dichte:	0,0009 g/cm^3
Brandschutz:	hoch	Brandschutzklasse:	B1, schwer entflammbar
Wasseraufnahme:	keine	Wasseraufnahme:	hoch
Farbe:	grau	Farbe:	Schwarz
Lichtdurchlässigkeit:	keine	Lichtdurchlässigkeit:	keine
Festigkeit/Härte:	hoch	Festigkeit/Härte:	weich
Glanzgrad:	mittel	Glanzgrad:	kein
Oberflächenstruktur:	roh	Oberflächenstruktur:	strukturiert

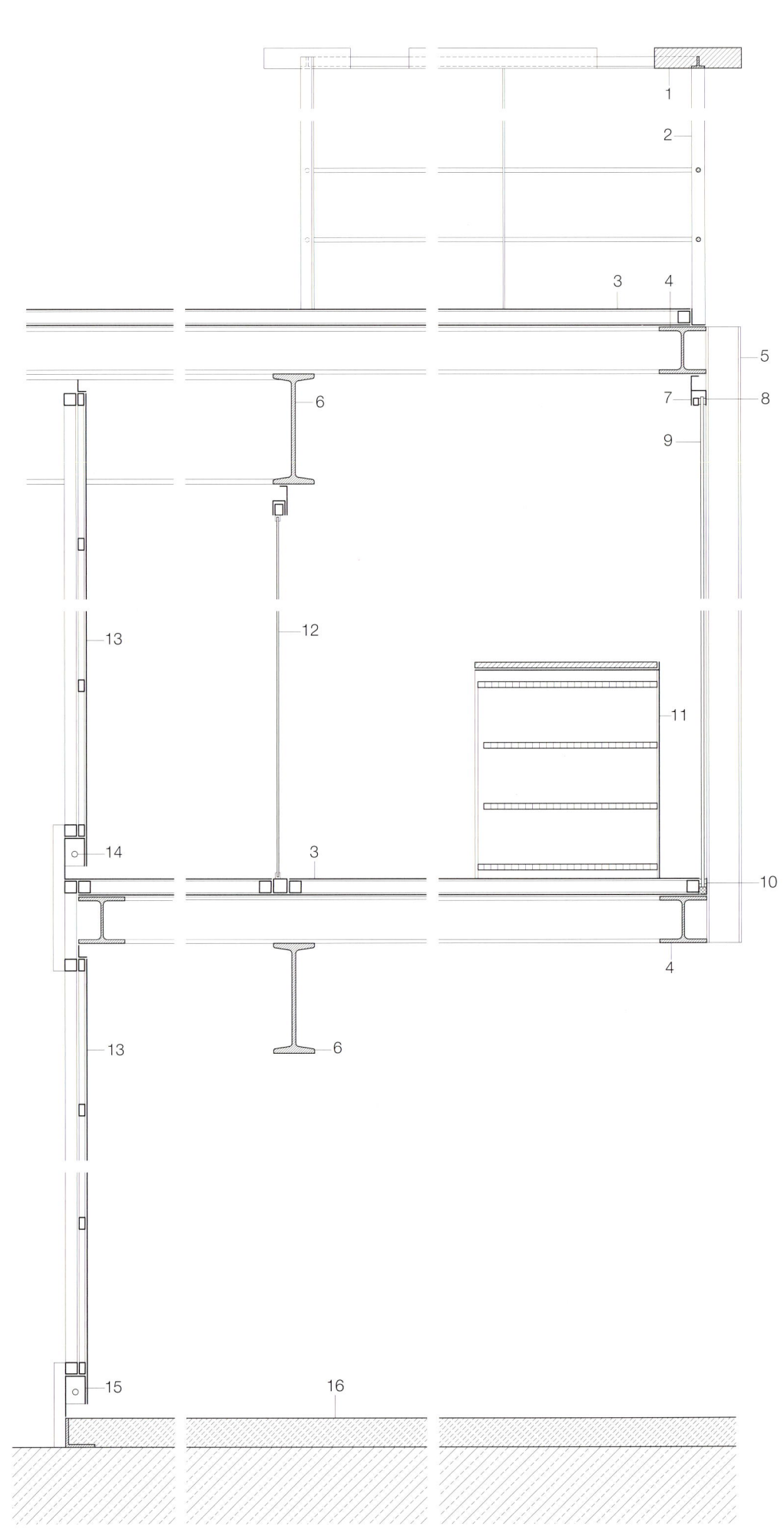

Projektions- und Übersetzerkabine
Vertikalschnitt   Maßstab 1:20

1 Pult Kiefer massiv 300/70 mm
  auf Stahlprofil T 40/45/5 mm
2 Geländer aus Flachstählen ⌸ 45/5 mm
  und Stahlstäben Ø 1,5 mm
3 Bodenaufbau:
  Stahlblech 10 mm
  Stahlrohre ⌸ 40/40 mm
  Stahlblech 2 mm
4 Stahlprofil I 160 mm
5 Stahlprofil I 120 mm
6 Stahlprofil I 380 mm zwischen
  bestehenden Längsmauern eingespannt
7 Stahlprofil L 25/100/5 mm
8 Stahlprofil L 50/45/5 mm
9 Verglasung VSG 5 + 5 mm
10 Stahlprofil L 20/50/5 mm
11 Verkleidung Stahlblech
12 Glastür VSG 5 + 5 mm
13 Wandverkleidung Stahlblech 5 mm,
   auf Stahlrohren ⌸ 40/20/2 mm und
   ⌸ 40/40/2 mm
14 Notbeleuchtung
15 Stahlblech gekantet 2 mm
16 Hartstoffestrich versiegelt 100 mm

73

Zentrum für Film und visuelle Medien in London

Architekten: Surface Architects, London

Projektdaten:

Nutzung:	Bildung
Konstruktion:	Trockenbau
lichte Raumhöhe:	7,25–2,75 m
Bruttorauminhalt:	1800 m³
Bruttogrundfläche:	920 m²
Baujahr:	2007
Bauzeit:	14 Monate

**Umbau eines denkmalgeschützten Reihenhauses
Räumliche Dynamik und bunte Farbflächen
Tragkonstruktion aus Kreuzlagenholzplatten**

Der Stadtteil Bloomsbury im Zentrum von London – einst wohnten hier Künstler und Schriftsteller wie etwa Roger Fry oder Virginia Woolf – beheimatet nun eines der renommiertesten Colleges der Universität von London.
Das Gebäude des heutigen Zentrums für Kunstgeschichte, Film und visuelle Medien bot in der Vergangenheit Raum für unterschiedlichste Nutzungen. Im 19. Jahrhundert als Georgian Terrace House erbaut, beherbergte das Gebäude repräsentative Empfangsräume für Adel und Großbürgertum. Seit Mitte des 20. Jahrhunderts sind dort Verwaltungsräume der Universität untergebracht; kleine Räume und endlose Flure prägten den Bestand. Der Umbau des unter Denkmalschutz stehenden Reihenhauses beinhaltet neben der Modernisierung der Büro- und Seminarräume des Unter- und Erdgeschosses auch die umfangreiche Sanierung eines Anbaus aus den 1970er-Jahren.
Eine neue Organisation der Räume innerhalb der vorgegebenen Strukturen schafft mehr Weite. Es entsteht ein 80 Sitzplätze umfassender Kinosaal mit Projektionsraum, ein Multimedia-Auditorium sowie mehrere Besprechungs-, Seminar und Verwaltungsräume. Vor allem die großzügige Flurzone mit Sitzgelegenheiten und Pausenbereich fördert die Kommunikation der Studenten.

Computergeneriertes Raummodell

Die Architekten entwickelten den Innenraum aus einer gestalterischen Grundidee: ein massiver Block, aus dem kristalline Formen und Volumen entnommen wurden. Diese subtraktive Methode der Formfindung hinterlässt schräge Ebenen sowie spitze und stumpfe Winkel. So entsteht ein geometrisch komplexer Raum. Die Positionierung der ausgeschnittenen dreidimensionalen Formen erfolgte mit einer Standard-3-D-Modeling-Software. Im Hinblick auf eine kostengünstige Montage und Minimierung der Werkzeichnungen wurden die komplexen, sich überschneidenden Volumen danach am Computer auseinandergefaltet und in ein Koordinatensystem gesetzt. So konnten die genauen Positionen und Längen festgelegt werden. Gleichzeitig waren die Abwicklungen Grundlage für die Steuerung der CNC-Maschine.
Die einzelnen Elemente wurden als ebene, polygonale Linienzeichnung der Holzbaufirma übersendet und werkseitig aus 80 mm dicken Kreuzlagenholzplatten ausgeschnitten. Die Platten aus kreuzweise gestapeltem und verleimtem Fichtenholz sind besonders belastbar und formstabil. Somit begrenzen die selbst tragenden Paneele Eingriffe in den Bestand auf ein Minimum. Genauigkeit und Fehlerfreiheit in der Herstellung und die Verkoordinatung aller Anschlusspunkte waren vorteilhaft für die Montage. Die fertig montierten Platten wurden danach mit Gipskarton oder mit Veloursstoff bezogenen Paneelen beplankt.

Farbe und Materialität

Eine kräftige Farbgebung bestimmt die Erschließungsflächen und die öffentlichen Bereiche und verleiht dem Inneren eine fröhliche Stimmung. Unterschiedliche Farbtöne, von Gelb über Pink zu Blau, ziehen sich monochrom über die kunstharzbeschichteten Böden und textilen Wände. Mit Leder gepolsterte Sitznischen laden zum Verweilen ein.

Materialeigenschaften Kreuzlagenholz:

Anwendung:	Decke-, Wand-, Bodenpaneel
Material:	Fichtenholz
Produktname:	Kreuzlagenholz
Stabilität:	E-Modul 12 000 MPa (parallel zur Faser)
	E-Modul 370 MPa (senkrecht zur Faser)
Rohdichte:	480 kg/m³
Brandschutzklasse:	B 2, normal entflammbar
Biegespannung:	24 MPa (parallel zur Faser)
Druckfestigkeit:	2,7 MPa
Zugfestigkeit:	0,12 MPa
Wärmeleitfähigkeit:	0,13 W/mK
Holzfeuchte:	12 ± 2 %
Farbe:	Braun
Lichtdurchlässigkeit:	undurchlässig
Oberflächenstruktur:	glatt

Grundrisse
Schnitt
Maßstab 1:500

1 Eingang
2 Luftraum
3 Auditorium
4 Seminarraum
5 Büroräume
6 Pausenbereich
7 Technikraum

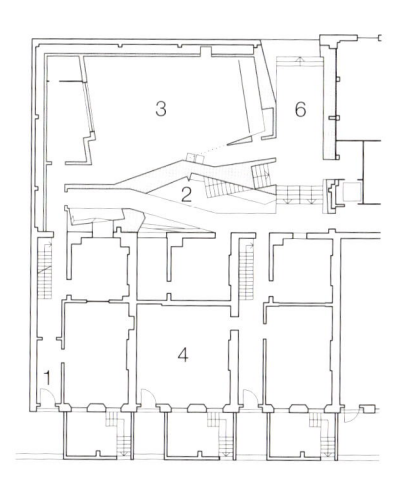

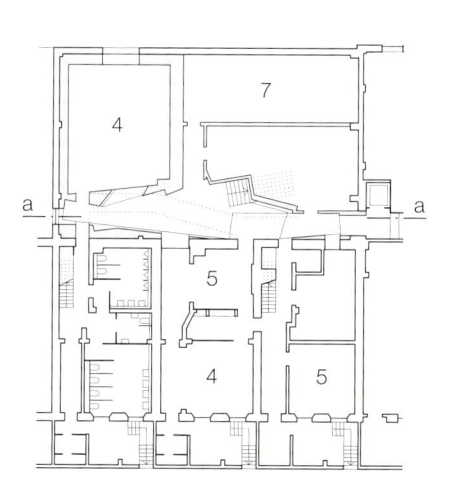

76

Axonometrie

Axonometrien und Abwicklungen
Pausenbereich

1 Sitzbank
2 Zugang Aufzug
3 Zugang Treppe
4 Tür zum Auditorium
5 Podest

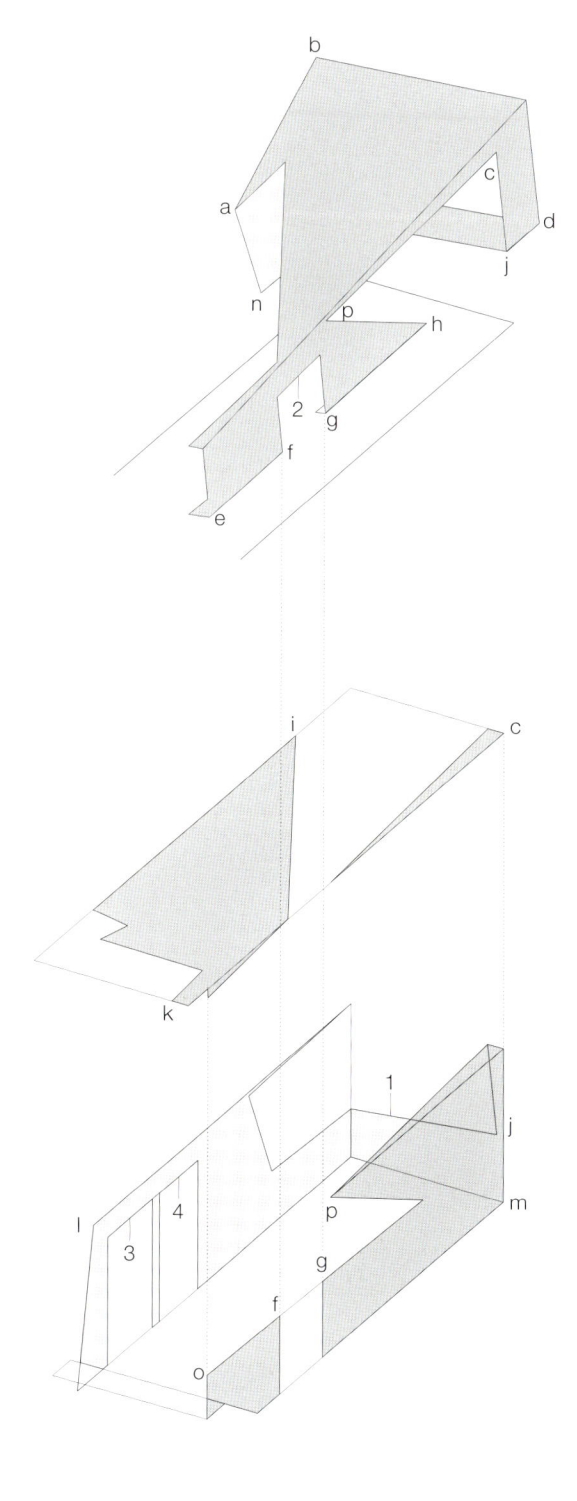

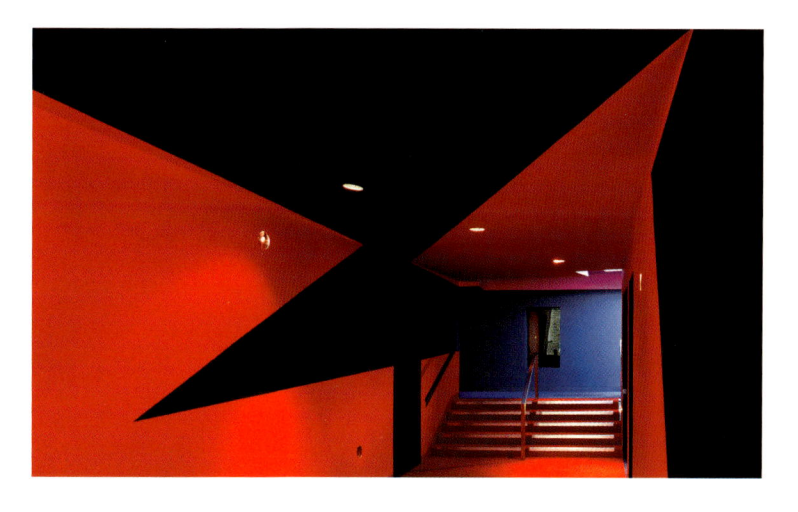

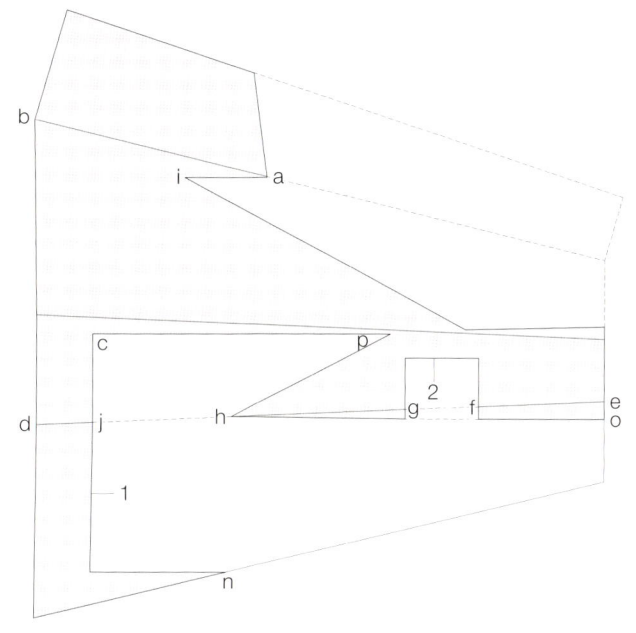

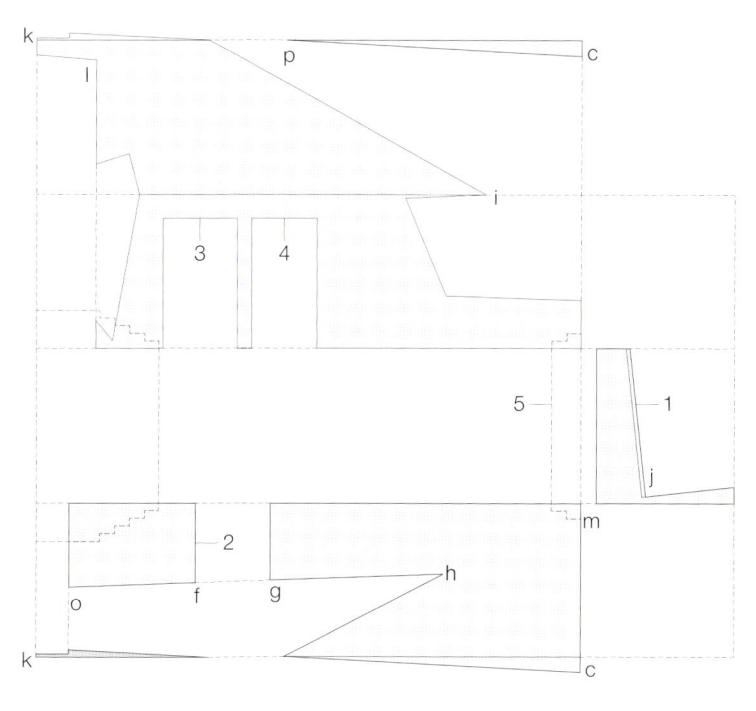

77

Künstleragentur in Berlin

Architekten: ANGELIS + PARTNER, Oldenburg
mit Alexander Thomass Architekt, Berlin

Umbau einer Loftetage
Hinterleuchtete Wände aus Plexiglas
Oberflächen aus Kautschuk

Wenig Zeit und ein kleines Budget bedingen nicht zwangsläufig das Fehlen von Qualität. Eine kürzlich gegründete Künstleragentur beauftragte die Architekten, eine leere Loftetage über dem Deutschen Architekturzentrum in Berlin als neues Büro auszubauen – zwischen Gründung der Agentur und Fertigstellung des Vorhabens lagen etwa drei Monate. Als zusätzliche Herausforderung sollte im Gesamtbudget außerdem die Corporate Identity enthalten sein. Die Räumlichkeit besitzt eine Tiefe von etwa 14 m und die natürliche Belichtung ist dementsprechend schwierig. Die Arbeitsplätze an der Hauptfensterachse stehen in Zweierreihen, die so angeordnet sind, dass die Mitarbeiter sich schräg gegenüber sitzen. Die offene Besprechungslounge auf einem Podest am Kopf der Zweierreihen beinhaltet eine umlaufende gepolsterte Sitzbank und kleine Holzkuben, die als Tische dienen. Dem Mangel an natürlichem Licht an der von den Fenstern abgewandten Seite begegneten die Architekten mit einer leuchtenden Box mit vier Einzelarbeitsplätzen. Hier finden die Mitarbeiter Platz, um ungestört zu telefonieren oder Musik der betreuten Künstler probe zu hören. Die Box nimmt die Raumkanten des vorinstallierten Sanitärkerns auf und ist zur Mitte des Raums hin verglast. Die wahlweise rot oder weiß hinterleuchteten Plexiglasplatten verkleiden die kürzeren Seiten und das Dach nach außen hin. Die Oberflächen der Tische und Regale im Inneren sowie Boden, Wand und Deckenfelder fließen durch die einheitliche Materialität und Farbgebung ineinander.

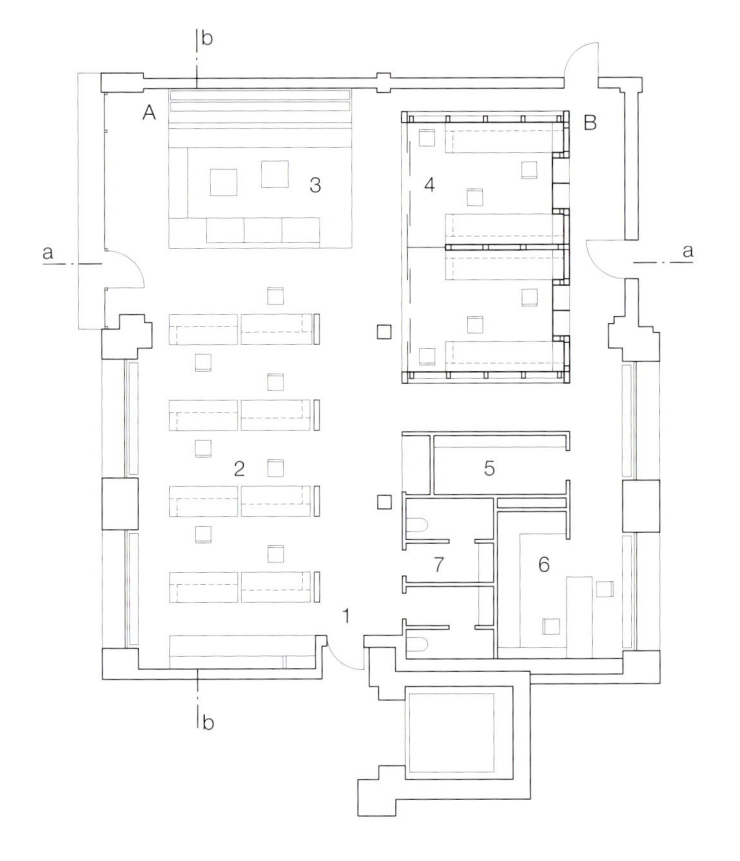

aa

bb

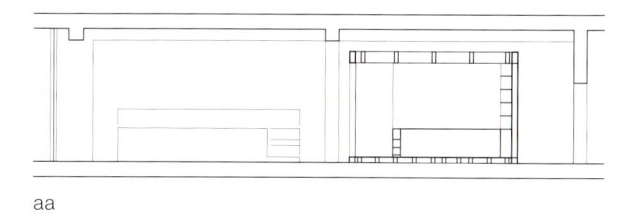

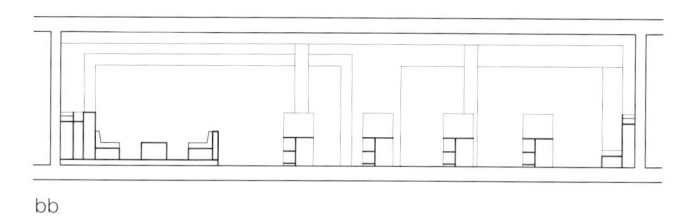

Grundrisse
Schnitte
Maßstab 1:200

1 Eingang/Empfang
2 Arbeitsplätze
3 Besprechungslounge
4 Arbeitsbox
5 Lager
6 Teeküche
7 WCs

Projektdaten:

Nutzung:	Büro
Konstruktion:	Trockenbau
lichte Raumhöhe:	3,5 m
Bruttorauminhalt:	750 m³
Bruttogrundfläche:	195 m²
Baujahr:	2006
Bauzeit:	3 Monate

Materialeigenschaften Boden-, Wand- und Schreibtischbelag:

Material:	Natur- und Industriekautschuk
Produktname:	Noraplan uni
Dichte:	930–980 kg/m³
Brandschutzklasse:	B1, schwer entflammbar
Wärmeleitfähigkeit:	0,61 W/mK
Abriebfestigkeit:	200 mm³ (nach ISO 4649, Verfahren A)
Rutschhemmung:	R9
Farbe:	Grau 2454, Gelb-Orange 2449, Gelbgrün 2485
Zugfestigkeit:	7–20 N/mm²
Shore-A-Härte:	92
Glanzgrad:	gering
Oberflächenstruktur:	glatt

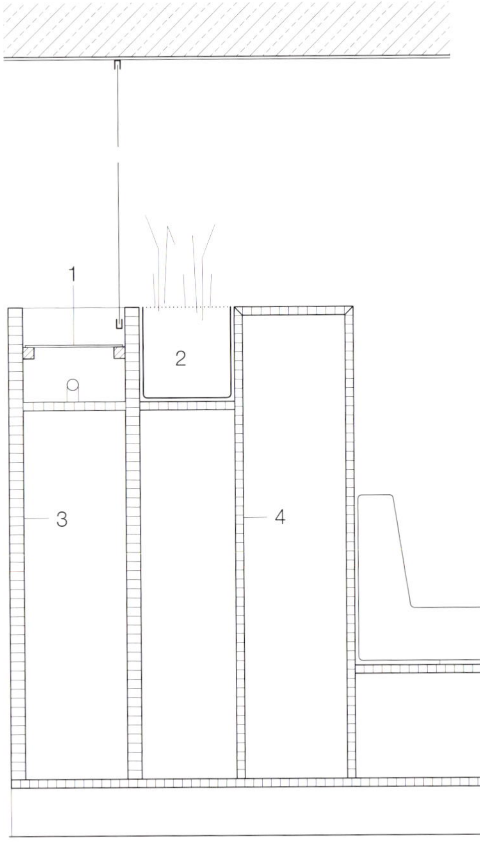
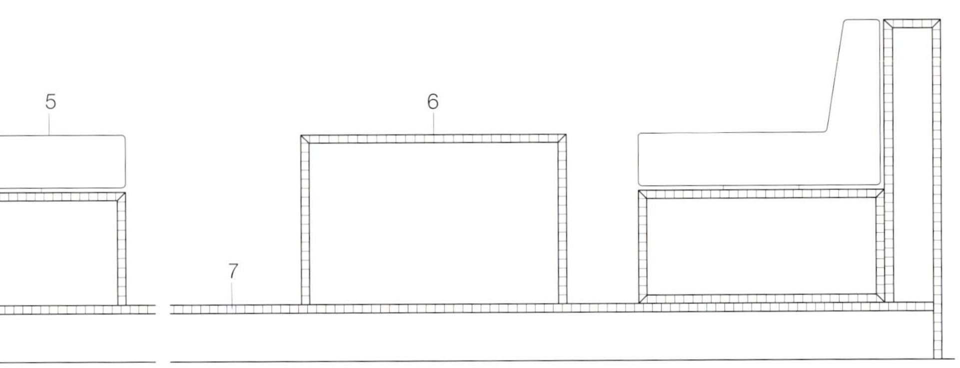
1
2
3
4
5
6
7

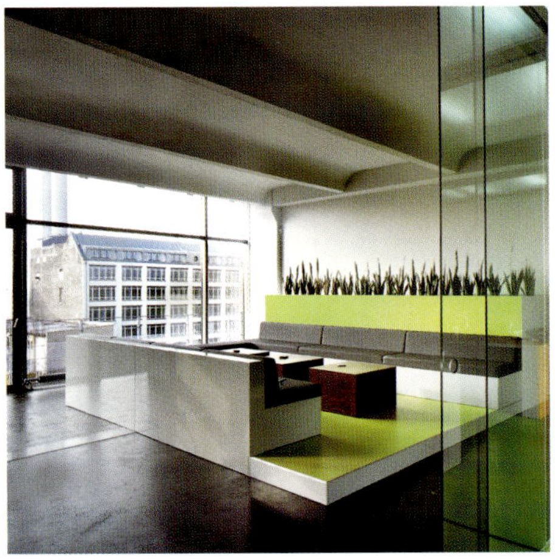

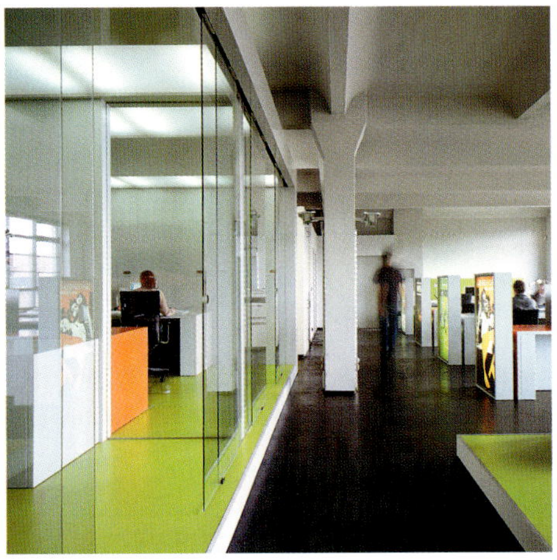

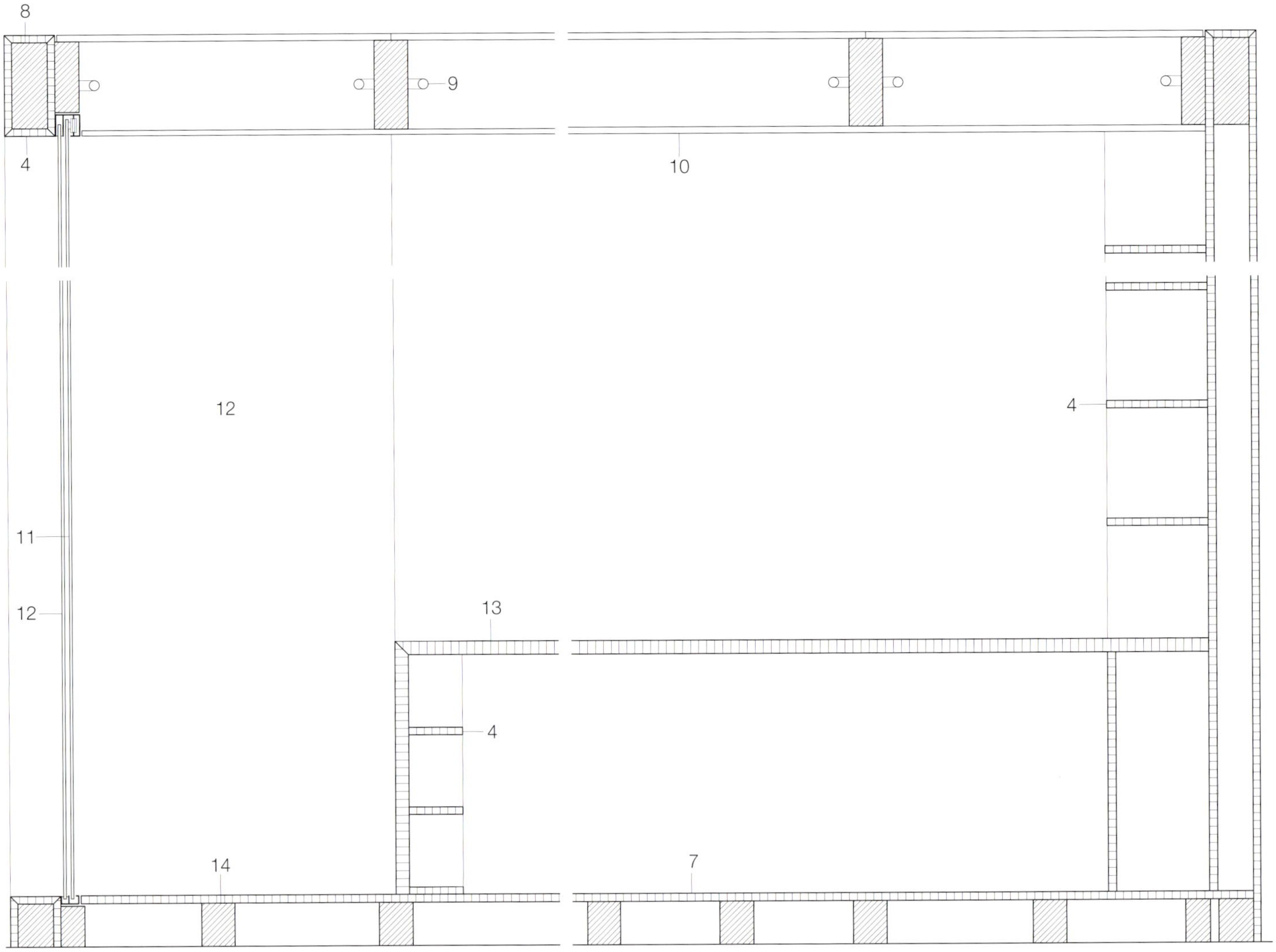
8
9
4
10
12
4
11
12
13
4
14
7

Vertikalschnitte
Horizontalschnitt Arbeitsbox
Maßstab 1:20

1 Abdeckung Acrylglas,
  weiß satiniert
  indirekte Beleuchtung,
  Leuchtstoffröhre
2 Pflanzrinne Stahlblech gekantet
3 MDF farbig lackiert 38 mm
4 Verkleidung MDF farbig lackiert 22 mm
5 Sitzpolster Kunstleder grau
6 Couchtisch Furnierschichtholz,
  Buche braun gebeizt
  und lackiert, 22 mm
7 Bodenbelag:
  MDF 22 mm mit
  Kautschukbeschichtung verklebt
8 Holzpfosten/-riegel ⊡ 100/260 mm
9 Leuchtstoffröhre
10 Polycarbonat Stegplatte
   transluzent 16 mm
11 Schiebeelement VSG 10 mm
12 Festverglasung VSG 10 mm
13 Schreibtischplatte MDF 38 mm mit
   Kautschukbeschichtung verklebt
14 Holzpfosten/-riegel ⊡ 100/120 mm
15 Leuchtstoffröhren
   rot, gelb, blau,
   einzeln ansteuerbar

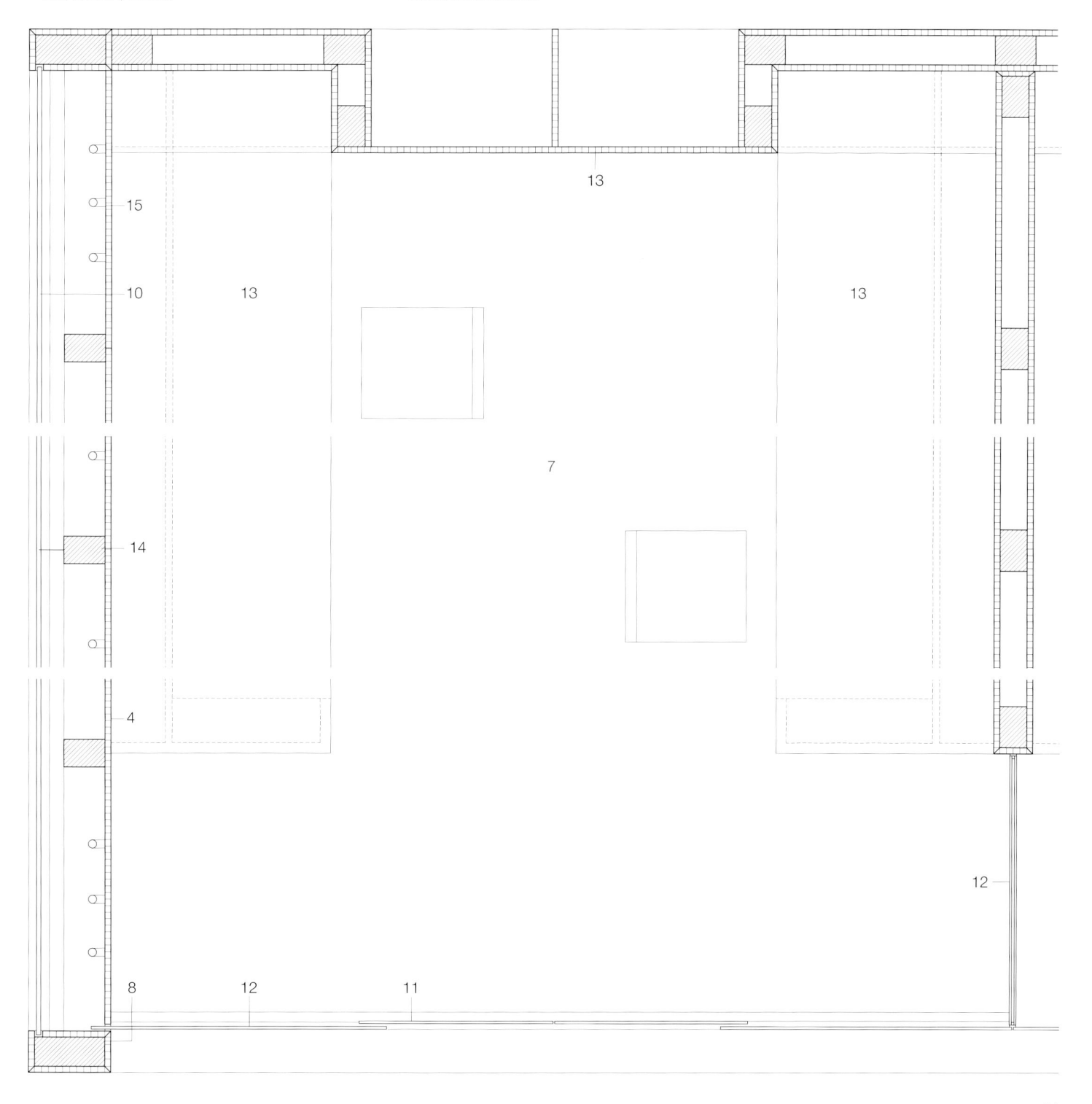

Zahnarztpraxis in Berlin

Architekten: Graft, Berlin

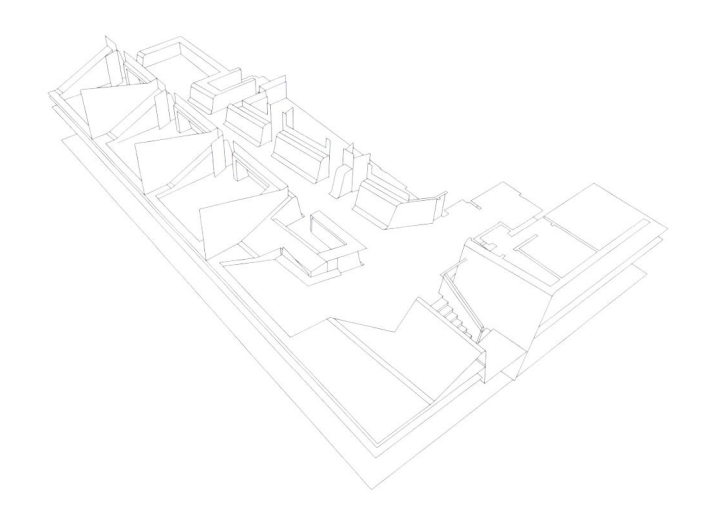

**Fließende Innenraumlandschaft aus Gipskarton
Angenehme Praxisatmosphäre in Gelb
Integrierte Möblierung**

Im Zuge der Sanierung sind die oberen Geschosse des Altbaus in eine Zahnarztpraxis mit neuem verändertem Raum- und Farbkonzept verwandelt worden. Mit ihrem Entwurf verfolgen die Architekten das Ziel, den Zahnarztbesuch mit positiven Assoziationen des Wohlfühlens und der Entspannung zu verbinden. So entstand eine Innenraumlandschaft aus gewölbten Boden- und Deckenelementen, die durch ihre einheitliche gelbe Farbgebung die Raumkonturen verschmelzen lassen.

In der unteren Etage befinden sich neben den Praxisräumen für Profilaxe, Kieferorthopädie und Chirurgie auch die Mitarbeiterumkleiden und Aufenthaltsräume. Schräge vor und zurück springende Korridorwände und eine indirekte Lichtführung prägen das Erscheinungsbild. Über eine interne Treppe gelangt man in das obere Geschoss, das Behandlungs- und Büroräume sowie die Wartelounge mit vorgelagertem Sonnendeck aufnimmt. Durchgehende Glasbänder und -türen erlauben Durchblicke zu den Behandlungsräumen und versorgen gleichzeitig den Flur mit ausreichend Tageslicht.

Anspruchsvolle Trockenbaukonstruktion

Der organisch anmutende Innenausbau basiert auf einem Trockenbausystem. Im unteren Geschoss wurden die Gipskartonplatten mit Radien bis zu 275 cm geformt und danach auf die Unterkonstruktion montiert; bei engeren Radien wurden vorgefertigte, bereits gebogene Formplatten verwendet. Eine Sonderkonstruktion aus Stahl fasst die Glasabtrennungen zwischen Flur und Behandlungseinheiten im oberen Geschoss. Böden und Decken, sowie die schrägen Wände sind mit Gipskartonplatten unterschiedlicher Art bekleidet. Im Bereich des ansatzlosen Übergangs zwischen den sich nach oben wölbenden Böden und den schräg aufsteigenden Wänden wurden vorgefertigte Kehlen verwendet. Bis in eine Höhe von 30 cm kamen hochfeste Gipsfaserplattenelemente zum Einsatz, die die hohen Anforderungen an die Tritt- und Stoßfestigkeit erfüllen.

Die Trockenbauunterkonstruktionen der auf dem Boden aufgesetzten und von der Decke abgehängten »Wellen« werden ebenfalls von Stahlbautraversen gehalten. Die gekrümmten Wände sind um bis zu 12° geneigt; bei engen Biegeradien und komplexen Krümmungen benutzte man Gipsformplatten mit 6,5 mm Dicke. Der Deckenbereich ist mit einer klassischen Unterkonstruktion für abgehängte Decken ausgebildet, die auf der Technik von Tonnengewölben mit vorgebogenen Profilen basiert. Ein hoher Vorfertigungsgrad bewährte sich vor allem bei den anspruchsvollen konkaven und konvexen Biegungen.

Oberflächen aus Spritzelastomer

Die Oberflächen sind nach flächiger Verspachtelung zuerst mit einem farblosen Flüssigkunststoff beschichtet, der mit Hochdruck-Spritzanlagen aufgebracht wird. Anschließend wurden eine gelb-orangefarbene Versiegelung und ein weißes Punktraster aufgetragen, welches transparent glänzend endversiegelt ist. Die integrierte Möblierung – Ablage-, Sitz- und Liegeflächen – aus farbig lackierten MDF-Schalungstafeln wurde ebenfalls von den Architekten eigens für die Praxis entworfen.

Projektdaten:

Nutzung:	Gesundheit
Konstruktion:	Trockenbau
lichte Raumhöhe:	2,4 m
Bruttorauminhalt:	3077 m³
Bruttogeschossfläche:	538 m² (5. Obergeschoss)
	402 m² (6. Obergeschoss)
Baujahr:	2005
Bauzeit:	7 Monate

Grundrisse
Maßstab 1:400
Axonometrie

1 Personalumkleideraum
2 Mitarbeiter
3 Labor
4 Büro
5 Arbeitsvorbereitungsraum
6 Sterilraum
7 Keramiklabor
8 Kieferorthopädie
9 Prophylaxe
10 Besprechung
11 Heilpraktiker
12 Chirurgie
13 Ruheraum
14 Röntgen
15 Technik
16 Behandlung
17 Bar
18 Terrasse
19 Wartelounge
20 Empfang
21 Mundhygieneraum

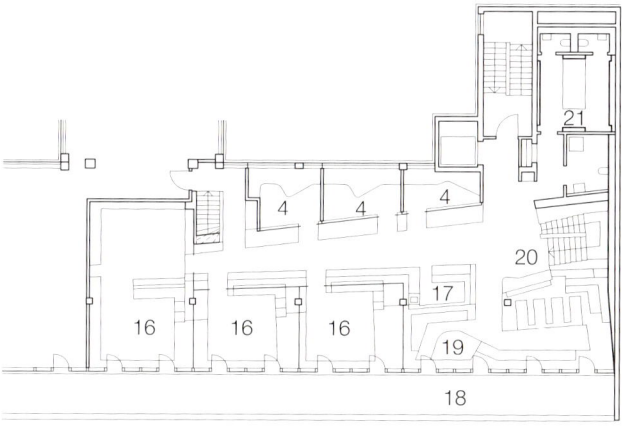

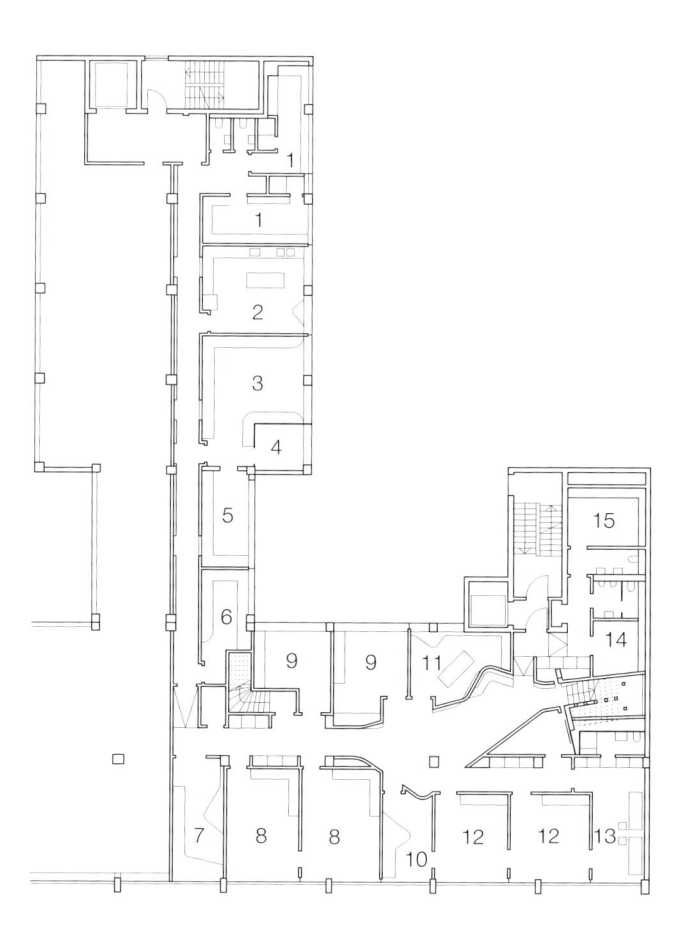

Materialeigenschaften Spritzelastomer:

Anwendung:	Bodenbeschichtung, Beton- und Dachabdichtung
Material:	elastisches Polyurethan
Produktname:	Degussa Mastertop
Stabilität:	dauerelastisch von -30°C bis +80°C
Brandschutzklasse:	B1, schwer entflammbar
Schlagzähigkeit:	gut
Trittschall:	gut
Farbe:	farblos
Shore-A-Härte:	80
Reissfestigkeit:	12 N/mm²
Haftfestigkeit:	2–4 N/mm²
Oberflächenstruktur:	glatt, rutschfest
Bruchdehnung:	400–500 %

Schnitt • Grundriss
Maßstab 1:200
Vertikalschnitt
Maßstab 1:10

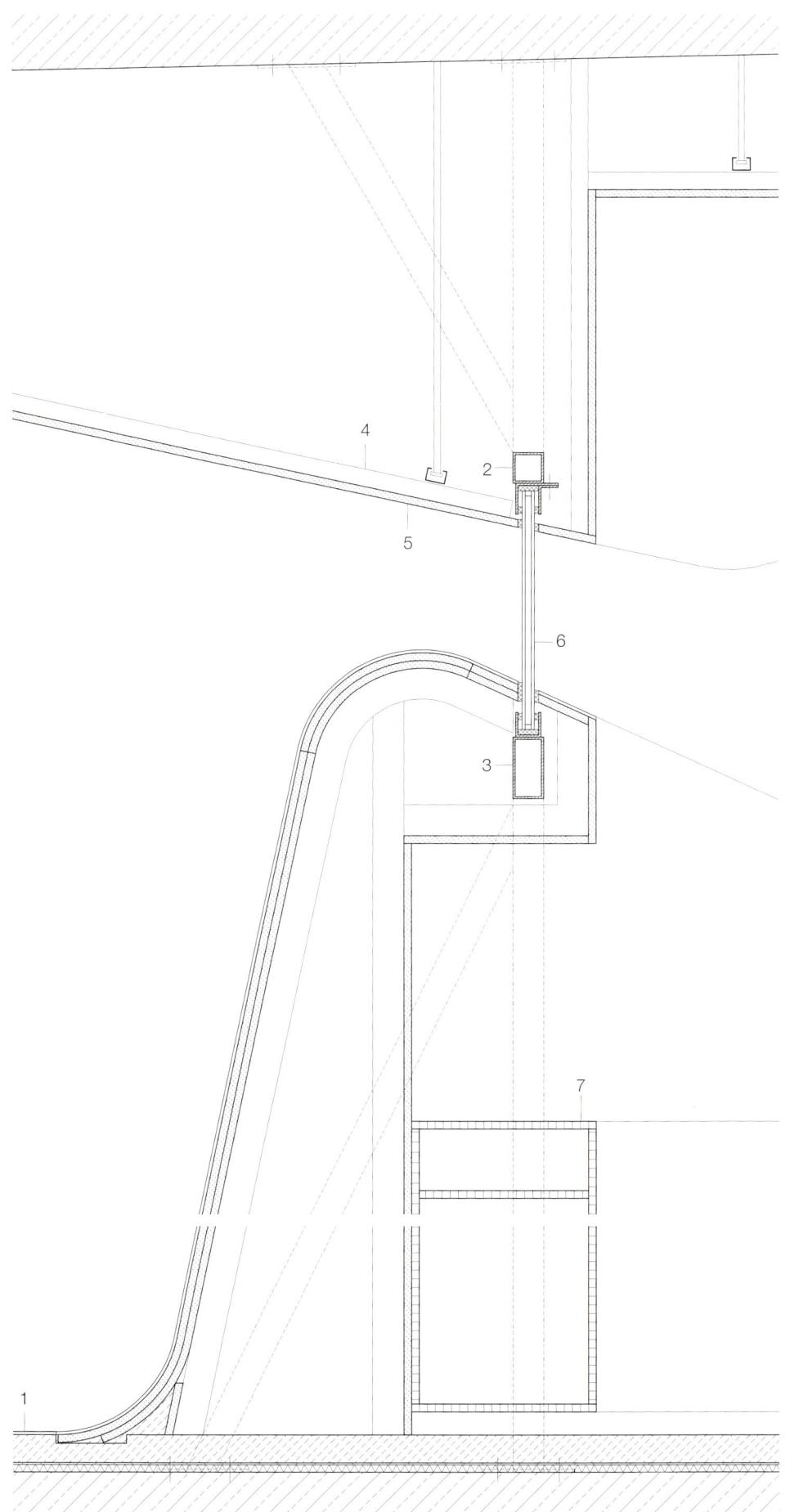

1 Bodenaufbau:
    Beschichtung Spritzelastomer 2–3 mm
    Estrich 45 mm, Trennlage
    Trittschalldämmung 15 mm
    Decke Stahlbeton 200 mm
2 Oberkonstruktion Stahlrohr ⌑ 50/50/2,9 mm
3 Unterkonstruktion Stahlrohr ⌑ 50/100/3,6 mm
4 Trockenbauprofil 60/27/0,6 mm
5 Verkleidung Gipskarton 12,5 mm
6 Festverglasung VSG 20 mm
7 Einbaumöbel MDF 12 mm

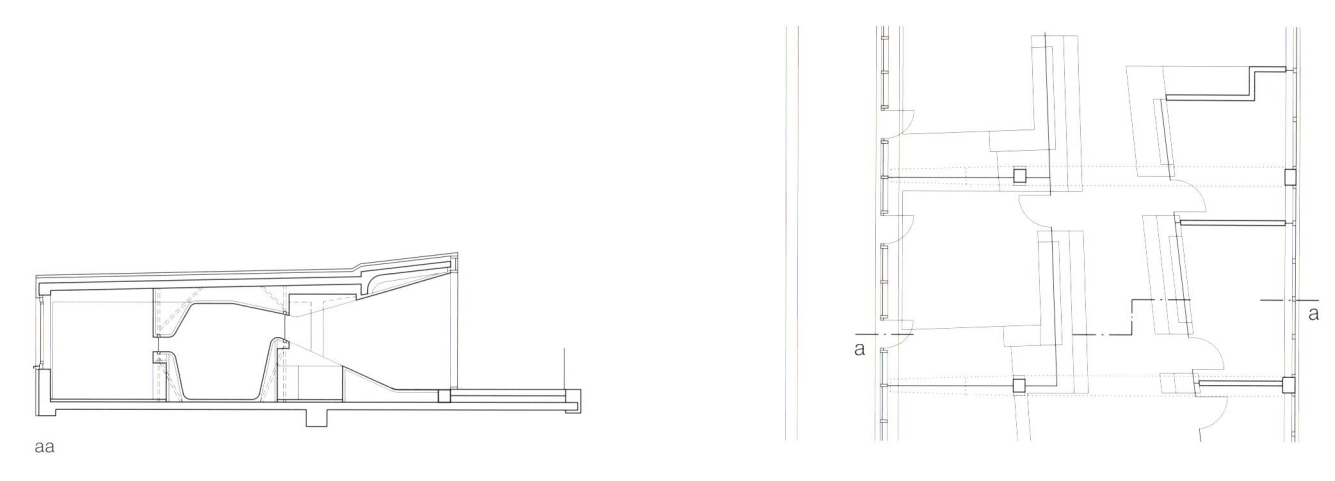

aa

Gestaltungskonzepte und Oberflächenqualitäten von Trockenbausystemen

Karsten Tichelmann

Der Trockenbau hat in den letzten Jahren einen zunehmend größeren Stellenwert und Einfluss auf alle Bereiche des Bauwesens erreicht. Er vereint auf einzigartige Weise die Grundprinzipien des Material-, Struktur- und Systemleichtbaus miteinander. Durch die trockene Montage sowie das Zusammensetzen vorgefertigter Systemkomponenten zu Konstruktionen stellt der Trockenbau eine zeit- und kostensparende Bauweise dar. Dabei ist die Trennung zwischen der industriellen Produktion der einzelnen Systemkomponenten, wie Plattenwerkstoffe, Unterkonstruktion, Abhängersysteme, einerseits und der Montage der Konstruktion auf der Baustelle andererseits stark ausgeprägt.

Der Trockenbau umfasst Systeme wie:
- Trenn- und Montagewände,
- Wandbekleidungen und Vorsatzschalen,
- Deckenbekleidungen und Unterdeckensysteme,
- Installationsschächte und Kabelkanäle,
- Bodensysteme und Trockenestriche,
- Träger- und Stützenbekleidungen,
- tragende und nicht tragende Stahlleichtbausysteme.

Trockenbausysteme für die verschiedenen Einsatzbereiche Wand, Decke und Boden sind prinzipiell ähnlich aufgebaut. Gemeinsam ist den Systemen der Grundaufbau aus Unterkonstruktion, oberflächenbildender Bekleidung und meist einer Dämmschicht im Hohlraum. Die gebräuchlichsten Baustoffe für die Beplankung und Decklage sind dabei gipsgebundene Plattenwerkstoffe, Gipskartonplatten, Gipsfaserplatten und Holzwerkstoffplatten.
Hochleistungsfähige Verbundwerkstoffe, leitfähige Plattenwerkstoffe, in Ausbausysteme integrierte Flächenheiz- und Kühlsysteme, schalldämmende Decken-, Wand- und Bodensysteme sowie mit Holz, Glas, Aluminium und anderen Materialien beschichtete Plattenwerkstoffe sind nur wenige Beispiele einer Entwicklung, deren technisches und gestalterisches Innovationspotenzial beinahe grenzenlos scheint. Selbst banale Gipskarton- und Gipsfaserplatten stellen funktions-optimierte Verbundbaustoffe dar, die einer kontinuierlichen Weiterentwicklung unterliegen.
Durch unterschiedliche Zusammensetzungen und Additive eignen sich Plattenwerkstoffe für nahezu alle Anforderungen: Oberflächenstrukturen, wie z. B. Lochungen, Prägungen oder Fräsungen, führen zu einer erhöhten Schallabsorption. Während eine erhöhte Rohdichte für eine hohe Wärmeleitfähigkeit sorgt (z. B. bei Kühldeckensystemen) führen viele Porenanteile zu einer reduzierten Wärmeleitfähigkeit (z. B. bei Innendämmungssystemen). Gebundene Kristallwasseranteile und ein erhöhter Gefügezusammenhalt erfüllen brandschutztechnische Anforderungen. Hohe Kartonfestigkeiten und Faserverbundsysteme erhöhen die Tragfähigkeit. Additive sorgen für ausreichenden Feuchteschutz oder verbessern die Wärmespeicherfähigkeit. Nicht zuletzt dient höchste Elastizität und Biegsamkeit der freien Formgebung.
Es ist wichtig, das für den jeweiligen Einsatzort gewählte Material in seinen Eigenschaften zu verstehen. Die mechanischen Eigenschaften der raumbildenden Plattenwerkstoffe sind nur ein Aspekt der Gestaltungsmöglichkeiten von Trockenbaukonstruktionen. Viel mehr ist die Verwendung der unterschiedlichsten Materialien und der ihrer Bestimmung entsprechende Einsatz für den Trockenbau bezeichnend. Es wird erkennbar, in welcher Vielfalt gedacht und geplant werden kann, wie sich neben Form und Oberfläche die Funktionseffizienz dieser Systeme anpassen lässt.
Die Produktion von über 1,5 Milliarden Quadratmetern Gipsplattenwerkstoffen pro Jahr zeigt, dass der Trockenbau als wirtschaftliches und gestalterisch vielfältiges System für den Innenausbau immer mehr an Bedeutung gewinnt. Doch zu oft wird die Trockenbauweise als eine reine Zweckbauweise für den Ausbau verstanden. Die vorherrschende Meinung, dass die spezifischen Material- und Systemeigenschaften von Trockenbausystemen nicht hinreichend zur Schaffung einer architektonischen Gestalt und Identität beitragen, ist ein Indiz für die noch unzureichende kreative Auseinandersetzung mit den Möglichkeiten dieser Bauweise. Der gestalterische Umgang mit den unterschiedlichsten Ausbausystemen und deren Materialvielfalt führt zu einem unerschöpflichen Repertoire an Gestaltungsmöglichkeiten und Funktionalität.

Von ebenen Flächen zu freien Formen

Das Zusammenspiel von Oberfläche, Form und Licht bestimmt die Architektur von Innenräumen. Im Hinblick auf die geforderte Wirtschaftlichkeit stehen hinter den komplexen Ausbaustrukturen überwiegend Konstruktionen und Systeme des modernen Trockenbaus. Sie bilden mit höchster Präzision gestalterisch vorgegebene Konturen ab, wobei gleichzeitig die Belastung auf die Tragkonstruktion auf ein Minimum reduziert wird. Weiterhin erfüllen sie die Anforderungen an Brand-, Schall- und Wärmeschutz sowie Akustik in den Innenräumen und dienen zur Integration von Systemen der Haus- und Gebäudetechnik und der Belichtung.

Frank O. Gehrys Guggenheim Museum in Bilbao ist ein Beispiel dafür, wie Trockenbausysteme die Raumgestaltung und

2.1 Edelstahl- und Glas- Wandbekleidungen
Hotel »Puerta América« in Madrid, 2005; Plasma Studio
2.2 Foyer im Guggenheim Museum in Bilbao; 1997, Frank O. Gehry
2.3 Architekturinstallation und Berlinale-Lounge in Berlin, 2007; Graft
2.4 Formteil für abgerundete Wandeckausbildung
2.5 abgerundetes freies Wandende
2.6 Oberflächen mit Streiflicht durch indirekte Beleuchtung
Hotel Ku' Damm 101 in Berlin, 2003; Mänz und Krauss

-atmosphäre unterstützen. Die unterschiedlichen Materialien, die hier zum Einsatz kommen (z. B. Gipskartonplatten, Gipsfaserplatten, Holzwerkstoffplatten, metallische Oberflächenbekleidungen, zementgebundene Werkstoffplatten etc.) und die raumbildenden Konstruktionen sind dabei ebenso kühn wie die äußere Form des Gebäudes (Abb. 2.2). Seine plastische Architektur sowie der Anspruch an die Leichtigkeit der Form würden sich nur schwer in einer monolithischen Bauweise, beispielsweise in Beton, glaubwürdig umsetzen lassen.

Durch den Einsatz neuer Werkstoffe sind der Formensprache keine Grenzen mehr gesetzt. Jedes Jahr werden allein im Bereich des Trockenbaus neuartige Platten- und Verbundwerkstoffe auf den Markt gebracht. Diese reichen u. a. von mineralisch und synthetisch gebundenen Werkstoffen mit verschiedenen organischen Polymären bis hin zu metallischen Oberflächenbeschichtungen. Das Hotel »Puerta América« in Madrid ist nur ein Beispiel dafür, was mit dem zielgerichteten Einsatz heutiger Materialien möglich ist (Abb. 2.1 und S. 32ff.).

Gestalten und konstruieren bedeutet auch die Platzierung der geeigneten Werkstoffe an entsprechender Stelle, wobei es um die Kombination unterschiedlicher Baustoffe bzw. Bauteilelemente geht. Die richtige Material- und Oberflächenwahl beeinflusst das Ambiente und die Wertigkeit von Räumen erheblich.

Der Wunsch, komplexe Raumstrukturen mit einem hohen Maß an Effizienz, Wirtschaftlichkeit und Funktionalität zu errichten, hat zu neuartigen Trockenbausystemen geführt, bei denen eine Addition von Baustoffen mit oftmals unterschiedlichen mechanischen und bauphysikalischen Kennwerten notwendig ist. Durch die Schichtung von Materialien zu einem System können synergetische Effekte erzielt werden. Diese Ausbausysteme folgen den Regeln des Leichtbaus. So führt die Kombination von dünnen, nur gering tragfähigen Unterkonstruktionen mit biegeweichen Plattenwerkstoffen zu einer leichten und sehr tragfähigen Wandkonstruktion. Vom Automobil bis hin zu Hochgeschwindigkeitszügen, Schiffsrümpfen und Flugzeugen wird das gleiche Konstruktionsprinzip angewendet. Hier geht es nicht mehr um das Zusammenfügen einzelner konstruktiver Tragrippen, sondern um das komplexe Verhalten von gewichtsminimierten und funktionsoptimierten Systemkomponenten.

Für die Gestaltung von Räumen stehen neben der nahezu unbegrenzten Auswahl an Materialien auch Formteile zur Verfügung: Zylinder, Kegel, Ellipsen, Kuppeln, Rotunden, Tonnen, Wellen, Schalen. Daraus lassen sich freie Geometrien formstabil, präzise, schnell und kostensicher herstellen, die Komplexität des Entwurfs wird nur durch eigene Grenzen bestimmt.

Vorgefertigte Formteile bieten zudem wirtschaftliche Gestaltungsmöglichkeiten. Der Biegeradius von runden Schalen hängt von der Dicke und der Art der verwendeten Plattenwerkstoffe ab. Spezielle, für Biegeformen modifizierte Plattenwerkstoffe wie u. a. kunstharzmodifizierte Faserwerkstoffe ermöglichen Radien bis zu 30 cm. Geringere Radienformen werden durch Fräsen, Guss und Tiefziehen erreicht. Die Stoßflächen können als Gestaltungselement dienen oder fugenlos verspachtelt und anschließend flächig verschliffen werden. Für den Fall, dass konstruktive oder bauphysikalische

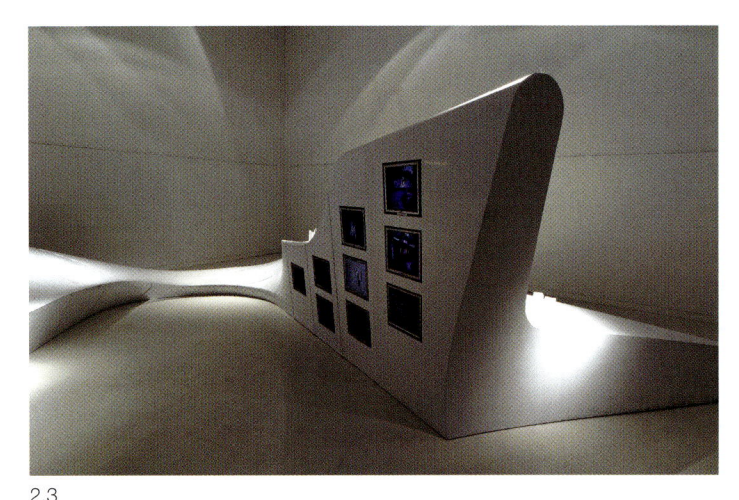

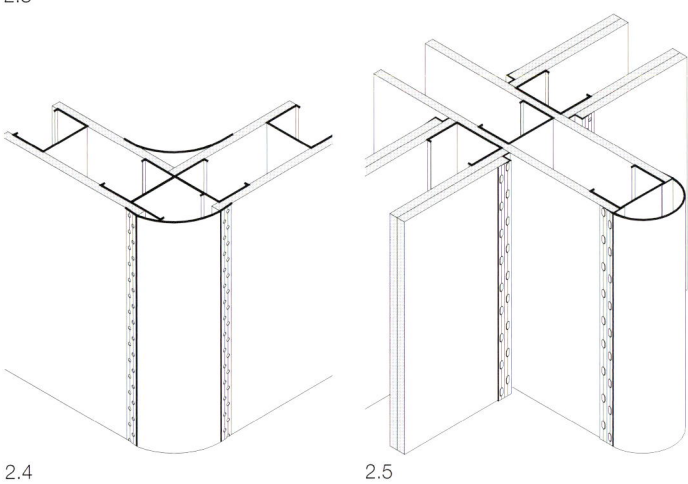

Anforderungen an flächig gekrümmte Raumflächen bestehen, lassen sich mehrere Plattenlagen zu stabilen gekrümmten Formen verkleben.

Scharfkantig gefaltete Plattenwerkstoffe entstehen durch V-Fräsungen. Die Produkte werden entweder flach angeliefert und auf der Baustelle nur noch gefaltet und verklebt oder bereits werkseitig verklebt zur Baustelle gebracht.
Sphärisch frei gekrümmte Deckensegel und Tonnenschalen lassen sich einschließlich der Unterkonstruktion werkseitig vorfertigen. Die vorgekrümmten Unterkonstruktionen aus Metall werden bei der Herstellung auf die erforderlichen Profilradien gebogen. Für eine einfachere Montage wird die gesamte Fläche in Teilstücke und räumlich gebogene Segmente aufgeteilt. Die auf modularer Basis beruhende individuelle Fertigung ermöglicht die freie Auswahl von Durchmesser und Stichhöhe. Dies erleichtert die gestalterisch konstruktive Abstimmung mit den individuellen Einbaubedingungen auf der Baustelle.
Zwei Faktoren bestimmen Auswahl und Weiterentwicklung der Technologien: Einerseits die Montagekosten auf der Baustelle, andererseits die Vorfertigungskosten inklusive Transport. Die Vorteile der Werksfertigung liegen in der Kosteneinsparung durch einen geringen Fugenanteil mit minimalem Spachtelaufwand, einer schnelleren Montage und einer maßgenauen Fertigung nach individuellen Vorgaben sowie der größeren Kostensicherheit.
Außergewöhnliche Konstruktionen wie komplexe Kuppeln, sphärische Formen und Freiformen werden mit glasfaserverstärkten Formteilen in hoher Qualität hergestellt. Auch großflächige Bekleidungen von Decken, Wänden, Stützen und Unterzügen sind realisierbar.

In die Wand- und Deckenkonstruktion lassen sich neben den gebäudetechnischen Komponenten wie Flächenheiz- und Kühlsystemen, Lüftung, Sprinklerung und Brandmeldeanlagen auch individuelle Beleuchtungskonzepte eingliedern. Es besteht die Möglichkeit, die Oberfläche zur Schallabsorption zu modifizieren. Dies kann integrativ direkt im Plattenwerkstoff erfolgen, z. B. durch Prägung, Lochung und Stanzung oder additiv durch entsprechende schallabsorbierende Oberflächenbeschichtungen.
Schallhart gekrümmte Flächen, das heißt Materialien mit einer höheren Steifigkeit, dienen zur gezielten Streuung oder Bündelung von Schallwellen auf definierte Bereiche. Beim Verknüpfen von gestalterisch räumlicher Ausdruckskraft und physikalisch unterstützenden emotionalen Wahrnehmungseffekten bedarf es in der Regel der Mithilfe entsprechender Fachleute, wie z. B. Akustik- und Lichtplaner.

Oberflächenanforderungen und Oberflächengüte
In der Praxis bestehen häufig unterschiedliche, oft subjektive Maßstäbe, was die gestalterischen Anforderungen an Trockenbauoberflächen betrifft. Hierbei zählen neben der Ebenheit vor allem sichtbare Merkmale wie Markierungen der Kartonoberfläche oder Fugenabzeichnungen.

Hinsichtlich der Verspachtelung von Plattenoberflächen werden vier verschiedene Qualitätsstufen unterschieden:
- Qualitätsstufe 1 (Q 1): Grundverspachtelung,
- Qualitätsstufe 2 (Q 2): Standardverspachtelung,
- Qualitätsstufe 3 (Q 3): Sonderverspachtelung,
- Qualitätsstufe 4 (Q 4): Vollflächenverspachtelung.

Qualitätsstufe Q 1
Für Oberflächen, an die keine optischen Anforderungen gestellt werden, ist eine Grundverspachtelung nach Qualitätsstufe Q 1 ausreichend.

Die Oberflächenausbildung nach Qualitätsstufe 1 umfasst:
- das vollständige Füllen der Stoßfugen mit Spachtelmasse,
- das Überziehen der sichtbaren Befestigungsmittel (z. B. Schrauben) mit Spachtelmasse.

Verarbeitungsbedingte Spuren wie Riefen und Grate sind zulässig. Die Grundverspachtelung schließt das Einlegen von Fugendeckstreifen ein, sofern dies aus konstruktiven Gründen erforderlich ist. Bei mehrlagigen Beplankungen müssen die unteren Plattenlagen aus Brand- und Schallschutzgründen ebenfalls verspachtelt werden. Auf das Überspachteln der Befestigungsmittel kann bei den unteren Plattenlagen verzichtet werden. Bei Flächen, die mit keramischen Platten oder Natursteinbelägen bekleidet werden, ist die Qualitätsstufe Q 1 ausreichend.

Qualitätsstufe Q 2
Die Standardverspachtelung Q 2 genügt den üblichen Anforderungen an Wand- und Deckenflächen. Ziel der Verspachtelung ist ein stufenloser Übergang zwischen Fugenbereich und Plattenoberfläche. Gleiches gilt für Befestigungsmittel der Innen- und Außenecken sowie der Bauteilanschlüsse.

Die Verspachtelung nach Qualitätsstufe 2 umfasst:
- Grundverspachtelung (Füllen der Stoßfugen und Überspachteln der Befestigungsmittel),
- Nachspachteln mit Fein- oder Finish-Spachtelmasse bis zum Erreichen eines stufenlosen Übergangs vom Fugenbereich zur Plattenoberfläche. Dabei dürfen keine Abdrücke oder Grate in der Oberfläche sichtbar bleiben.

Falls erforderlich, sind die verspachtelten Bereiche zu schleifen.

Diese Oberflächenbearbeitung eignet sich z. B. für:
- mittel und grob strukturierte Wandbekleidungen wie Papier- oder Raufasertapeten,
- matte, leicht strukturierte und füllende Anstriche und Beschichtungen (z. B. matte Dispersionsanstriche), die manuell aufgetragen werden,
- Oberputze mit Korngrößen > 1 mm,
- Holzbekleidungen und flächig verklebte Furnierbeschichtungen mit Dicken ≥ 1,0 mm,
- flächig geklebte, metallische Oberflächenbekleidungen mit einer ausreichenden Dicke (in der Regel ≥ 0,5 mm).

Wird die Qualitätsstufe Q 2 als Grundlage für Wandbekleidungen, Anstriche und Beschichtungen gewählt, sind Abzeichnungen insbesondere bei Einwirkung von Streiflicht nicht auszuschließen. Eine Verringerung dieser Effekte kann in Verbindung mit einer Sonderverspachtelung (Q 3) erreicht werden.

Qualitätsstufe Q 3
Werden erhöhte Anforderungen an die gespachtelte Oberfläche gestellt, sind zusätzliche über die Standardverspachtelung Q 2 hinausgehende Maßnahmen erforderlich.

Die Verspachtelung nach Qualitätsstufe 3 umfasst:
- das breite Ausspachteln der Fugen,
- das scharfe Abziehen der restlichen Kartonoberfläche zum Porenverschluss mit Spachtelmaterial.

Im Bedarfsfall werden die gespachtelten Flächen geschliffen.

Diese Oberflächenbehandlung ist z. B. geeignet für:
- fein strukturierte Wandbekleidungen,
- matte nicht strukturierte Anstriche/Beschichtungen,
- Oberputze, deren Körnung (Größtkorn) nicht mehr als 1 mm beträgt, soweit sie vom Putzhersteller für das jeweilige Gipsplattensystem freigegeben sind.

Bei dieser Sonderverspachtelung können bei Streiflicht sichtbar werdende Abzeichnungen nicht völlig ausgeschlossen werden. Grad und Umfang solcher Abzeichnungen sind jedoch gegenüber einer Standardverspachtelung Q 2 deutlich geringer.

Qualitätsstufe Q 4
Im Unterschied zur Stufe Q 3 wird dabei die gesamte Oberfläche mit einer durchgehenden Spachtel- oder Putzschicht abgedeckt. Um höchste Anforderungen an die Oberfläche zu erfüllen, erfolgt eine Vollflächenspachtelung des gesamten Bereichs oder das Abstucken der gesamten Oberfläche.

Die Verspachtelung nach Qualitätsstufe 4 umfasst:
- die Standardverspachtelung nach Q 2,
- das breite Ausspachteln der Fugen sowie vollflächiges Überziehen und Glätten der gesamten Oberfläche mit einem dafür geeigneten Material (Schichtdicke bis etwa 3 mm).

Diese Qualitätsstufe eignet sich beispielsweise für:
- glatte oder strukturierte Wandbekleidungen mit Glanz (z. B. Metall- oder Vinyltapeten),
- Lasuren, Anstriche oder Beschichtungen bis zu mittlerem Glanz,
- Stuccolustro oder andere hochwertige Oberflächenbeschichtungstechniken.

Eine Oberflächenbehandlung, die nach dieser Klassifizierung die höchsten Anforderungen erfüllt, minimiert mögliche Abzeichnungen und Markierungen. Soweit intensive Lichteinwirkungen das Erscheinungsbild der fertigen Oberfläche beeinflussen können, werden unerwünschte Effekte, z. B. wechselnde Schattierungen auf der Oberfläche oder minimale örtliche Markierungen, weitgehend vermieden. Sie lassen sich aber keineswegs völlig ausschließen, da Lichteinflüsse in einem weiten Bereich variieren und nicht eindeutig erfasst und bewertet werden können. Außerdem sind die Grenzen der handwerklichen Ausführungsmöglichkeiten zu beachten. In Einzelfällen kann es erforderlich sein, dass auch bei der Qualitätsstufe Q 4 weitere Maßnahmen zur Vorbereitung der Oberfläche für die Endbeschichtung notwendig sind, z. B. für hochglänzende Lackierungen oder Lacktapeten.

Über die unterschiedlichen Qualitätsstufen hinaus können weitergehende Oberflächenanforderungen frei definiert werden. Dies betrifft vor allem besondere Beschichtungen und Applikationen auf Trockenbausystemen. In Abhängigkeit des verwendeten Plattenwerkstoffs und Konstruktionssystems können besondere Oberflächenbehandlungen erforderlich werden. So werden beispielsweise leitfähige Beschichtungen bei Anforderungen an die »Feldfreiheit« elektromagnetischer Wellen auf Trockenbausysteme aufgebracht. Auch die Beschichtung von selbst reinigenden Oberflächen, raumluftkatalytische Beschichtungen zum Abbau von Schadstoffen in der Raumluft sowie adaptive Beschichtungen finden zunehmend Anwendung auf den Oberflächen von Trockenbausystemen.

Gestalterische Möglichkeiten mit melaminharzbeschichteten Oberflächen

Heinz Peters

Aufgrund der hohen Gebrauchseigenschaften und der unerschöpflichen Designvielfalt bewähren sich melaminharzbeschichtete Werkstoffe seit Jahrzehnten im Innenausbau und in der Möbelfertigung. Der Dekordruck erfolgt hierfür im Tiefdruckverfahren. Aus Rentabilitätsgründen erfordern die hohen Kosten der Druckvorbereitung Großauflagen. Die zunehmende Nachfrage nach individuell gestalteten Hochdrucklaminaten (High Pressure Laminates, HPL) kann dagegen mit dem Tiefdruck für objektbezogene Kleinserien oder mittlere Serien aus Kostengründen nicht realisiert werden. Hierfür hat sich der digitale Dekordruck etabliert.

Mit dem digitalen Dekordruck ist es möglich, auch kleinere Serien wirtschaftlich zu produzieren und somit individuelle Designwünsche umzusetzen. Dies ist insofern reizvoll, als dass die Oberflächen im Innenausbau passend zum Dekor von Tapeten gestaltet werden können. Das Ergebnis sind ganzheitliche Raumwirkungen, die ihre Atmosphäre durch die Formensprache und Farbgestaltung der Dekore erhalten und sich auch mit anderen Materialien fortsetzen lassen.

In gemeinsamer Produktionskooperation mit Firmen und Designern werden die Verfahren für innovative Produkte ständig weiterentwickelt und verbessert. So entstanden ergänzend zu Möbeloberflächen und Wandbekleidungen hochglänzende Fußböden mit extremer Abriebfestigkeit für gewerbliche Anwendungen. Für die Gestaltung von HPL-Oberflächen können auch eigene Kreationen, Bild- und Grafikdaten verwendet werden. Der Kreativität sind nahezu keine Grenzen gesetzt. Grundsätzlich unterscheidet man zwei Layer-Verfahren, die Opak-Image-Layer-Technik und die Transparent-Image-Layer-Technik, die an unterschiedliche Aufgabenstellungen gekoppelt sind:

Opak-Image-Layer-Technik

Diese Technik ist ausschließlich dem HPL-Hochdruckverfahren vorbehalten. Hierbei erfolgt der Druck auf ein dickes opakes Dekorpapier (Abb. 3.2). Die Farbsättigung dieser Papiere ist im Vergleich zum Overlaypapier wesentlich größer. Nur mit einem sehr hohen Pressdruck, großer Hitze und langer Press-dauer kann eine intensive Harzdurchdringung erzielt werden. So wird die geforderte Verbundfestigkeit des Werkstoffs gewährleistet. Das unbedruckte Papierweiß zeigt nach der Verpressung eine konstante, leicht grauweiße Farbwirkung. Wird ein wärmerer Weißfarbton gewünscht, muss dieser bei der Erstellung der Druckdaten berücksichtigt werden. Mit diesem opaken Dekorpapier wird der höchste Farb- und Kontrasteindruck erreicht. Alternative opake Dekorpapiere mit neutralem Weiß stehen wahlweise zur Verfügung.

Transparent-Image-Layer-Technik

Bei der Transparent-Image-Layer-Technik wird vor der Verpressung ein farbiges, unbedrucktes Uni-Dekor unter das mit einem dunkleren Motiv bedruckte Overlaypapier gelegt (Abb. 3.3). Diese Technik wird bei HPL-Schichtstoffplatten dann verwendet, wenn z.B. Uni-Dekore für Korpus- und Frontplatten mit Dekor kombiniert werden und nahezu den gleichen Untergrundfarbton aufweisen sollen. Mit dieser Technik können auch unterschiedlich wirkende Weißgrade für Designdekore eingesetzt werden. Die nicht bedruckten Teile des Overlays sind nach dem Verpressen transparent und nehmen damit den Farbton des untergelegten Uni Dekors an. Der bedruckte Teil des Overlays bildet mit dem unbedruckten Uni-Farbton das eigentliche Dekor. Mit dieser Kombinationstechnik lassen sich gestalterische Aufgaben kostengünstig umsetzen. Dabei muss der Dekordruck im Tonwert immer dunkler als der untergelegte Uni-Farbton gewählt werden. Ein weißer Druck auf dunklem Untergrund ist nicht möglich. Die Farbaufnahme des dünnen Overlaypapiers ist geringer als die eines dickeren opaken Dekorpapiers.

Hochdruckverfahren für High-Pressure-Laminates (HPL)

Die Verpressung von individuellen Dekordrucken im Hoch-

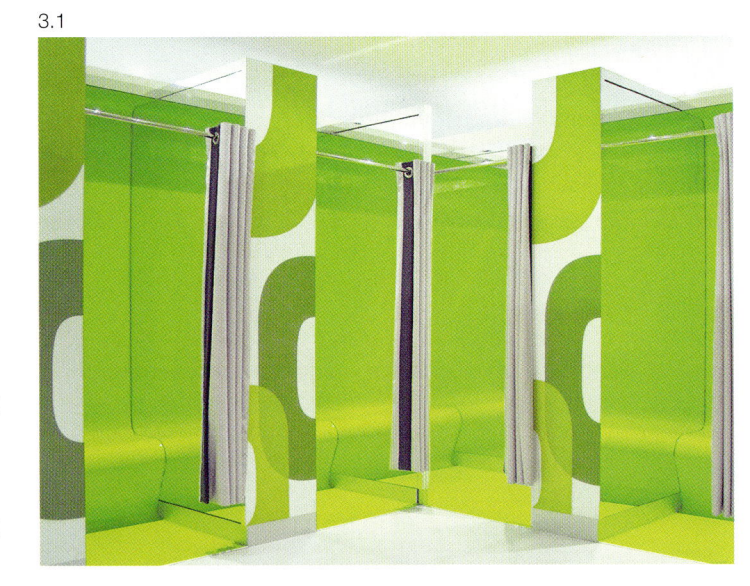

3.1

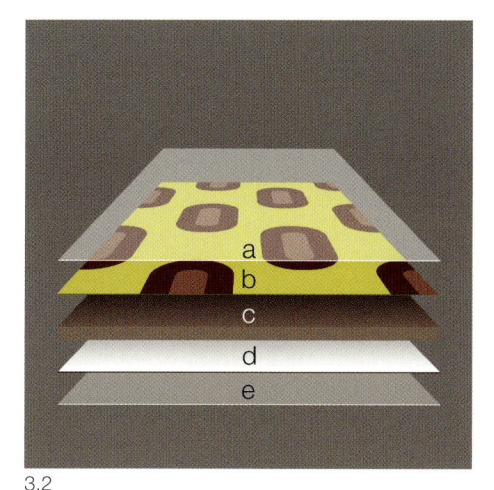

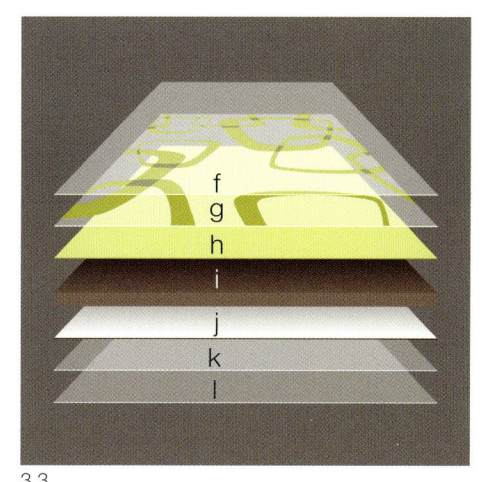

a	Melaminharz transparent
b	Dekordruck auf Opak
c	Phenolharzkern
d	Gegenzug Uni
e	Gegenzug Melaminharz
f	Melaminharz transparent
g	Dekordruck auf Overlay
h	Uni Dekorpapier
i	Phenolharzkern
j	Gegenzug Uni
k	Gegenzug Overlay
l	Gegenzug Melaminharz

3.2

3.3

druckverfahren erfolgt mit hohem Druck, großer Hitze und langer Verweilzeit in der Presse. Bei diesem Verfahren durchdringt das Harz nicht nur dünne Overlaypapiere, sondern auch dickere abgedeckte opake Papiere. Unter dem Dekordruck auf Overlay- oder Opakpapier liegt ein unifarbenes Papier. Direkt darunter befindet sich der harte Phenolharzkern, der für eine große Stoß- und Druckfestigkeit der HPL-Oberfläche sorgt. Das ca. 1 mm dicke HPL muss vom Verarbeiter mit Gegenzug auf geeignete Trägermaterialien verpresst werden. Das Hochdruckverfahren ermöglicht weiterhin die Herstellung massiver und freitragender Platten. Werden diese Platten während der Verpressung zusätzlich mit einem UV-Wetterschutz versehen, können damit Balkone, Fassaden und andere Konstruktionen im Außenbereich gestaltet werden.

Farbeigenschaften des digitalen Dekordrucks

Bei opaken Dekor- und Overlaypapieren kommen, ähnlich wie beim Tiefdruck, wasserbasierende, hoch lichtechte Pigmente zum Einsatz. Die Spezialfarben erreichen nach der Wollskala den Wert 7 bis 8, mit zusätzlichem UV-Schutz den Lichtechtheitswert 8. Die Lichtbeständigkeit ist abhängig von der Dichte des Farbauftrags und damit gestaltungsabhängig. Flächen mit 100-%-Farbdeckung widerstehen der Strahleneinwirkung stärker als Flächen mit nur 10-%-Farbdeckung. Auch die Dauer der UV-Sonnenstrahlung und die Ausrichtung zur Himmelsrichtung beeinflussen die Haltbarkeit. Dies gilt auch für Innenraumanwendungen. Beim digitalen Dekordruck liegen alle Farben Punkt für Punkt nebeneinander und können deshalb gut vom Harz durchdrungen werden. Die Spezialpapiere sind saugend und harzdurchlässig, um den erforderlichen Plattenverbund zu gewährleisten.

Technik des digitalen Dekordrucks

Der hochwertige digitale Dekordruck erfolgt mit einer sehr hohen Druckauflösung, bei der das menschliche Auge das Druckraster aus normaler Entfernung nicht mehr wahrnimmt. Gedruckt wird mit unterschiedlich gesteuerten Tröpfchengrößen. Für eine HPL-Platte mit einem Druckmaß von 130 × 300 cm müssen 112 Milliarden Druckpunkte vom Rechner einzeln gesteuert und vom Drucksystem gedruckt werden. Der digitale Dekordruck ermöglicht eine innovative, individuelle, objekt- und kundenbezogene HPL-Oberflächengestaltung auch für Kleinstmengen.

Bei der Planung eröffnen sich neue Möglichkeiten; es gibt aber auch Grenzen. Wie der Dekordruck im Tiefdruckverfahren unterliegt auch der digitale Dekordruck gewissen Farbschwankungen. Diese entstehen bei der Herstellung der verwendeten Druckfarben sowie der Dekor- und Overlaypapiere. Hinzu kommen Schwankungen der Drucksysteme, durch Kopfabnutzung im Digitaldruck. Bei der Verpressung der Dekore in HPL entstehen verfahrensbedingt ebenfalls Schwankungen der Melaminharzfarbe, die über dem Dekordruck liegt und die Farbanmutung mit beeinflusst. Die Reproduzierbarkeit des digitalen Dekordrucks ist relativ hoch; trotzdem wird eine laufende Qualitätskontrolle durchgeführt. Das Druckergebnis wird engbandig kontrolliert. Werden während der Produktion verfahrens- oder materialbedingte Veränderungen der Farbe festgestellt, wird entsprechend korrigiert, um das Farbergebnis dem festgelegten Sollwerten wieder anzugleichen. Hierdurch ergeben sich ebenfalls geringe Farbsprünge in der laufenden Produktion.

Diese durch den heutigen technischen Stand bedingten, möglichen Schwankungen müssen bei Planungen beachtet werden. Bei Nachbestellungen eines Dekors über einen längeren Zeitraum hinweg sind Farbschwanken vorprogrammiert. Sie lassen sich minimieren, wenn beispielsweise das Dekor am Block geordert wird. Die technische Umsetzung muss deshalb mit dem Hersteller früh genug besprochen werden.

Fazit

Der digitale Dekordruck bietet die Möglichkeit, HPL-Oberflächen individuell mit hoher Qualität, bezahlbar und kurzfristig zu produzieren. Vor allem Unikate, Kleinserien und mittlere Serien lassen sich im Gegensatz zu anderen Druckverfahren preisgünstig und schnell herstellen. Hohe Druckvorkosten wie etwa Zylindergravuren für den Tiefdruck entfallen. Somit werden neue Anwendungen möglich. Darüber hinaus können Designideen am Markt getestet, die Erfahrungen ausgewertet und für sichere Großserien verwendet werden.

Internetlinks:
www.universal-decor.de
www.resopal.de
www.larscontzen.de

3.1 Umkleidezonen KaDeWe in Berlin, 2003;
    Dekor: »New Transparency«, Design: Lars Contzen
3.2 Dekordruck in HPL-Schichtstoffplatte verpresst,
    gedruckt mit Opak-Image-Layer-Technik.
3.3 Oberflächendesign »Transparent« mit
    Transparent-Image-Layer-Technik gedruckt und in HPL verpresst.

Stores als erlebbare Markenwelten

Natalie Marth und Karl Schwitzke,
Designbüro Schwitzke & Partner, Düsseldorf

Stores visualisieren das Markenimage im dreidimensionalen Raum. Sie setzen die Idee der Marke in Erlebniswelten um. Interieurkonzepte transportieren Markenbilder in die öffentliche Wahrnehmung und beeinflussen damit unmittelbar ihre Positionierung im Markt. Die Darstellung der Marke im Store, also am Point of Sale, ist unerlässlich für die Markenbildung, denn hier wird die Kaufentscheidung getroffen. Erst eine emotionale Verbindlichkeit macht Kunden zu Markennutzern. Erfolgreiche Marken machen ihr Markenversprechen am Point of Sale immer wieder neu erlebbar. Die Stores transportieren das Image und lassen Marken in einen Dialog mit den Kunden treten.

Marken stärken – Storekonzepte schärfen das Profil

Erfolgreiche Marken stehen permanent vor der Herausforderung, ihr Profil zu schärfen, um interessant zu bleiben. Die DNA einer Marke wird zum leitenden Konzept für die Store-Gestaltung. Ein Surf-Label wird sich immer wieder auf Wasser, Strand und sportliche Aktivität berufen, während ein Hersteller von Bioprodukten Werte wie Naturschutz und umweltgerechte Herstellung zu seinem Markenkern zählt. Diese individuellen Definitionsmerkmale sind der Ausgangspunkt bei der Entwicklung visueller Darstellungsformen im Raum. Vorraussetzung ist, dass die Marke starke Wurzeln und bereits eine authentische Story zu erzählen hat. Die Hamburger Sportswearmarke Tom Tailor steht für eine Casual-Kollektion im Mittelpreissegment und bewegt sich damit in einem konkurrenzstarken Umfeld. Die Marke zielt auf eine lifestyleaffine Kernzielgruppe zwischen 25 und 35 Jahren. Das Storekonzept sollte Ausdruck eines deutlich geschärften Markenprofils werden und einen lässig-hochwertigen Lifestyle kommunizieren, ohne die Wurzeln in der Marktmitte zu verlieren (Abb. 4.1–4.3).

Ansatz der Konzeptentwicklung war es, Gründungsmythos mit Zeitgeist zu mischen. Dabei diente die Markengeschichte von Tom Tailor als Basis, die in einen neuen Kontext gesetzt wurde. Das in Hamburg gegründete Modeunternehmen steht in hanseatischer Kaufmannstradition. Die historischen Lagerhäuser der Hamburger Speicherstadt dienten Kaufleuten seit dem 19. Jahrhundert als Lager und Umschlagplatz ihrer Waren. Von dort aus wurden sie weltweit verkauft. Speicher und Docklands wurden zur Gestaltungsidee, um hanseatische Identität und internationale Modekompetenz darzustellen. Die Historie allerdings kommentarlos zu zitieren, entfaltet eher eine starre und emotionslose Wirkung. Aufgabe war es, mit Gestaltungselementen Zusammenhänge herzustellen und durch einen spielerischen Umgang mit der Markenstory eine neue Dimension für den Markenauftritt zu schaffen. Detaillösungen machen den Auftritt nicht zur »Blaupause«, sondern zeigen Individualität und sorgen dadurch für Wiedererkennbarkeit. Gusseiserne Geländer, offene Stahlträger an den Decken und verwitterte Ziegelmauern transportieren in den Stores von Tom Tailor den Charme alter Docklands und Speicherböden. Wohnliche Bildergalerien, Eichendielen, hochflorige Teppiche und Designermöbel schaffen den Loft-Charakter. Historisches Flair gibt die im Erdgeschoss eingezogene Kappendecke. Das Credo bei Tom Tailor heißt: erschwinglicher Luxus. Transportiert wird das durch die Warenpräsentation aus profilierten Holzschränken in verwitterter Used-Optik, die mit einer eleganten Seidentapete ausgekleidet sind und so einen edlen Kontrast zur Rustikalität der anderen Materialien bilden. Zelebriert wird ein Lifestyle, der sich aus der Authentizität der Marke entwickelt hat. So entsteht eine hohe Glaubwürdigkeit, mit der Folge, dass sich die Zielgruppe mit der Markenbotschaft identifiziert: erschwinglicher Luxus, Stilsicherheit und Zeitgeist. Je individueller und authentischer die Gestaltungssprache ist, umso mehr stärkt sie die Markenwahrnehmung in der Öffentlichkeit und ermöglicht so eine glaubwürdige Ausdehnung der Markenkompetenz auf neue Bereiche.

Marken verbessern – Interieurdesign beeinflusst unmittelbar die Strahlkraft

Am Point of Sale wird nicht nur Markenimage transportiert – er ist auch zur Bildung von Markenwerten unerlässlich. Der unmittelbare Kontakt mit den Kunden macht sichtbar, ob die Markenbotschaft funktioniert. Wird sie angenommen, gewinnt die Marke in zunehmendem Maß an Glaubwürdigkeit – die Basis für Imagetransport. Häufig ergibt sich die Problematik, dass eine Marke aufgrund ihrer verlässlichen Produkte großes Vertrauen genießt, sich aber zu wenig als starker Brand positioniert hat. Es fehlt an der richtigen Strahlkraft. Das gilt auch für Multilabel-Händler, die sich beispielsweise zu sehr über einzelne Brands ihrer Sortimente definieren. Ihre Kompetenz liegt gerade in der Auswahl des richtigen Produktspektrums. Sie sind selbst die Marke und sollten das über ihr Storekonzept kommunizieren. Das fördert den Imagegewinn und bietet starken Händlern langfristig die Option, mit erfolgreichen Marken zu wachsen.

Dabei stellt gerade ihre lokale Verankerung eine große Chance dar, sich nachhaltig zu positionieren. Das Mün-

4.1

4.2

chener Traditionshaus Ludwig Beck wurde bereits 1861 gegründet und hat seine Verkaufsflächen durch Angliederung benachbarter Gebäude seither stetig vergrößert (Abb. 4.5–4.6). Somit fand eine immer stärkere örtliche Verwurzelung statt. Das Haus ist ein fester Bestandteil der Einzelhandelslandschaft geworden. Die so gestärkte Identifikation macht das Alleinstellungsmerkmal von Ludwig Beck aus und ist imagebildend. Um diese Position nicht nur zu erhalten, sondern auch weiter auszubauen, hat Ludwig Beck konsequent an seinem Auftritt gearbeitet. Neben dem Haupthaus am Marienplatz reihen sich entlang der Dienerstraße das Gründunghaus sowie ein historisches Gebäude aus dem 19. Jahrhundert und zwei weitere Gebäudekomplexe. Erst kürzlich wurde die alle fünf Häuser umfassende Fassadengestaltung abgeschlossen. Stilistisch bilden die fünf Objekte

4.3

einen Spannungsbogen, der von der historischen Stuckfassade aus dem 19. Jahrhundert bis hin in die 60er-Jahre des 20. Jahrhunderts reicht. Diese tief verwurzelte lokale Identität des Hauses wurde über die Umgestaltung der Fassade wieder erlebbar gemacht. Eine Sandsteinfassade aus Kehlheimer Auerkalk auf Höhe des Erdgeschosses ist die optische Klammer der unter Ensembleschutz stehenden Gebäude. Ihre jeweilige Gestaltung wurde dem entsprechenden Hauscharakter angepasst: Korb- und Rundbögen, restaurierte Stuckfassaden, Sockel und Gesimse sowie farbig abgesetzte Strukturfassaden mit aufwändigen Steinintarsien der 1960er-Jahre prägen die neue Straßenfront. Um das Haupthaus auf dem Marienplatz führt ein offener Arkadengang. Die Schaukästen, die bisher den Eingangsbereich markierten, wichen einer großzügigen Gestaltung mit Bodenfliesen aus Flossenbürger Granit. Die Kassettendecke mit abgehangenen Pendelleuchten verdeutlicht auch im Außenbereich das außergewöhnliche Ambiente des Hauses. Ludwig Beck vollzog durch Konsequenz in der Sortimentsgestaltung, im Marketing und im visuellen Auftritt eine beispielhafte Entwicklung als lokal verankerter Einzelhändler zur Positionierung als überregional starke Marke. Ein Store, der Leidenschaft versprüht, zieht Kunden mit ähnlichen Werten an. Identifikation wird dann zu Loyalität.

In vielen Fällen geht es darum, mit der Neugestaltung des Stores auch ein »Upgrade« vorzunehmen. Multilabel-Händler haben sich erfolgreich und über einen langen Zeitraum in der Handelslandschaft etabliert und sind im Außenauftritt vergleichsweise profillos geblieben. Erst ein authentisches Storedesign ermöglicht auch ein demokratisches Nebeneinander verschiedener Lieferanten und ist so ein wesentlicher Faktor der Markenkompetenz. Dabei erhöht Einfallsreichtum signifikant das Einkaufserlebnis.

Der Imageauftritt der zu Deichmann gehörenden Fachgeschäfte Roland-Schuhe soll zukünftig stärker für Mode- und Lifestylekompetenz stehen. Das entwickelte Corporate Design positioniert »Roland« als Markennamen und zeigt eine Gestaltungssprache, die in ihrer Wertigkeit deutlich angehoben wurde (Abb. 4.7–4.8). Strategisches Ziel ist es, Mode- und Lifestylekompetenz eng mit dem Markennamen zu verbinden, um sowohl Kunden als auch Lieferanten für den Premiumbereich zu gewinnen. Der Point of Sale ist somit nicht nur Abverkaufsplattform, sondern auch Markendarstellung mit dem Ziel, interessanter Handelspartner für imagestarke Markenprodukte zu werden. Das privilegiert im

4.4

4.5

4.6

Umkehrschluss wiederum gut aufgebaute Marken bei der Suche nach den besten Handelsflächen.

Das neu gestaltete Logo sowie die neue CI-Farbe Blau sind Bestandteil der Architektur geworden: Eine blaue mehrstöckige LED-Lichtwand läuft durch den Treppenkern. Das dezent auf dem Glas aufgebrachte Logo transportiert die Marke (Abb. 4.8). Die Etagen sind großzügig gestaltet und lassen Blickachsen über die gesamte Fläche zu. Deckenvorsprünge und blaue Deckenfelder über den Laufwegen strukturieren die Etagen optisch. Weiße Leuchtkuben unterstreichen den frischen transparenten Charakter genauso wie die zu Bühnen reduzierten Schuhmöbel. Weiße Lackregale und Würfel dienen der Warenpräsentation. Das Sortiment wird in einem modischen Kontext präsentiert. Stilistische Aussagen werden durch People-Fotos sowie grafisch dargestellte Trendfarben an den Rückwänden getroffen.

Storedesign übernimmt damit auch eine Schlüsselfunktion in der Beantwortung der Kundenfrage nach dem richtigen Laden. Findet der Kunde hier, wonach er sucht? Werden seine Ansprüche auch befriedigt? Das Produkt wird beim Betreten zunächst über das Design des Ladens wahrgenommen – es muss die Markenaussage transportieren. Fehlende Selbstähnlichkeit wird vom Betrachter sofort als störend empfunden. Erst die stilistische Sicherheit gewährleistet, dass der Store für Kunden interessant wird. Wahrhaft spannend wird er, wenn es zudem etwas zu entdecken gibt. Dabei stehen zunächst die Sortimente bzw. Produkte im Vordergrund. Doch erst die Präsentation in einem ereignisreichen Umfeld macht die Kaufentscheidung zu einem Erlebnis mit nachhaltigem Charakter – Marke und Kunde fangen an, einander zu vertrauen. Sie treten über ein visuelles Erlebnis in Kontakt und können diesen in Markentreue umwandeln.

Die Wahl der Produkte und Marken, für die sich jeder beim Einkaufen entscheidet, hat unmittelbar etwas mit dem individuellen Selbstbild zu tun. Das Phänomen populärer Marken ist, dass sie der Selbstdefinition seiner Anhänger dienen. Gepflegt wird diese Freundschaft über den Point of Sale. Hier werden Markenträume zu realen Welten mit erheblicher Strahlkraft.

Marken neu positionieren – Storedesign transportiert Markenziele
Storedesign macht das Profil einer Marke erlebbar. Das setzt voraus, dass sich die Marke bekennt, das heißt einen Willen zur Polarisierung hat. Unerlässlich wird das bei der Neupositionierung: Das angestammte Umfeld soll verlassen werden. Alte Kunden müssen mit auf die Reise genommen und neue hinzugewonnen werden. Auftrag war es, für die zur Deutschen Bank gehörende Norisbank eine Neupositionierung zu entwickeln – mit der Vorgabe, vor allem eine jüngere Zielgruppe zu erreichen. Entwickelt wurde eine offene zeitgemäße Gestaltungssprache (Abb 4.4). Sie vereint die Seriosität einer Bank und den Wunsch der Zielgruppe nach schneller und unkomplizierter Abwicklung. Klare Raumstrukturen stehen in spannendem Kontrast zur intensiven Farbigkeit. Das Interieurkonzept trifft den Zeitgeist der Zielgruppe: Junge Leute bis ca. 30 Jahre, die sich zwischen Familien- und Jobverantwortung, Spaß, Lifestyle und Sehnsucht nach Individualität bewegen. Rot und Orange wurden die neuen CI-Farben und sind tonangebend für das gesamte Konzept. Eine sach-

liche klare Raumgestaltung trifft auf Loungecharakter.
Vom Eingangsbereich bis zur Rückwand zieht sich ein roter Streifen über den ansonsten grauen Boden. Dieser markiert die Fläche, auf der hintereinander die Arbeitsplätze der Mitarbeiter positioniert sind. An die Arbeitstische angrenzende runde Besprechungstische sowie klappbare Trennwände sichern Diskretion. Der rote Bodenstreifen zieht sich über die Rückwand, wird zum farbigen Deckenfeld und bildet so die optische Klammer.
Der Eingangsbereich ist durch große Glasfronten hell und transparent, um den offenen Charakter der Norisbank auch nach außen zu kommunizieren. Ein Infocounter, Designerstühle sowie eine große Sitzpille in den CI-Farben sind weitere Details, die für ein sympathisch frisches Ambiente sorgen. Vor durchgängigen Infoboards an beiden Seiten der Filiale werden Zielgruppen entsprechende Bankprodukte präsentiert.

Das Konzept der Norisbank macht sichtbar, was grundsätzlich für alle Markeninszenierungen gilt: Die Komplexität der Markendarstellung sollte in angemessenem Verhältnis zur gewünschten Wahrnehmung stehen.
Die erfassbare Erlebniswelt muss die Botschaft sofort verständlich transportieren. Konkret bedeutete dies bei der Norisbank eine deutliche Reduzierung der Materialvielfalt. Die Marke und die Darstellung der Produkte wurden in den Vordergrund gestellt. Stilbildendes Mittel sind große CI-Farbflächen.

Lautet der Anspruch eines Interieurkonzepts, eine möglichst breite Zielgruppe zu erreichen, ist es unerlässlich, das Konsumumfeld zu betrachten, um aus dem Einkaufsverhalten Konsequenzen für die visuelle Ansprache zu ziehen. Die Filialen der Norisbank befinden sich alle in konsumintensiven Einkaufsstraßen in unmittelbarer Nachbarschaft zu preisaggressiven Fashionstores, Mobilfunkläden und Take-Away-Restaurants. Die angepeilte Zielgruppe ist aufgrund der persönlichen Budgetsituation eher kostenbewusst, aber trendorientiert und gut informiert. Das Storekonzept musste im visuellen Umfeld der Straße auffallen, ohne Kompromisse in der Markenaussage zu machen. Die Designsprache hat keinen schmückenden Charakter, sondern transportiert – reduziert in der Wahl der Mittel, aber prägnant – die wesentlichen Markeninhalte der Norisbank. Die angebotenen Dienstleistungen, wie etwa Geldanlagen oder Kredite, sind schnell verständlich und ohne große Mühe für den Kunden erhältlich. Er muss sein Einkaufsverhalten im Verhältnis zum Handelsumfeld nicht verändern. Das neue Storedesign transportiert das Bankimage als sofort verständliche Gebrauchsinformation für den Kunden. Dieser integriert es in sein Konsumverhalten.

Fazit: Wer Verkaufsräume mit Einfallsreichtum belebt, erzeugt Einkaufserlebnisse. Konsequentes Storedesign beeinflusst unmittelbar das Marken-Erleben und die Wahrnehmung ihrer Werte. An kaum einer anderen Stelle kann der Imagetransport so glaubhaft inszeniert werden wie am Point of Sale.

4.7

4.8

4.1–4.3 Tom Tailor Store in Düsseldorf, 2007
4.4   Norisbank in Frankfurt, 2007
4.5–4.6 Ludwig Beck Kaufhaus in München, 2007
4.7–4.8 Roland-Schuhe Store in Dortmund, 2007

Materialeinsatz im Shopdesign

moysig retail design

5.1

»Eine begehbare Anzeige schaffen« – diese Headline definierte das gewünschte Resultat für das neue Storekonzept der Herrenmodemarke Bugatti, das inzwischen in mehreren Läden in Deutschland und weltweit zu »besichtigen« ist. Hinter diesem Ergebnis verbirgt sich ein langer Entwicklungsprozess – vom ersten Designentwurf über Prototypen bis hin zu global einsetzbaren, so genannten multiplizierbaren Systemen.
Als Grundlage des Entwurfs dienten ein bereits bestehendes Shop-in-Shop-System sowie der internationale Bugatti-Showroom in Düsseldorf. Aus Gründen der Wiedererkennbarkeit sollten Materialien dieser Systeme wie beispielsweise Nussbaumholz, Edelstahl oder Hochglanzoberflächen auch im neuen Storedesign auftauchen.

Bugatti verlangt zudem eine über die Jahre konsequente Weiterentwicklung des Storedesigns, das auch funktional das sich stetig erweiternde Angebotsspektrum in den Geschäften berücksichtigt: Ein Bugatti Store gliedert sich in die Bereiche »Casual« und »Business«. Außerdem ergänzen separate Warengruppen wie Schuhe, Accessoires oder Reisegepäck das Sortiment. Ziel ist es, das Markenimage zu vermitteln und den Kunden an die Marke zu binden. Der Shop-Planer muss deshalb den »Lifestyle« einer Marke in das Erscheinungsbild des Stores transportieren, wobei im Fall von Bugatti zusätzlich die Multiplikation des Storedesigns weltweit gewährleistet sein muss, von Warnemünde an der deutschen Ostseeküste bis Peking.

Als besondere Herausforderung entpuppte sich bei der Umsetzung, die von Bugatti geforderte »begehbare Anzeige« in die Dreidimensionalität zu übertragen. Ein ganz wesentliches Element dieser Anzeige ist ein großflächiges Schwarz-Weiß-Poster als Bestandteil der Architektur: Der Kunde läuft im Laden direkt auf dieses Poster zu – anstatt auf die Ware. So gelingt eine unmittelbare Integration des Kunden in die Geschäftsszenerie, mit der er sich identifiziert: Eine Idee, die man auch als »Identitätsshopping« bezeichnet, ein wichtige Komponente moderner Markenbildung. Die Vorteile der Postertapete liegen einerseits in ihrer bestechenden Wirkung für den Kunden, andererseits bedeutet sie für den Planer mehr Freiheit in Bezug auf Größe und Auswechselbarkeit.

Als Marke der gehobenen Mitte, wie sich Bugatti selbst definiert, besteht ein besonderer Anspruch hinsichtlich der Materialauswahl und der Oberflächenqualitäten. Im Store vermitteln Hochglanzoberflächen diesen Anspruch und bringen ihn zugleich mit der Corporate Identity der Marke in Einklang. Diese dominieren sowohl die Wandverkleidungen als auch die Warenträger und vermitteln Hochwertigkeit. Die Oberflächen selbst, sehr pflegeleichte und schmutzunempfindliche Epoxidharzbeschichtungen, sorgen für effektvolle Reflexionen der Lichtinstallation. Atmosphärische Wirkung erzeugt die im spannungsvollen Kontrast stehenden Farben Grau und Weiß. Die Unternehmensfarbe Grau wird unaufdringlich und unterschwellig thematisiert. Die reduzierte Farbgebung schafft einen Raumeindruck aus einem Guss. Materialien und Oberflächen gehen mit den Texturen der Kleidungsstücke einen kontrastreichen Dialog ein.

Im Gegensatz zueinander stehen die Holz- und Betonflächen. Diese in Haptik und Optik sehr unterschiedlichen Materialien bringen im Store die gegensätzlichen Bedürfnisse der Kunden nach heimischer Gemütlichkeit und gleichzeitigem Streben nach Globalität in Einklang. Das Nussbaumfurnier, das die »warmen« Eigenschaften von Holz transportiert, wirkt haptisch wie Massivholz und vermittelt so ein Gefühl von Solidität. Das Gleiche, natürlich mit einem völlig anderen Touch, gilt für die Betonoberflächen, denen aufgrund ihres Materials die Eigenschaften solide, zuverlässig und modern zugeschrieben werden.

Gegossene Betonteile eignen sich zum Einsatz im Storedesign bedingt bis gar nicht – aus Gewichtsgründen und wegen der individuellen Anpassung an die oft unterschiedlichen lokalen Begebenheiten der Storeflächen. Eingesetzt wird stattdessen ein modernes Plattenmaterial aus mitteldichten Holzfaserplatten (MDF) mit Betonoptik aus einer verpressten mineralischen Spachtelmasse, das in verschiedenen Farben und Oberflächenstrukturen (hier: graue Glattschalung) erhältlich ist. Die leichten Platten lassen sich mit den üblichen Tischlerwerkzeugen bearbeiten. Sie lassen sich sogar biegen.

Ein wichtiges, wenngleich eher sparsam und zurückhaltend eingesetztes Material stellt zudem Edelstahl dar. Dieser zeitlose Werkstoff findet sich als Barren und in Bestückungsteilen der Rückwände wie Konfektionsstangen wieder. Neben Solidität und Wertigkeit symbolisiert Edelstahl u. a. das »Technische« und «Männliche«, zwei ganz wesentliche Assoziationen, wenn es um Männermode geht. Alle in diesem Storekonzept eingesetzten Metallteile bestehen aus Edelstahl.

5.2

5.3

Auch der Boden im Store erfüllt zugleich Anforderungen an die Funktionalität als auch an den Imagetransfer. Abriebfeste Steinfliesen in »Black & White«-Optik fungieren als Wegweiser zu den Highlights (Postertapete und Bar) und dienen so gleichzeitig der Zonierung und Orientierung. Sie strahlen Zuverlässigkeit aus und sind robust und pflegeleicht, wie es den Anforderungen in diesem Objektbereich entspricht. Die abnutzungs- und kratzbeständige Qualität sowie die problemlose Wartung garantieren eine lange Lebensdauer – selbst bei sehr intensiver Nutzung.
Das homogene Erscheinungsbild der Steinfußfliesen wird im Bereich der Schuhpräsentation von einem graubraunen Teppichboden unterbrochen. Zwei orangefarbene Sessel bieten dort eine Sitzmöglichkeit. Hier kann der Kunde in Designersesseln seine neuen Schuhe ausprobieren und läuft zwischenzeitlich in Socken auf einem gemütlichen, weichen und warmen Flor.

Die Decke, an der sich der in Grau gehaltene Hauptweg durch den Store von den weißen Bereichen der Verkaufsflächen deutlich abhebt, unterstützt die Wegweiserfunktion des Bodens. Zusätzlich gibt die Lichtinstallation die Richtung im Store an: eine indirekte Beleuchtung durch Lichtvouten an den Decken unterstützt die vorgegebenen Laufwege, abgependelte große Leuchtkörper markieren die verschiedenen Aufenthaltsbereiche des Kunden und schaffen so Intimität.

Verhältnismäßig »cool« im Vergleich zum Schuhbereich erscheint die Atmosphäre um die Bar im hinteren Teil des Ladens. Hier treffen die Kontrastfarben der grauen und weißen Hochglanzflächen sehr direkt aufeinander. Der Kunde nimmt die Bar durch die unmittelbare Nähe zu den Kabinen als kommunikativen Mittelpunkt des Stores wahr. An der Bar erlebt er den Lifestyle der Marke bereits im Shop: »Progressivität, Zeitgeist und Urbanität bei einem Espresso Macchiato«.

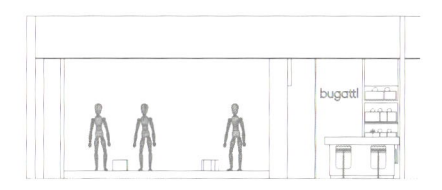

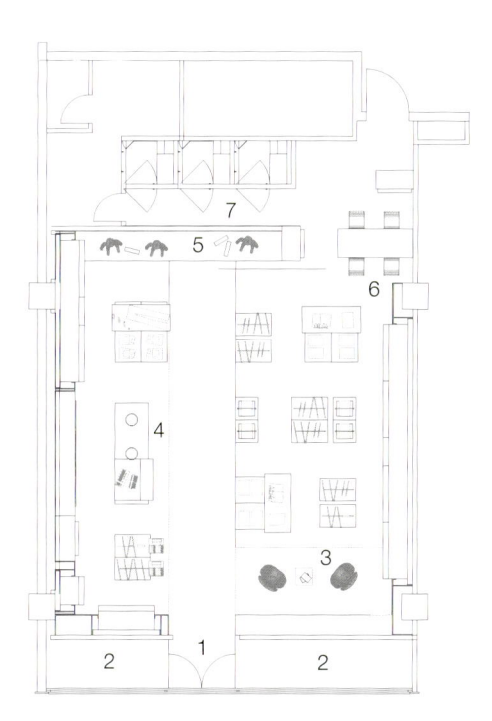

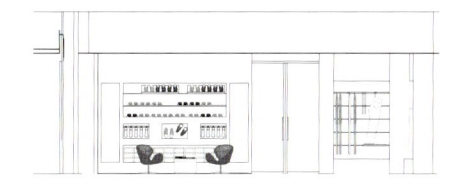

5.1–5.3 Bugatti Store in Essen, 2008

Grundriss
Wandabwicklungen
Maßstab 1:200

1 Eingang
2 Schaufenster
3 Lounge
4 Kasse
5 Poster
6 Bar
7 Kabinen

Modeladen »Maison Louis Vuitton des Champs-Elysées« in Paris

Architekten: Carbondale, Paris
Tragwerksplanung: RFR, Paris

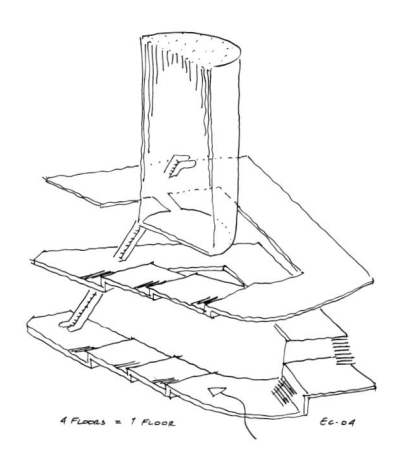

Aufwändige Detaillösungen
Luxuriöse Materialien
Raumbildendes Orientierungskonzept

Der Flagship Store von Louis Vuitton an der Champs-Elysées in Paris ist als Endlospromenade konzipiert: Deshalb entschieden sich die Architekten für eine spiralförmige Erschließung der vier Stockwerke.
Am Eingang befördert eine Rolltreppe die Besucher in die oberste der vier Ladenebenen, wo ein Rundgang über eine spiralförmige Erschließung durch die verschiedenen Abteilungen nach unten beginnt. Die Architekten machten den Weg zum Ziel und haben so auf intelligente Weise die Problematik gelöst, wie man Kunden mehrstöckiger Läden in die oberen Etagen lockt. Die offenen und ineinander übergehenden Bereiche bewirken, dass man – ähnlich wie auf der Champs-Elysées – zwanglos und ohne Unterbrechung durch aprupte Richtungswechsel durch den Laden flanieren kann.

Ornament aus tausenden Einzelteilen

Das allgegenwärtige Element im Innenraum stellt ein Ornament aus Metallteilen dar, das mit Unterstützung der Ingenieure von RFR entwickelt wurde, die sich auf solche Sonderstrukturen spezialisiert haben. Die Idee dieser metallenen »Haut«, stammt aus dem Flagshipstore in Tokio (2003) und etablierte sich zu einem konstanten Kennzeichen sämtlicher Louis Vuitton Stores. Da die Außenfassade der Pariser Filiale unter Denkmalschutz steht, ließ sich die ursprüngliche Idee, den Laden mit der ornamentalen Haut einzukleiden, nicht realisieren. Vielmehr umhüllt sie den Raum nun von innen: Dabei ermöglicht die gewählte Maschenweite der Einzelelemente, dass das Licht durch die großen Fensteröffnungen lediglich diffus eintritt. Das netzartige Ornament dient sowohl als Orientierungshilfe, Präsentationswand als auch als raumbildendes Element. So muss die Haut zum Betreten spezieller Bereiche, wie beispielsweise der Juwelenabteilung, zuerst passiert werden. Je nach Abteilung ändert der Vorhang sein Aussehen, durch aufwändig eingearbeitete Intarsien aus Porzellan, Leder, Holz und farbigem Glas. Dies ist eine Hommage an die handwerkliche Tradition der Modemarke und repräsentiert zugleich den ihr heute innewohnenden Luxus.

Videoanimationen an der Rolltreppe

Nicht ornamental, aber genauso effektvoll zeigen sich die weiteren Oberflächen des Ladens wie Decken, Böden oder Wände. Die einzige Rolltreppe ist einseitig über die ganze Länge mit Glasfaserkabeln bestückt. Sie gibt Installationen namhafter Videokünstler wider und hebt den kommerziellen Konsum in eine andere Ebene. Individuelle Muster prägen die verschiedenen Bereiche beispielsweise durch Holzintarsien, die stets die Verwandtschaft mit den Prägemustern von Louis Vuitton erahnen lassen.

Projektdaten:

Nutzung:	Einzelhandel
Konstruktion:	Trockenbau
lichte Raumhöhe:	max. 20 m
Bruttogrundfläche:	15 000 m²
Baujahr:	2005
Bauzeit:	30 Monate

Grundrisse
Erdgeschoss
Zwischengeschoss
2. Obergeschoss

Schnitte
Maßstab 1:750

1 Eingang/Foyer
2 Verkaufsraum
3 Kasse
4 Rolltreppe
5 Krankenstation
6 Sicherheit/Überwachung
7 Büroeingang
8 Bürolobby
9 Anlieferungszone
10 Abfallsammelstelle
11 Luftraum
12 Lager
13 Atrium
14 Back Office
15 Reparaturwerkstatt

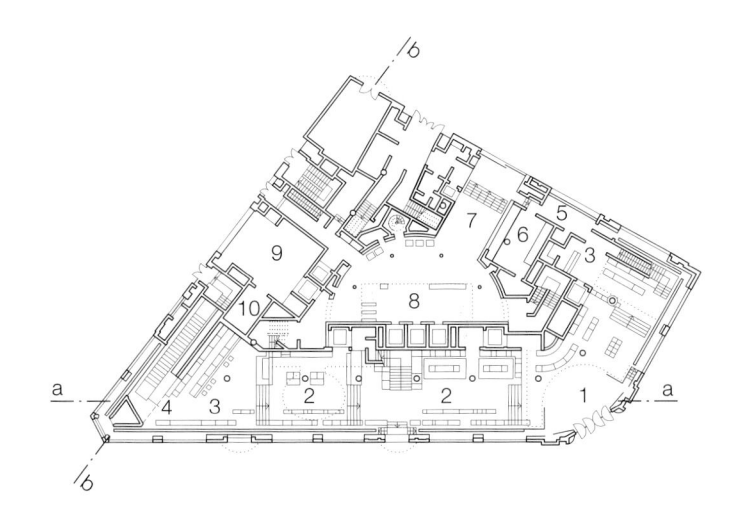

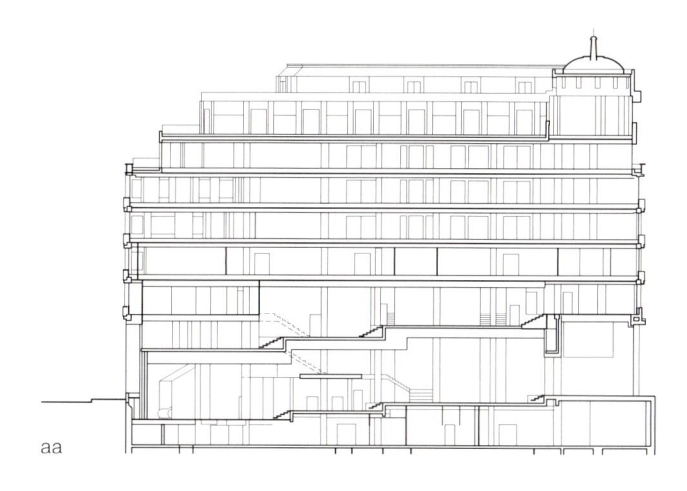

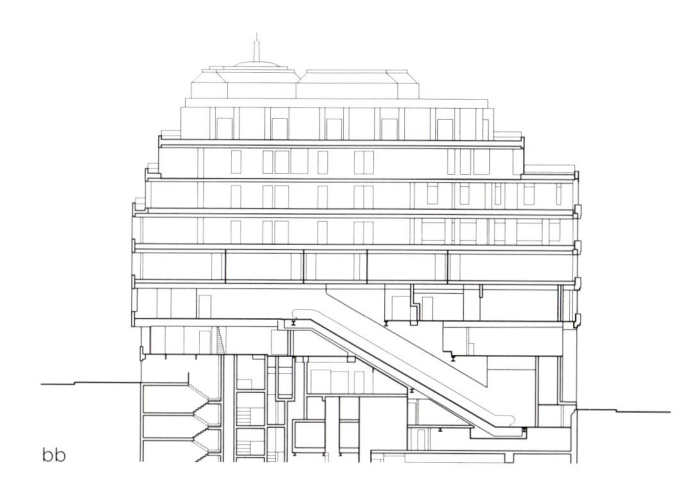

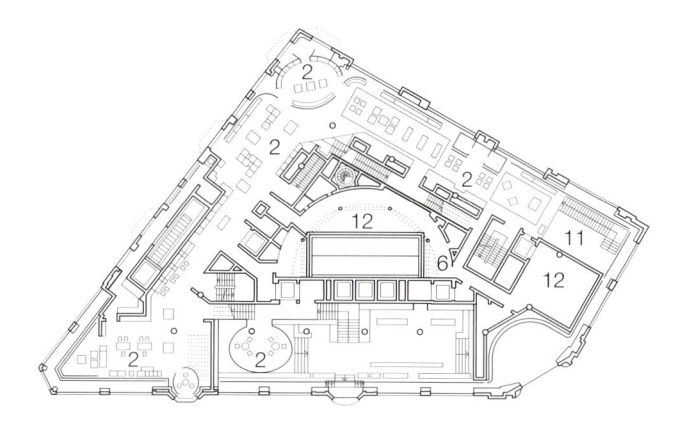

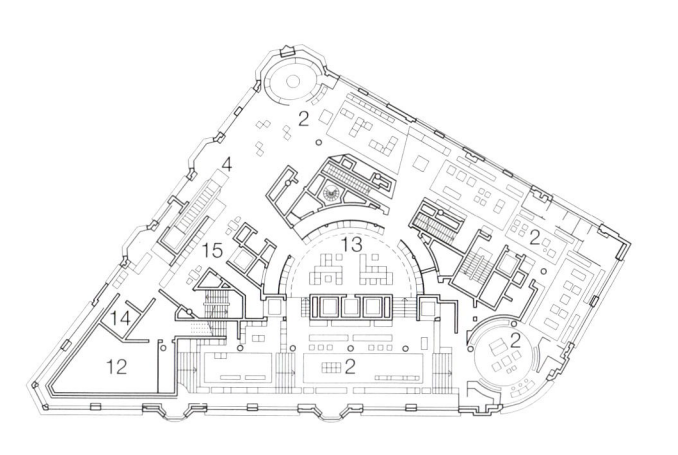

aa

bb

99

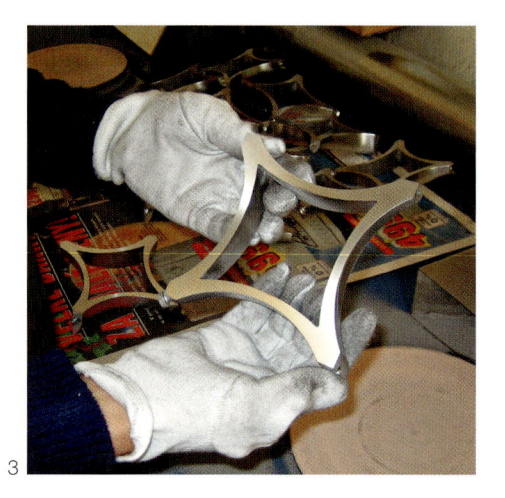

Konzept

Der metallene Vorhang bildet einen variablen Hintergrund für die Besucherpromenade: Er stellt einerseits ein wiederkehrendes Element dar und kennzeichnet andererseits die verschiedenen Zonen, Abteilungen und Auslagen. Zugleich verdeckt er die Fenster und filtert das einfallende Licht, wodurch die Kunden sich vor den Blicken der draußen vorbei flanierenden Passanten geschützt fühlen. Die Feinheiten der Struktur stellen gleichzeitig einen Neugierde erweckenden Hintergrund für die Leute auf der Straße dar.

Die ursprüngliche Idee eines Vorhangs mit beweglichen Teilen, der sogar bewegte Bilder hätte darstellen können, wurde aus Termingründen nicht verwirklicht.

Handwerksstück oder industrielle Fertigung?

Das gesamte Ornament weist eine Oberfläche von etwa 1000 m² auf und setzt sich aus ca. 100 000 Einzelteilen aus Hochdruck-Gussaluminium zusammen. Im montierten Zustand sehen diese Elemente aus wie sich überschneidende Kreise, deren Formen auf das Druckmuster auf den Lederwaren von Louis Vuitton anspielen. Die Form der Elemente unterscheidet sich je nach Betrachtungsseite. Vom Innenraum gesehen sind die Kanten scharf gehalten, um dadurch die räumliche Präsenz zu verringern, von außen wiederum bieten flache Kanten und bieten dadurch den gewünschten Sichtschutz.

Um die statische und dynamische Beständigkeit mit möglichst wenig Material garantieren zu können, musste mit hoch entwickelten Analyseverfahren wie der Finite-Elemente-Methode gearbeitet werden. Desweiteren sollte die Verbindung zwischen den Einzelelementen verdeckt ausgeführt werden. Die Lösung besteht in der Anordnung eines Schachbretts, wodurch nur jedes zweite Element statisch beansprucht wird. Die nicht tragenden Teile fungieren als Füllung. Diese Anordnung ermöglicht es, durch die Füllelemente die Verschraubung der tragenden Teile zu verdecken. Die füllenden Teile wiederum werden von einem Zylinderstift gehalten, was lediglich ein fast unsichtbares kleines Loch hinterlässt.

Diese Konstruktion verringert die statisch wirksamen Elemente und erhöht zugleich die abzuleitenden Kräfte. Um den Widerstandsquerschnitt für jedes verbundene Element zu maximieren, wurden die Verbindungsschrauben daher mit einem hohen Maß an Präzision hergestellt, was sonst nur beim Bau von Maschinen üblich ist. Die Beanspruchbarkeit des Vorhangs wurde erfolgreich bis zu einer Stoßbelastung von 1200 Joule getestet. Dieser Test bescheinigt die gleichzeitige Nutzung des Vorhangs als Balustrade. Berücksichtigt man die Anzahl der Elemente, den Herstellungsprozess, die Komplexität der Verbindungsstücke und die Qualität der Oberflächenveredelung, kann hier nicht mehr von einem Handwerksstück, sondern eher von einem industriell gefertigten Designobjekt gesprochen werden. Die Einzelteile wurden innerhalb weniger Monate ohne Verzögerung gebaut und geliefert.

Oberflächenveredelung

Die Oberflächen der Gussaluminiumelemente – je nach Einbausituation matt oder glänzend ausgeführt – erzeugen ein Spiel aus Licht und Reflexionen. Jedes Element besitzt einen Überzug aus verschiedenen Metallen: Das Aluminium wurde zunächst mit Kupfer und anschließend mit Nickel beschichtet, das einen geeigneten Untergrund für den vollflächigen Überzug mit Silber darstellt. Die Innenflächen erhielten zudem eine Goldbeschichtung. Im letzten Arbeitsschritt wurden alle Elemente mit einem klaren Schutzlack versehen. Die Mehrzahl verschiedener Veredelungen auf jedem einzelnen Teil erhöhte den Aufwand und Schwierigkeiten bei der Produktion immens. Da die Teile im Tauchverfahren behandelt wurden, mussten die unterschiedlichen Bereiche vor dem Bad jeweils maskiert werden.

Intarsien

Die Gussaluminiumteile bilden lediglich den Bezugsrahmen des Vorhangs. Jeder Bereich des Ladens wird durch die Verwendung von Intarsien im Inneren der Elemente einzigartig. Diese bestehen aus farbigem Glas, Keramik, Holz und sogar Leder und werden mit einer Federkonstruktion aus Edelstahl an ihrem Platz gehalten.

Montage

Die Elemente wurden vormontiert und als Paneele auf die Baustelle geliefert. Jeder Vorhang hängt an einer durchgehenden Halteschiene, die vertikale Bewegungen erlaubt. Am Boden hat jeder Vorhang Haltestifte, die laterale Bewegungen verhindern.

In Anbetracht der großen Anzahl von Einzelteilen, waren die Fertigungstoleranzen entscheidend, da kleine Fehler zu großen Längenänderungen hätten führen können. Die vorhandenen Diskrepanzen sind so gering, dass die Elastizität der verbunden Elemente dies ausgleichen kann.

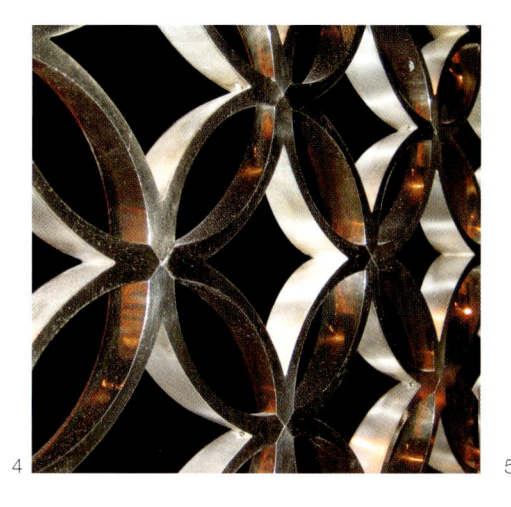

1 Modell für die Geometrieermittlung
2 Element nach der ersten Oberflächenbehandlung mit Kupfer
3 Element mit fertig veredelter Oberfläche
4 Vormontage
5 Ornament nach der Endmontage mit Intarsien aus Kristall und farbigem Glas

Materialeigenschaften	Ornament:
Material:	Aluminium
Stabilität:	E-Modul 72 200 N/mm²
Dichte:	2703 kg/cm³
Brandschutzklasse:	A 1, nicht brennbar
Wärmeleitfähigkeit:	222 W/mK
Schmelzpunkt:	640 °C
Farbe:	Silber und Gold
Zugfestigkeit:	90–120 N/mm²
Härte:	22–35 HBW
Glanzgrad:	mittel
Oberflächenstruktur:	glatt

Vertikalschnitte
Maßstab 1:10

1 Flachstahl verschraubt 300/15 mm
  Unterlegscheiben zur Höhenregulierung
  Stahlbetondecke
2 Strangpressprofil Edelstahl verschweißt
  ⊡ 180/80/10 mm
3 Flachstahl verschraubt ⊡ 300/10 mm
4 Halteschiene:
  Flachstahl verschraubt ⊡ 125/25 mm
5 dekoratives Aluminium-Gussteil verschweißt
  120/60/35 mm versilbert und vergoldet
6 abgehängte Decke Gipskarton 25 mm
7 strukturelles Aluminium-Gussteil verschraubt
  120/120/35 mm versilbert und vergoldet
8 dekoratives Aluminium-Gussteil,
  zapfenverbunden 120/120/35 mm
  versilbert und vergoldet
9 Wandverankerung:
  Montageplatte Edelstahl ⊡ 200/30 mm
  Doppellasche mit Stift Edelstahl,
  ⊡ 60/240 mm
10 Stahlstift mit Gewinde Ø 12 mm
11 Bodenverankerung:
  Edelstahlabdeckung mit Langloch 3 mm
  Stahlhülse Ø 30 mm
  Stahlprofil mit Loch ⊡ 60/30/3 mm
  Befestigungswinkel verschraubt
12 Bodenplatte Limestone 30 mm

Laden in Barcelona

Architekten: EQUIP Xavier Claramunt, Barcelona

Chamäleonartiges Aussehen durch Lichtspiel
Transluzente Polycarbonat-Stegplatten

Der kleine Laden für Badzubehör liegt an der edlen Einkaufsstraße Passeig de Gracià im Zentrum Barcelonas. Er ist nicht leicht zu finden, da er sich in einem der tiefen Blocks von »Eixample« versteckt. So nennen die Katalanen die gerasterte Stadterweiterung des Stadtplaners Cerdà, die Ende des 19. Jahrhunderts am Rand der Altstadt entstand.

Material- und Beleuchtungskonzept

Um sich von den übrigen Geschäften der Passage abzuheben, verändert der Laden im Laufe des Tages chamäleonartig sein Aussehen. In drei verschiedenen Phasen reicht das Lichtspektrum von einer heiter weißen Morgenstimmung über Zartrosa bis hin zu einer leuchtend roten Abendatmosphäre. Ein modulares System aus Polycarbonatplatten, das auf einem Aluminiumkorpus befestigt ist, dient sowohl als Deckenverkleidung als auch als freistehendes Trennwandsystem. Hinter den transluzenten Platten sind rote und weiße Leuchtstoffröhren angebracht, die über ein Zeitschaltsystem einzeln an- und ausgeschaltet sowie unterschiedlich kombiniert werden können. Die hinterleuchteten Paneele umhüllen die Verkaufszonen des Ladens an Wand und Decke, während sich hinter den Trennwänden Lagerräume und Umkleidekabinen befinden. Zusammen mit der gläsernen Möblierung soll das Lichtkonzept zum Markenzeichen der Firma werden und auch in anderen Filialen zum Einsatz kommen.

Materialeigenschaften Wände und Decke:
Material: thermoplastische Polymere
Produktname: Polycarbonat-Stegplatte

Stabilität: E-Modul 2000–2400 MPa
Dichte: 1,20 g/cm³
Brandschutzklasse: V0–V2
Abrieb: 10–15 mg/1000 Schwingungen
Schmelztemperatur: 267 °C
Wasseraufnahme: 0,16–0,35 %

Farbe: weiß, transluzent
Lichtdurchlässigkeit: 90 %
Zugfestigkeit: 55–75 MPa
Druckfestigkeit: > 80 MPa
Schlagfestigkeit: 600–850 J/M
Härte: M70
Glanzgrad: mittel
Oberflächenstruktur: glatt

Materialeigenschaften Tresen und Regale:
Material: Glas

Stabilität: E-Modul 7400 MPa
Dichte: 2,53 g/cm³
Brandschutzklasse: V0
Abrieb: 100–125 mg/1000 Schwingungen
Schmelztemperatur: 1000 °C
Wasseraufnahme: 0,08 %

Farbe: transparent
Lichtdurchlässigkeit: 99,9 %
Zugfestigkeit: 290–395 N/mm²
Druckfestigkeit: 340–395 N/mm²
Schlagfestigkeit: 490–690 J/M
Härte: M110–120
Glanzgrad: hoch
Oberflächenstruktur: glatt

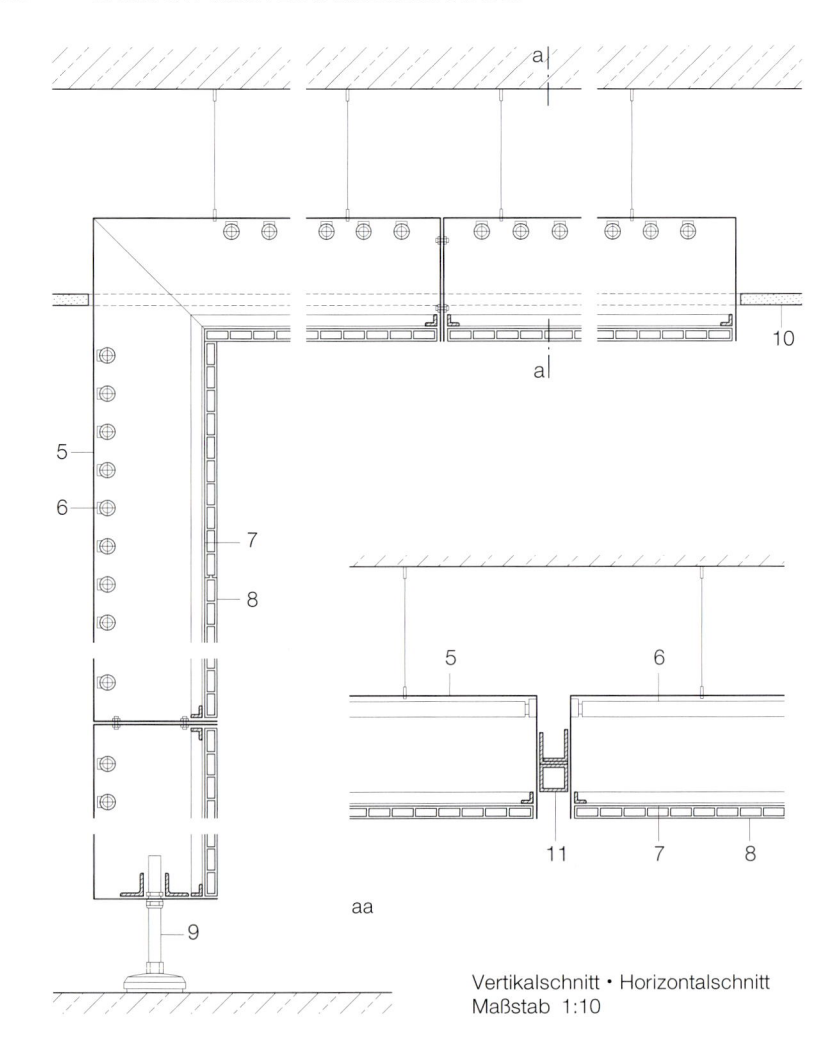

Vertikalschnitt · Horizontalschnitt
Maßstab 1:10

Grundriss · Schnitt Maßstab 1:200

1 Ladenpassage
2 beleuchteter Verkaufsbereich
3 Umkleidekabine
4 beleuchtete Trennwand
5 Aluminiumblech gekantet 2 mm
6 Leuchtstoffröhren abwechselnd weiß und rot
  Ø 20 mm
7 Rahmen Stahlprofil L 15/15 mm
8 Polycarbonat-Stegplatte Nut und Feder
  16 mm mit Klettbändern an Stahlrahmen
  befestigt
9 Aluminiumfuß höhenverstellbar
10 Gipskartonplatte 15 mm
11 Stahlrohr ⌀ 35/35 mm

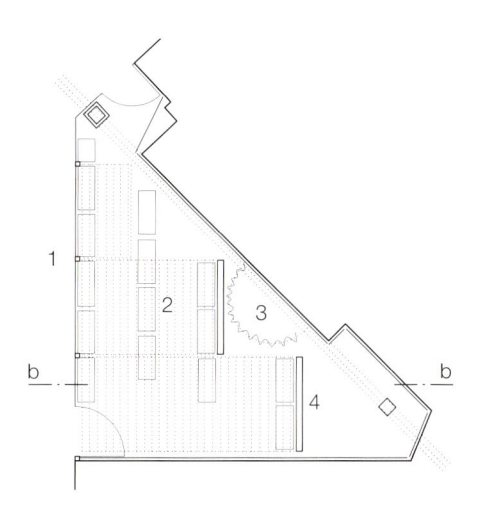

Projektdaten:

Nutzung:	Einzelhandel
Konstruktion:	Polycarbonatstegplatten auf Aluminiumkorpus
lichte Raumhöhe:	2,30 m
Bruttorauminhalt:	134 m³
Bruttogrundfläche:	58 m²
Baujahr:	2004
Bauzeit:	3 Monate

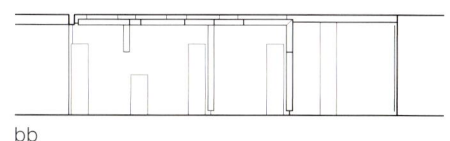

bb

Modeboutique in Berlin

Architekten: Corneille Uedingslohmann, Berlin

**Möbel aus glasfaserverstärktem Kunststoff
Komplexe Geometrien und Formen**

In der Berliner Friedrichstraße liegt der Flagshipstore des Modelabels Little Red Riding Hood. Durch die vollflächig verglaste Fassade sieht man zunächst nur den Eingangsbereich, in dem hinter Schaufensterpuppen surreale Bilder über eine Leinwand flackern. Eine einläufige Treppe führt in den eigentlichen Laden im Untergeschoss.

Die Wände ebenso wie der Tresen sind komplett mit weißem Kunststoff verkleidet; unterschiedlich gewölbte Nischen und Vertiefungen bieten Platz für die Waren – neben Kleidung und Schuhen auch Bücher und CDs. Selbst in die vier den Raum gliedernden Stützen sind Fächer eingelassen, dazwischen stehen variierende Kunststoffelemente wie Inseln im Raum – sie dienen als Sitzgelegenheit, Vitrine oder Präsentationstisch. Während der Estrichboden und die freiliegenden Lüftungsrohre an eine Werkhalle erinnern, erzeugen die glatten, organisch geformten Verkleidungen eine künstliche Atmosphäre. Beleuchtete Fugen am Boden betonen diesen Kontrast.

Die Regalwände aus glasfaserverstärktem Kunststoff (GFK) wurden in maximal 7 m² großen Elementen vorgefertigt und in Spantenbauweise hergestellt. Dafür legten die Architekten mit Hilfe eines CAD-Programms im Abstand von 2 m Schnitte durch die zukünftigen vorgesetzten Regalwände, nach denen der Tischler die hölzerne Unterkonstruktion baute, worauf die Elemente montiert wurden.

Materialeigenschaften Wandverkleidung, Möbel:

Anwendung:	Möbel- und Innenausbau
	Bau von Flugzeugzellen und Tragflächen
Material:	glasfaserverstärkter Kunststoff
Stabilität:	E-Modul ca. 16 000 MPa
Biegefestigkeit:	ca. 260 MPa
Zugfestigkeit:	ca. 220 MPa
Druckfestigkeit:	ca. 180 MPa
Gewicht:	7 kg/m²
Brandschutzklasse:	B 1, schwer entflammbar
Dichte:	ca. 1,55 g/m³
Härte:	ca. 45-50 BarCol
Farbe:	weiß
Lichtdurchlässigkeit:	lichtundurchlässig
Oberflächenstruktur:	glatt

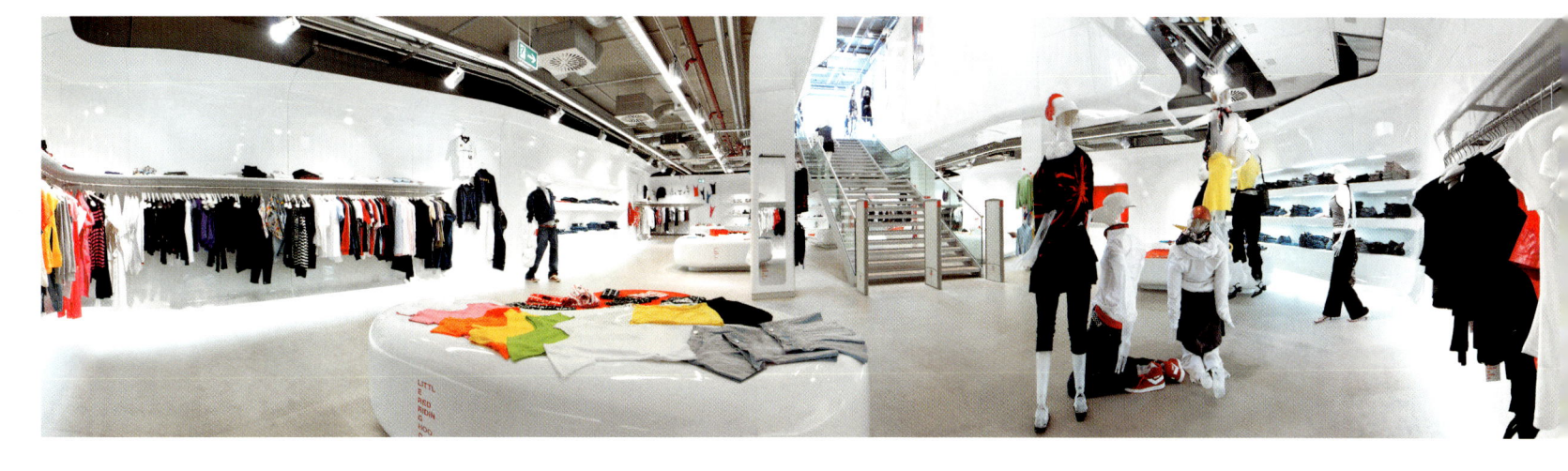

Projektdaten:

Nutzung:	Einzelhandel
Konstruktion:	glasfaserverstärkter Kunststoff auf Holzunterkonstruktion
lichte Raumhöhe:	3,20–8,00 m
Bruttorauminhalt:	1320 m³
Bruttogrundfläche:	410 m²
Baujahr:	2004
Bauzeit:	4 Monate

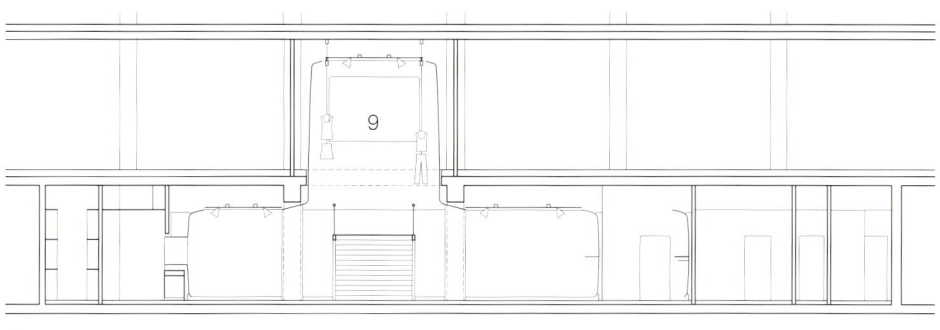

Grundriss
Untergeschoss
Schnitt
Maßstab 1:250

1 Verkaufsraum
2 Regalstütze
3 Lager
4 Kasse
5 Kunststoffelement
6 Wandverkleidung mit Ablageflächen
7 Umkleidekabine
8 Mitarbeiterraum
9 Leinwand

aa

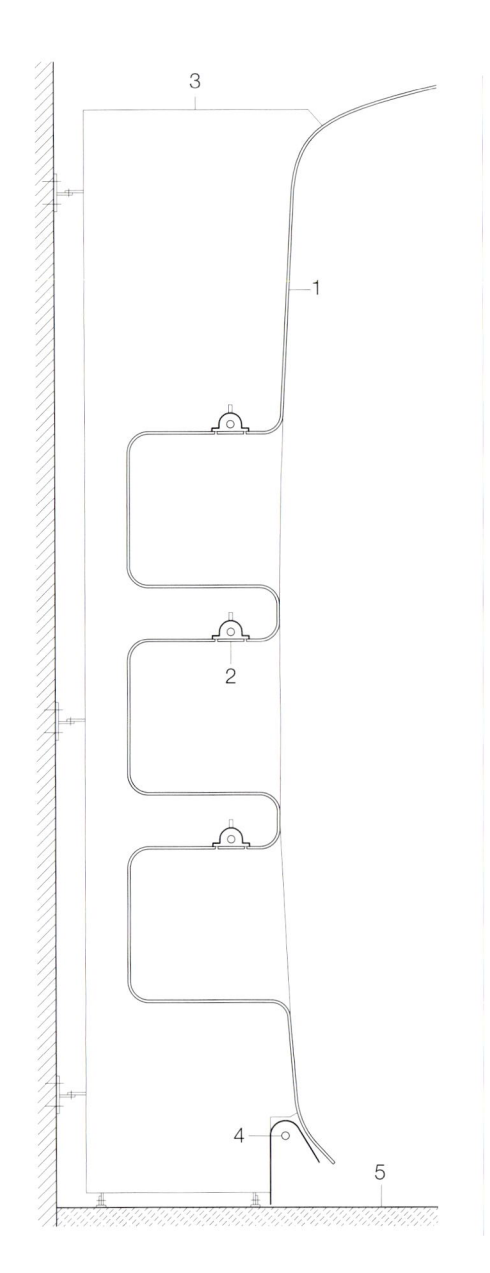

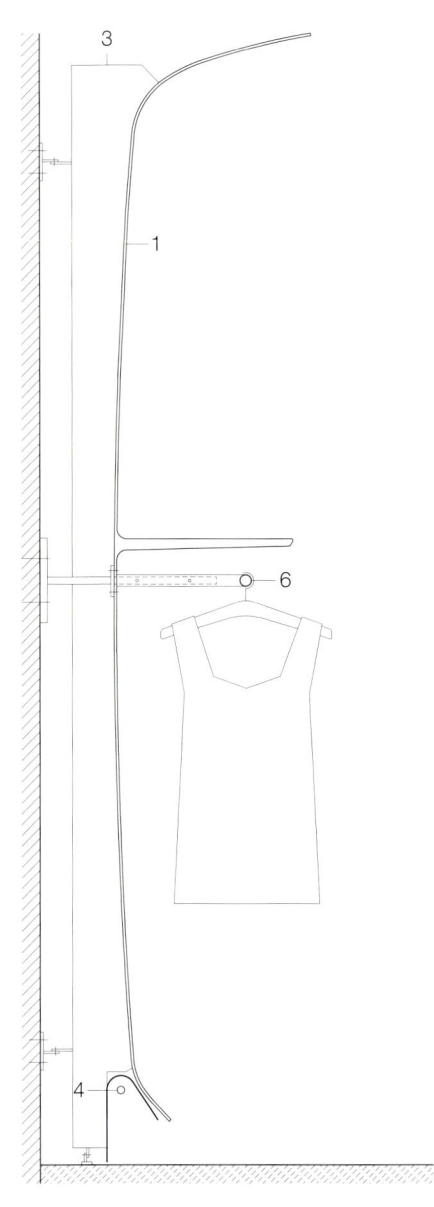

Detailschnitte Wand, Säule,
Sitzmöbel, Theke
Maßstab 1:20

1 Verkleidung GFK weiß lackiert 6 mm
2 Leuchte mit Abdeckung aus Acrylglas opak
3 Unterkonstruktion MDF 19 mm
4 Leuchte mit Reflektor Edelstahl gebürstet
5 Fußboden Estrich matt lackiert 120 mm
6 Kleiderstange Edelstahlrohr gebürstet
 Ø 30 mm
7 Bildschirm
8 Spiegel
9 Schaumstoff mit Filz bezogen
 auf MDF 19 mm
10 Acrylglas 10 mm mit Saugnoppen

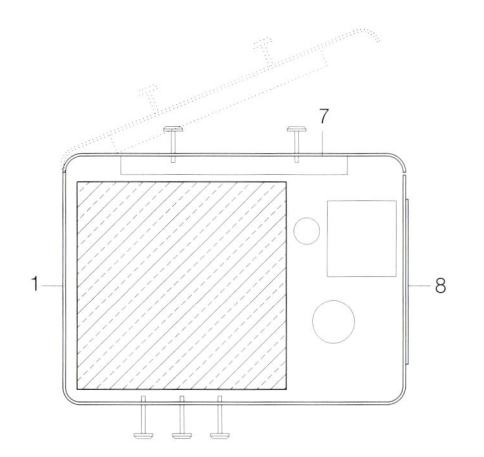

107

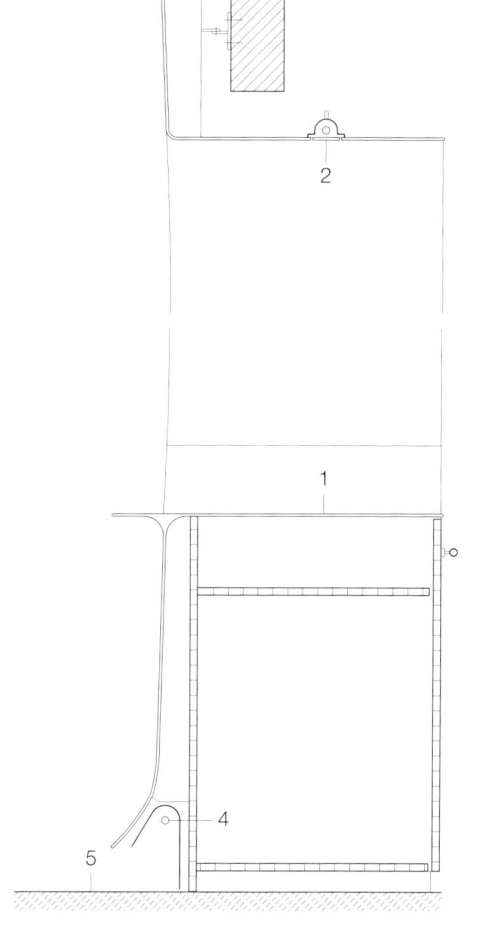

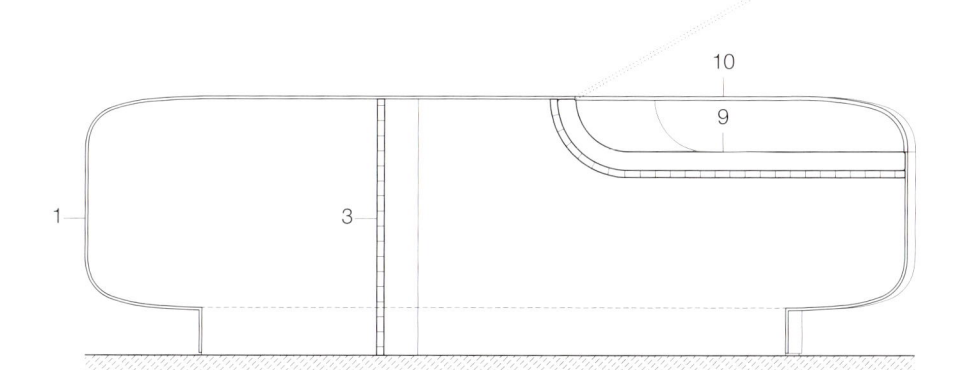

Innenausbau mit glasfaserverstärktem Kunststoff

Für die Realisierung des Modeladens Little Red Riding Hood in Berlin eignete sich kein konventionelles Baumaterial. Die Ausführung der dreidimensional geschwungenen Wandverkleidungen erforderte einen Werkstoff, der es ermöglicht, auch anspruchsvolle Freiformflächen exakt nach digitaler Vorlage zu fertigen. Ein hoher Vorfertigungsgrad aufgrund kurzer Montagezeit vor Ort war ebenso wichtig wie perfektionierte Oberflächen in Lackqualität.

Material
Die Architekten wählten ein Material, das üblicherweise im Flugzeug-, Boots- und Schienenfahrzeugbau eingesetzt wird: glasfaserverstärkten Kunststoff (GFK). Der Werkstoff besteht aus Verstärkungsfasern (Glasfasermatten), die in ein Matrixsystem (z. B. Polyesterharz, Epoxidharz) eingebettet werden. Bauteile aus GFK besitzen sehr gute mechanische Eigenschaften. Sie bieten hohe Festigkeit und Steifigkeit bei geringem Gewicht und ermöglichen eine große Freiheit bei der Formgebung.
Durch die Wahl unterschiedlicher Zuschlagstoffe zum Matrixsystem können die Eigenschaften der Bauteile den jeweiligen Anforderungen angepasst werden (z. B. Brandschutz, Lebensmittelechtheit). Faserverstärkte Kunststoffe sind besonders im Prototypenbau und im Kleinserienbereich wirtschaftlich.

Entwurf
Gemeinsam mit dem Bauherren entwickelten die Architekten am Computer ein dreidimensionales Raummodell, dessen Wandflächen sie aus transport- und fertigungstechnischen Gründen in maximal 7 m² große Segmente aufteilten. Der 3-D-Datensatz wurde an die ausführenden Firmen übergeben.

Formenbau
Die Fertigung eines GFK-Elements erfordert in jedem Fall eine Form, da die Komponenten erst im Verbund zum Werkstoff aushärten. Es gibt verschiedene Möglichkeiten, diese Form zu erstellen.
Für die regelmäßigen Wandelemente des Ladens eignete sich die einfachere und kostengünstigere Variante, die bei nicht zu komplexen Bauteilen in geringen Stückzahlen sinnvoll ist. Dafür baute man eine Unterkonstruktion aus Holzspanten, deren Zwischenräume mit PU-Hartschaumplatten ausgefüllt wurden. Diese bildeten so die Negativform der gekrümmten Wandelemente, das heißt die Oberflächen der Formen entsprachen den Außenflächen der späteren Bauteile. Die Formen mit komplexerer Geometrie (Regale, Möbel) entstanden auf der Grundlage von Modellen, die eine 5-Achs-CNC-Fräse direkt aus dem 3-D-Datensatz fertigte. Das Modell stellt das jeweilige Bauteil exakt dar und bildet die Vorlage für die Form. Dieses Verfahren ist sehr präzise, aber teuer.
Die so erzeugten Regalformen wurden auf den entsprechenden Wandformen platziert, ausgerichtet und befestigt. Das abschließende Polieren der Formen gewährleistete eine glatte Oberfläche der Bauteile.

Fertigung und Montage
Auf die Formen wurde zuerst ein Trennmittel und anschließend eine Schicht schleifbares Gelcoat aufgetragen. Die Bauteile selbst wurden in drei Schichten gefertigt. Die erste und letzte Schicht besteht jeweils aus drei Lagen Glasfasermatten, verbunden durch Polyesterharz. Die mittlere Schicht bildet eine Schaumstoffmatte mit Wabenstruktur, die mit Harz ausgegossen wird. Ihre statische Höhe gibt den Elementen eine hohe Steifigkeit bei geringem Gewicht. Nach dem Aushärten der Sandwichkonstruktion wurden die Teile aus der Form genommen, besäumt und auf der Rückseite mit der Unterkonstruktion aus konturgefrästen Holzspanten verklebt. Zur Qualitätskontrolle wurde nacheinander jede Wand in der Produktionshalle komplett im Verbund aufgebaut und ausgerichtet, die Fugen gegebenenfalls nachgearbeitet und geschliffen.
Die Elemente wurden demontiert, in Hochglanzqualität lackiert, auf die Baustelle geliefert, dort positioniert, ausgerichtet und befestigt.

Yves Corneille, Andreas Franze

1, 2 Fertigung eines GFK-Möbelstücks
3 Montage der einzelnen GFK-Elemente
4 Eingangsbereich mit Einrahmung für eine Leinwand
5 fertig montierte Inneneinrichtung
6 Wandquerschnitte

109

Schuhladen in Amsterdam

Architekten: Meyer en Van Schooten, Amsterdam

Transluzente Kunststoffverkleidung
Spiegel erweitern den Raum
Computergesteuerte Lichtstimmungen

Auf den ersten Bilck zeigt sich der kleine Laden an der schicken P. C. Hooftstraat geheimnisvoll verschlossen. Hinter den dunkel reflektierenden Schaufenstern seitlich im Eingangstunnel sind nur vereinzelt angestrahlte Schuhe sichtbar. Die Ladentür ist verspiegelt, öffnet sich aber, sobald ein Passant neugierig näher tritt und gibt den Blick frei auf ein farbig leuchtendes, futuristisches Kunststoff-Interieur.
Der röhrenförmige Innenraum ist an Stahlprofilen in das Gebäude aus dem 19. Jahrhundert gehängt; nur bei näherem Hinsehen erkennt man die Tragstruktur durch die transluzenten Verkleidungselemente, die den Raum umhüllen. In diesen Kassetten aus mattem Acrylglas werden auch die Designerschuhe präsentiert. Verspiegelte Nischen, die zu den Nebenräumen führen, sind in das Raster integriert. Weitere Spiegel an der Rückwand rund um die ovale Vitrine und an der gegenüberliegenden Wand am Eingang suggerieren durch mehrfache Spiegelungen einen unendlich langen Raum. Ellipsoide Hocker und eine Kassenskulptur mit weißen Hochglanzoberflächen komplettieren das futuristische Ambiente.
Um gezielt unterschiedliche Atmosphären zu schaffen, sind hinter den Verkleidungen aus Acrylglas über 500 weiße und farbige Leuchtstoffröhren platziert. Mittels Dimmern bzw. Computerprogrammen lassen sich unendlich viele Lichtstimmungen erzeugen, mit abrupten oder fließenden Übergängen. In der Praxis hat sich eine etwas reduzierte Farbauswahl durchgesetzt, da allzu kräftige Töne das Farbempfinden der Kunden beeinträchtigen.

Schnitte
Ansicht
Grundriss
Maßstab 1:200

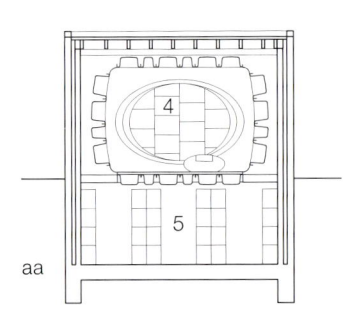

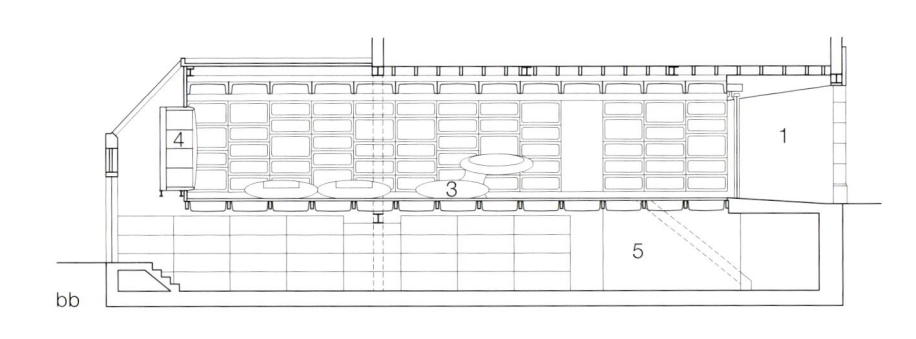

1 Eingangstunnel
2 Auslage
3 Kassenmöbel
4 Vitrine
5 Lager

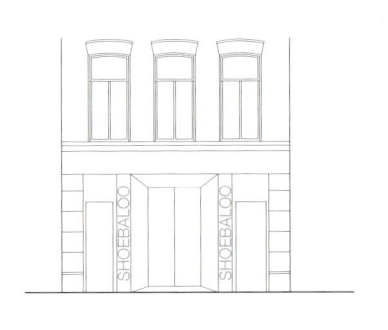

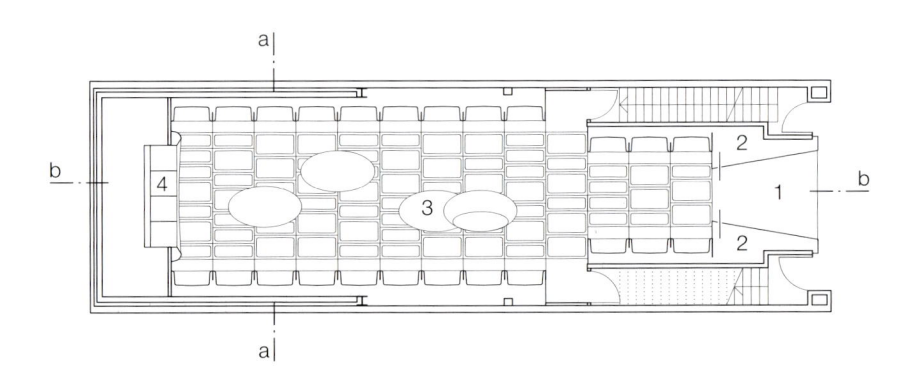

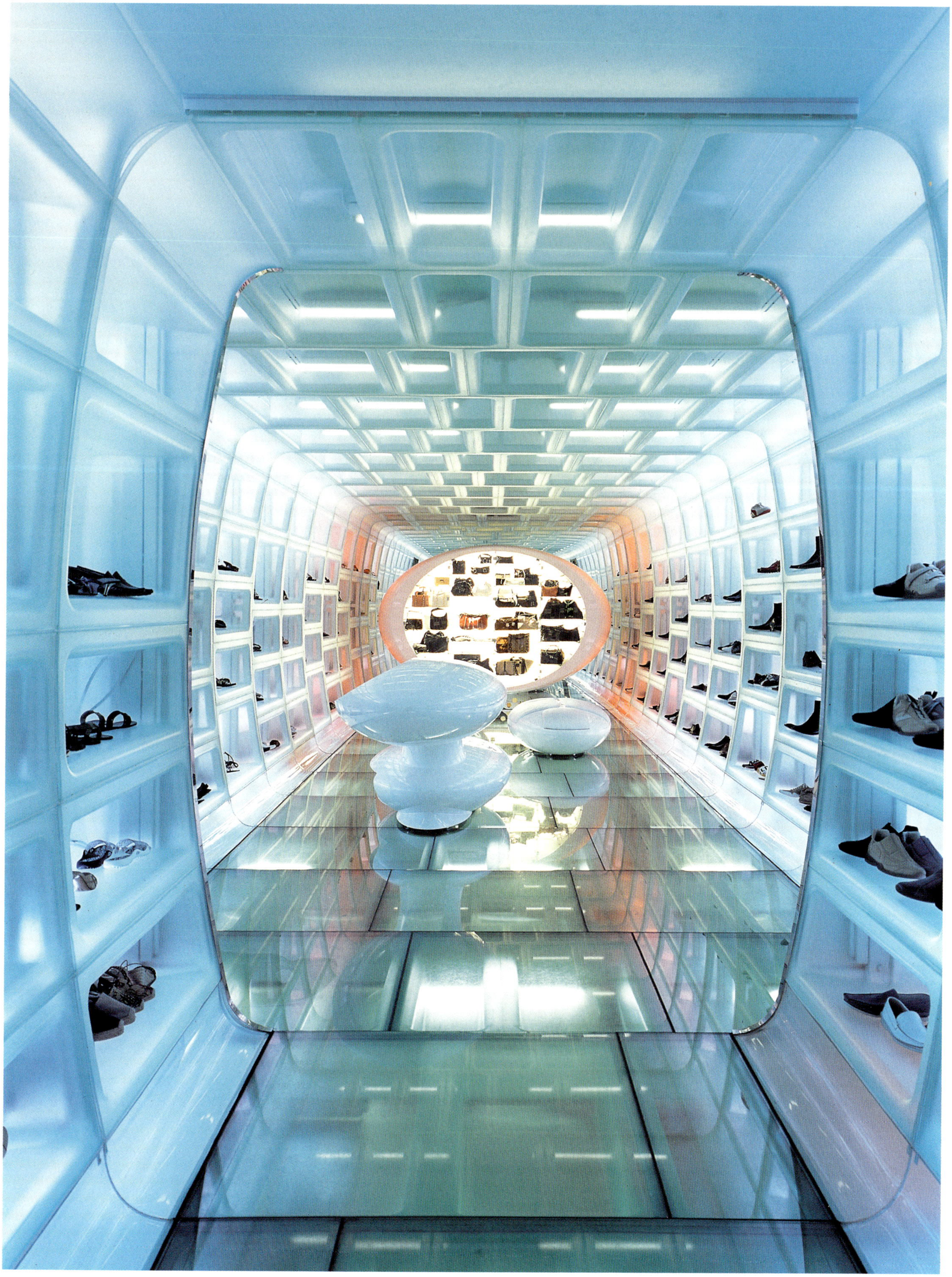

Projektdaten:

Nutzung:	Einzelhandel
Konstruktion:	Acrylglas auf Stahlunterkonstruktion
lichte Raumhöhe:	2,8 m
Bruttorauminhalt:	245 m³ (Lager), 210 m³ (Laden)
Bruttogrundfläche:	190 m²
Baujahr:	2003
Bauzeit:	5 Monate

Materialeigenschaften Wände, Decke:

Material:	Acrylglas
Stabilität:	E-Modul 3200 MPa
Gewicht:	1,19 g/m²
Brandschutzklasse:	B2, normal entflammbar
Schmelztemperatur:	110 °C
Wasseraufnahme:	0,6 %
Lichtdurchlässigkeit:	transluzent
Zugfestigkeit:	73 MPa
Biegefestigkeit:	125 MPa
Kugeldruckhärte:	195 MPa
Glanzgrad:	matt

Schnitt   Maßstab 1:100
Detailschnitte   Maßstab 1:5

1 Stahlrohr ▯ 80/40/3,2 mm
2 Flachstahl ▯ 50/5 mm
3 Stahlprofil ⊔ 50/40/3 mm
4 Stahlrohr ▯ 200/100/10 mm
5 Stahlprofil T 70/70 mm
6 Leuchtstoffröhre weiß (in jeder Querachse)
7 Leuchtstoffröhreneinheit: 2× rot, 2× blau, 2× grün, 2× gelb (zwischen allen Querachsen)
8 Kunststoffplatte transluzent 5 mm
9 Leuchtstoffröhre weiß (in jeder 2. Querachse)
10 Kabelführung
11 Kassette Acrylglas transluzent, gegossen 5 mm
12 Aufhängung Acrylglas transluzent geklebt
13 Silikonprofil transparent UV-beständig
14 Kitt schwarz
15 Gummistreifen schwarz einseitig geklebt
16 Glasboden: Verschleißschicht ESG rutschhemmend 10 mm + VSG 40 mm, auf Weichplastiklager transparent
17 EPDM-Lagerlager weiß 18 mm
18 VSG gebogen 19 mm, Unterseite sandgestrahlt
19 Acrylglas beidseitig matt 5 mm
20 Abluftschlitz

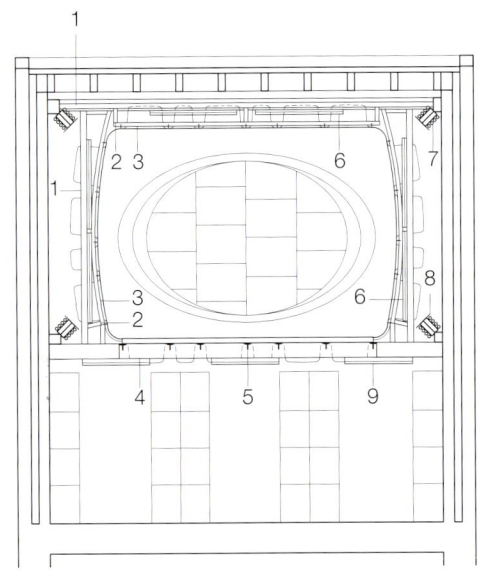

cc

1
2
20
3
11

1
10
6
2
3
11
12
13
c
c

2
3
11

18
14 15 16
19 11
5
17
11

4
4 10 6
c
c
113

Schuhladen in Rom

Architekten: Fabio Novembre, Mailand

Projektdaten:

Nutzung:	Einzelhandel
Konstruktion:	Mineralwerkstoff auf Stahlunterkonstruktion
lichte Raumhöhe:	2,9 m
Bruttorauminhalt:	275,5 m³
Bruttogrundfläche:	95 m²
Baujahr:	2006
Bauzeit:	4 Monate

Bandstruktur aus Mineralwerkstoff-Formteilen
Herstellung mit Holzschablonen
Reduktion auf wenige Materialien

Mit Blick auf seine in erster Linie weibliche Zielgruppe versucht dieser Schuhladen unweit der Spanischen Treppe Assoziationen einer kunstfertig verschnürten Geschenkschachtel zu wecken. Boden, Decke und Wände der lang gestreckten Ladenfläche sind übergangslos mit einer dreidimensionalen Bandstruktur überzogen – ausgehend vom außen liegenden Ladenschild an der verglasten Schaufensterfront über die mittige Kassenzone bis hin zum hinteren Verkaufsbereich. Das vanillefarbene »Endlosband« (in Wirklichkeit existieren mehrere ineinander verwobene Schleifen) fungiert dabei als rahmender Hintergrund bzw. Präsentationsfläche für die Damenschuhmodelle des amerikanischen Designers Stuart Weitzman.

Angesichts ihrer ebenso willkürlich wie psychedelisch erscheinenden Windungen überrascht es, dass sich die vermeintlich fugenlose Struktur als eine Kombination aus lediglich acht verschiedenen, mehr oder weniger häufig verwendeten Mineralwerkstoff-Formteilen entpuppt. Jedes dieser vorgefertigten Fragmente setzt sich aus miteinander verklebten Ober-, Unter- und Stirnseiten zusammen, die zuvor mit eigens angefertigten Holzschablonen thermisch verformt wurden. Die 6 mm dicken Platten wurden 30 Minuten lang bei 200 °C erhitzt und danach in die Schablonen gepresst.

Mittels in der Wand verankerter Stahlbefestigungsbügel erfolgte vor Ort zunächst die Montage der horizontalen, teils mit flächenbündigen Spots und LED-Leuchtbändern ausgestatteten »Regalböden«. Erst nach deren Fixierung wurden die gerundeten Zwischenelemente eingefügt, ebenfalls verklebt und glatt geschliffen. Der kunstharzgebundene Mineralwerkstoff erwies sich nicht nur wegen seiner einfachen Verarbeitungsmöglichkeiten als ideal. Viel wichtiger erschien, dass sich damit eine erstaunlich homogene Bandstruktur herstellen läßt, die – trotz unterschiedlicher funktionaler Bestimmungen etwa als Regal, Bodenbelag oder Ladenschild – zu eben jenem Geflecht wird, das am Ende tatsächlich an ein kunstvoll geschwungenes Geschenkband erinnert.

Materialeigenschaften: Regal

Anwendung:	Innenausbau und Außenanwendungen
Material:	Mineralwerkstoffplatte
Produktname:	DuPont Corian
Stabilität:	E-Modul 8920–9770 MPa
Dichte:	173–176 g/m³
Brandschutzklasse:	Euroclass C-s1, d0
Verschleißfestigkeit:	63–75 mm³/100 rev.
Wasseraufnahme:	0,1–0,7 %
Farbe:	Vanilla
Lichtdurchlässigkeit:	undurchlässig
Biegefestigkeit:	49,1–76,4 MPa
Druckfestigkeit:	178–179 MPa
Oberflächenstruktur:	glatt

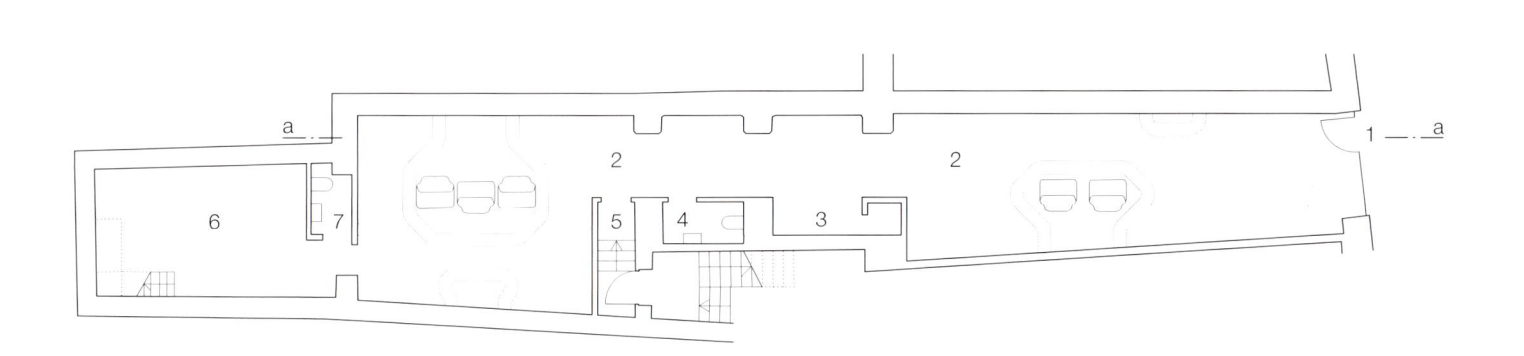

Grundriss • Schnitt
Maßstab 1:200

1 Eingang
2 Ladenfläche
3 Kasse
4 Kundentoilette
5 Personaleingang
6 Lager
7 Personaltoilette

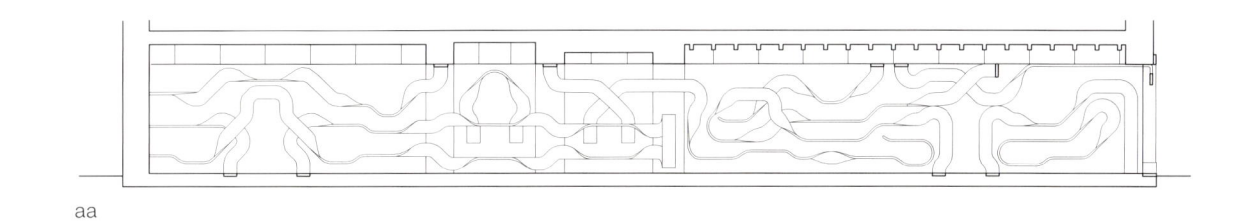

aa

Wandabwicklung
ohne Maßstab
Detailschnitt
Maßstab 1:20

1 Mauerwerk Bestand
2 Decke Gipskarton abgehängt
3 Festverglasung VSG rahmenlos,
  punktuell mit Mauerwerk verbunden
4 Endlosband Ladenschild (außen)
  Mineralwerkstoff 42/300 mm
  punktuell mit Festverglasung verbunden
5 Eingangstür VSG
6 Fußabtreter
7 Kunstharzbelag bzw. Teppich (Anprobe-
  bereiche), getrennt durch
  Mineralwerkstoff Endlosband 6 mm

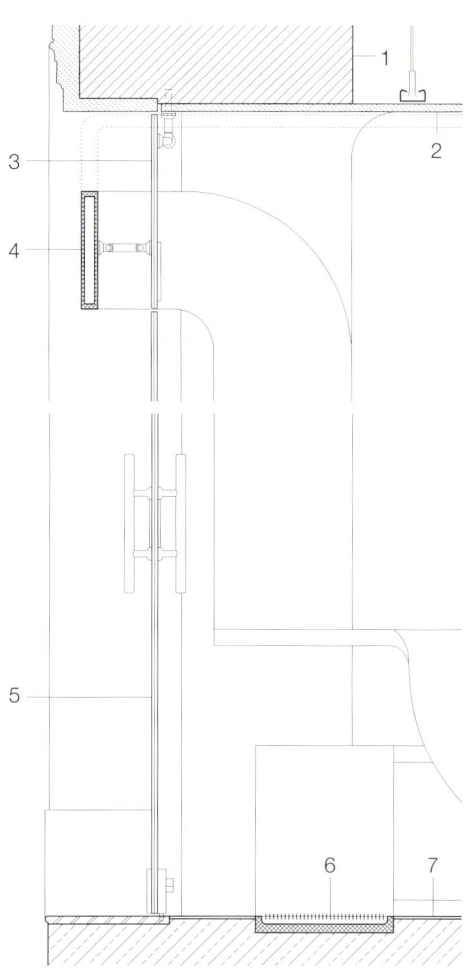

117

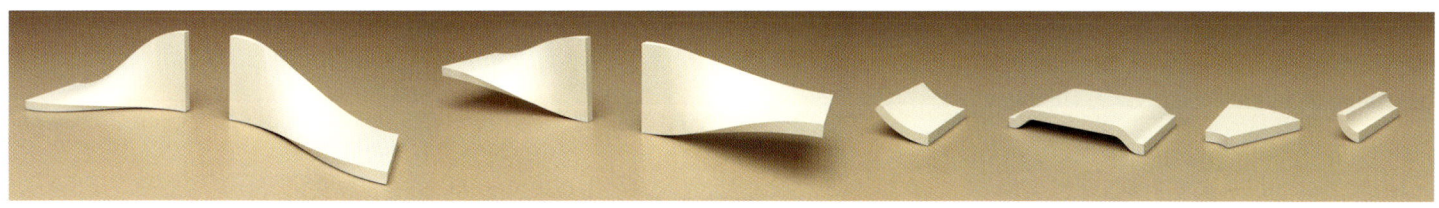

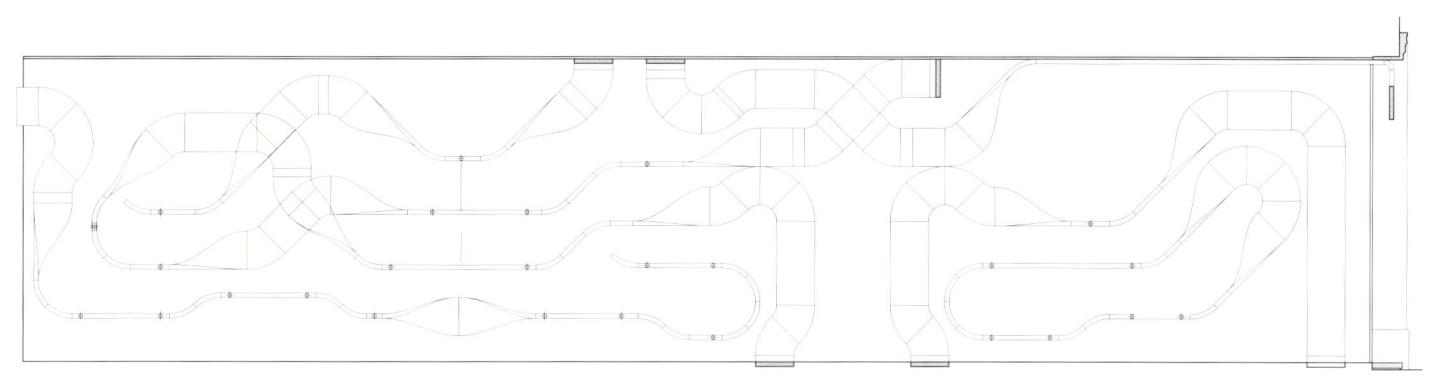

Linden-Apotheke in Ludwigsburg

Architekten: ippolito fleitz group – identity architects, Stuttgart

Weiche Formen in Trockenbauweise
Deckengestaltung mit Heilkräutern
Schwebender Verkaufstresen als Fokus

Die in Ludwigsburg alt eingesessene Apotheke antwortet dem wachsenden Konkurrenzdruck mit einer klaren Spezialisierung auf Naturheilkunde und Naturkosmetik. Diese Ausrichtung der Apotheke sollte mit dem Umbau plakativ betont und im Raum erfahrbar gemacht werden. Der 30 Jahre alte Verkaufsraum wird zu einem hellen, freundlichen Erlebnisraum, in dem sich der Kunde wohlfühlt. Gleichzeitig schafft der Umbau mehr Möglichkeiten zur Warenpräsentation. Die Architekten entwickelten neben dem raumbildenden Ausbau auch ein neues Corporate Design und ein dazu passendes Kundengeschenk für die Eröffnung.

Weißer Präsentationsraum

Nach außen präsentiert sich die weiße Apotheke durch die großflächigen Schaufenster hell und freundlich.
Eine eingeschnittene Ecke markiert den Hauptzugang, ein weiterer Eingang befindet sich seitlich, beide führen direkt in den kompakten, hohen Verkaufsraum. Die fließende weiche Form des Raums entsteht durch die abgerundeten Ecken. Der granitgepflasterte Boden zieht sich von außen in den Verkaufsraum, schafft so eine Verbindung zur Stadt und bildet einen Kontrast zu der ansonsten betont modernen Innenarchitektur.
Von den komplett weißen Wand- und Deckenflächen hebt sich ein raumgreifendes farbiges Deckenmotiv aus elf Heilkräutern ab, das das Image der Apotheke hervorheben und nach außen tragen soll. Hierzu bekam jeder Gast bei der Eröffnung ein kleines Buch mit einer Geschichte zu je einem der elf Heilkräuter.

Aufeinander abgestimmte Möblierung

Im Zentrum der Apotheke befindet sich der Verkaufstresen, der an einer Bestandsstütze befestigt ist und zu beiden Seiten frei auskragt. Einschnitte auf der Rückseite bieten Platz für Computer und Kasse. Der Raum zeichnet sich durch umlaufende Regalbänder aus, die einen klaren Hintergrund für die ausgestellte Ware bilden. Die Beleuchtung erfolgt sowohl mit einem Lichtkanal von hinten als auch mit Spots von vorne.
In der Raummitte bieten auf einer weißen Kreisfläche, die sich von dem grauen Pflaster abhebt, drei drehbare Warenträger Möglichkeiten zur hervorgehobenen Präsentation saisonaler Produkte.

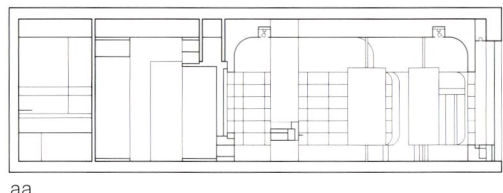

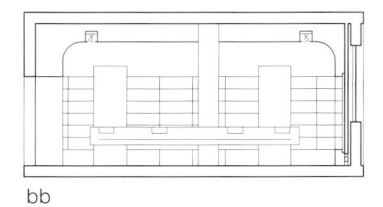

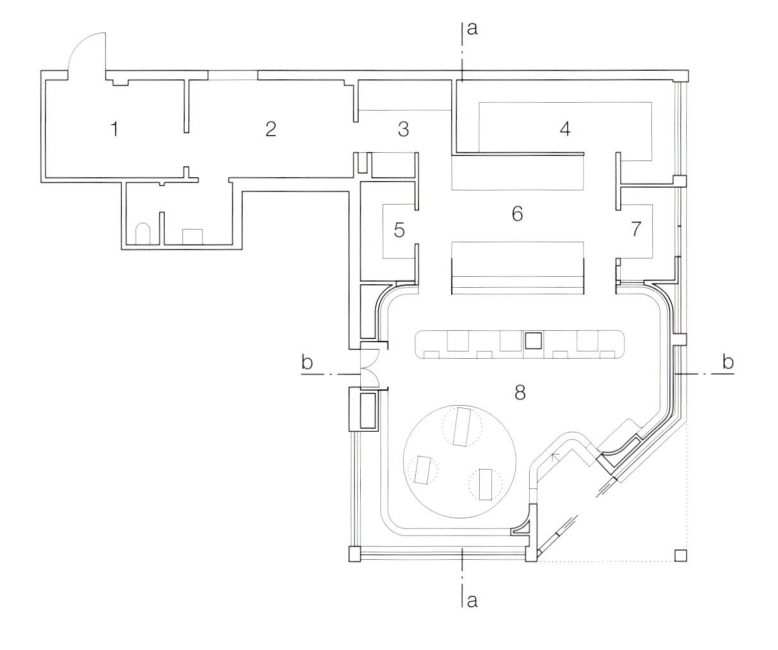

Projektdaten:

Nutzung:	Gesundheit
Konstruktion:	Trockenbau
lichte Raumhöhe:	3,28 m
Bruttorauminhalt:	361 m³
Bruttogrundfläche:	110 m²
Baujahr:	2006
Bauzeit:	2 Monate

Schnitte · Grundriss
Maßstab 1:200

Axonometrie

1 Kühlraum
2 Nachtdienstzimmer
3 Schreibplatz
4 Labor
5 Rezeptur
6 Schrankraum
7 Büro
8 Verkaufsraum

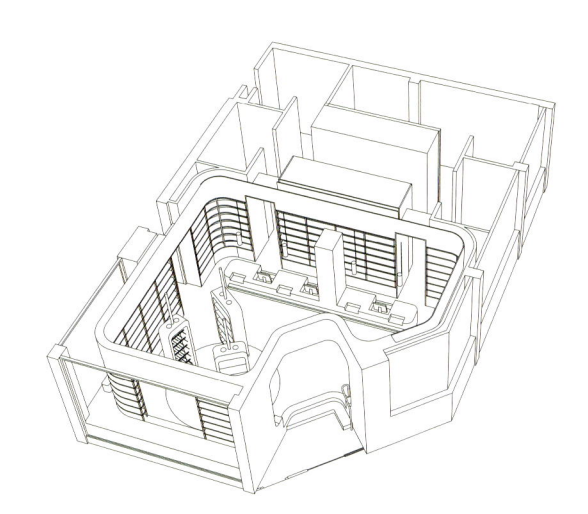

120

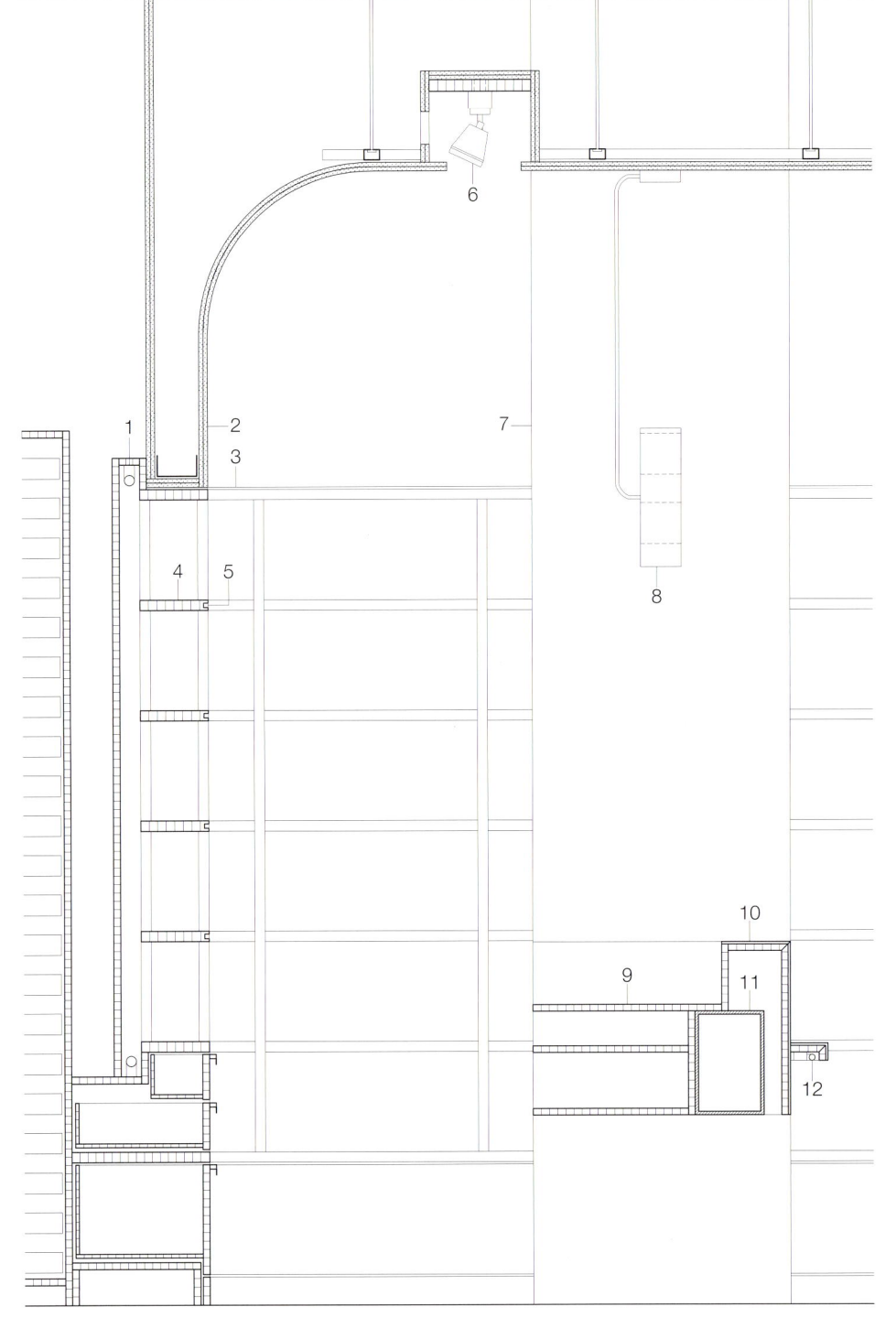

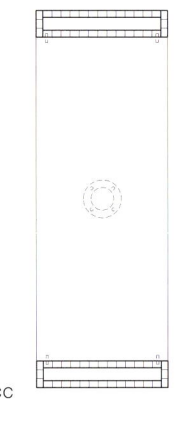

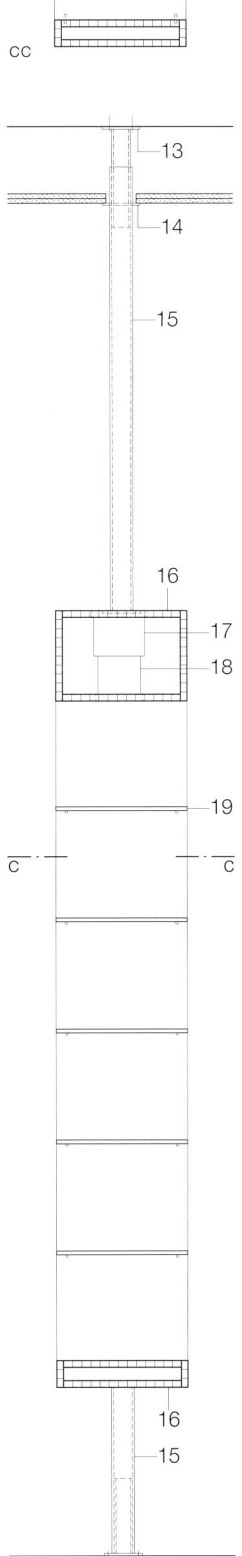

Materialeigenschaften Möbel:

Material:	mitteldichte Faserplatte
Stabilität:	E-Modul 2600 N/mm²
Gewicht:	0,7 g/cm³
Brandschutzklasse:	B2, normal entflammbar
Farbe:	weiß lackiert
Lichtdurchlässigkeit:	undurchlässig
Biegefestigkeit:	26 N/mm²
Oberflächenstruktur:	glatt

Vertikalschnitte · Horizontalschnitt
Maßstab 1:20
Axonometrie

1 Lichtgraben umlaufend 60 mm, bestückt mit Kompaktleuchtstofflampen auf der Geraden 18 W, 622 mm; in Radien 8 W, 320 mm
2 Gipskarton 2× 12,5 mm
3 Schattenfuge 10 mm
4 Regalböden MDF weiß lackiert 30 mm
5 Nut für Preisschilder 13 mm
6 Strahler dreh- und schwenkbar in Stromschiene, Facettenreflektor 38°, Strahlergehäuse Aluminium-Druckguss, weiß
7 Stütze Bestand verkleidet mit Mineralwerkstoff 9 mm
8 abgehängte Beleuchtung, direkt und indirekt strahlend
9 Tresen MDF weiß lackiert 19 mm
10 Verkleidung Mineralwerkstoff weiß 6 mm
11 Stahlrohr ⌑ 200/300/10 mm
12 Leuchtstofflampe
13 Befestigungsplatte Stahlstütze an Decke
14 Manschette Aluminium pulverbeschichtet Ø 100 mm
15 Stahlrohr drehbar Ø 60 mm
16 MDF weiß lackiert 19 mm
17 Einbauleuchte Downlight dreh- und schwenkbar 70 W, Reflektor 40°, Strahlergehäuse Aluminium-Druckguss, weiß
18 Einbauleuchte Downlight starr 50 W, Reflektor 40°, Strahlergehäuse Aluminium-Druckguss, weiß
19 Glasboden ESG 10 mm

Kaufhaus »La Rinascente« in Mailand

Architekten: Lifschutz Davidson Sandilands, London

Raumübergreifender bernsteinfarbener »Himmel«
Acrylpaneele auf Aluminiumkonstruktion
Integrierte Beleuchtung und Belüftung

Das Kaufhaus »La Rinascente« liegt an der Piazza del Duomo direkt neben der Galleria Vittorio Emanuele II und zählt zu den wichtigsten Magneten der Mailänder Einkaufswelt. Bislang waren im obersten Geschoss neben Café und Restaurant vor allem kleinteilige Verkaufsbereiche untergebracht, die der exquisiten Lage mit Blick auf den Dom kaum gerecht wurden. Also entschlossen sich die Betreiber, die gesamte Etage zu überplanen, um dort eine Art »Gourmettempel« einzurichten. Gemäß dieser Vorgabe entstand eine von offenen Wein- und Delikatessenshops sowie mehreren Bars und Restaurants flankierte »Markthalle«.

Die Verkleidung der Decke mit dreieckigen, transluzenten Acrylpaneelen verleiht dem neuen Ensemble ein einheitliches Erscheinungsbild, das selbst durch spätere Umbauten einzelner Ladenflächen unbeeinträchtigt bleibt und zugleich die rückwärtigen Bereiche aufwertet. Sie haben eine Lichtdurchlässigkeit von 70 % und sind in einem dreieckigen Raster mit einer Konstruktion aus Aluminium-Strangpressprofilen verlegt. In diesen Profilen sind sowohl die Beleuchtung mit Spots, Schlitzauslässe für die Lüftung als auch das Sprinklersystem integriert.

Die gerichteten Dreiecke zeichnen den diagonal zum Domplatz verlaufenden bestehenden Innenraum nach und münden an der Verglasung zur Aussichtsterrasse. Mit ihren regelmäßigen Auf- und Abwärtsbewegungen bilden die hinterleuchteten Paneele dabei einen beruhigenden »Himmel« über der Verkaufsfläche und definieren symbolhaft den oberen Abschluss des Kaufhauses. Je nach Blickwinkel scheinen die einheitlich bernsteinfarbenen Paneele mit unterschiedlicher Intensität zu leuchten. Gerade diese flirrenden Farbwechsel verleihen der Deckenfläche Leichtigkeit und führen zu einem ebenso unverwechselbaren wie emotional aufgeladenen Innenraum, der in seiner Feingliedrigkeit mit der filigranen Architektur des Doms korrespondiert.

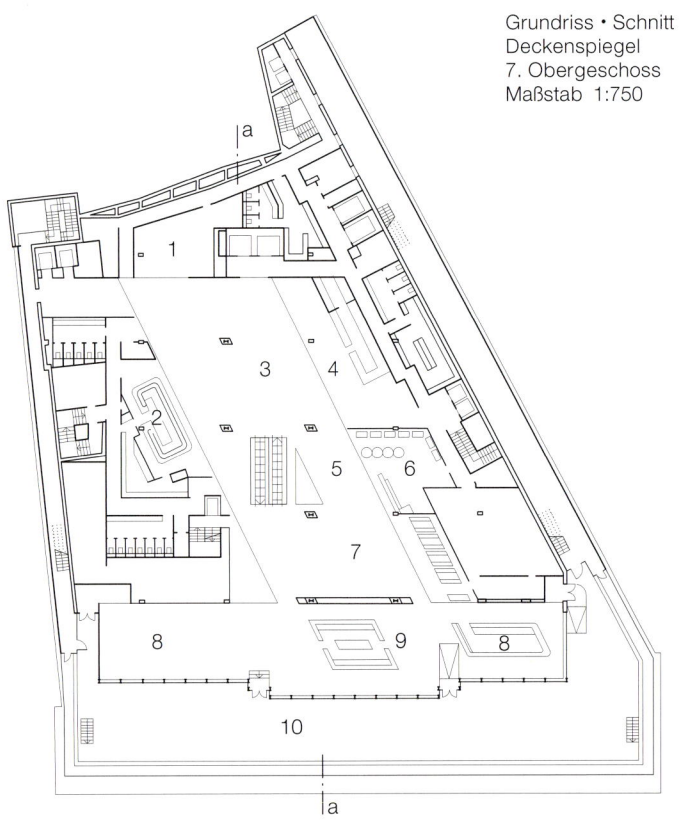

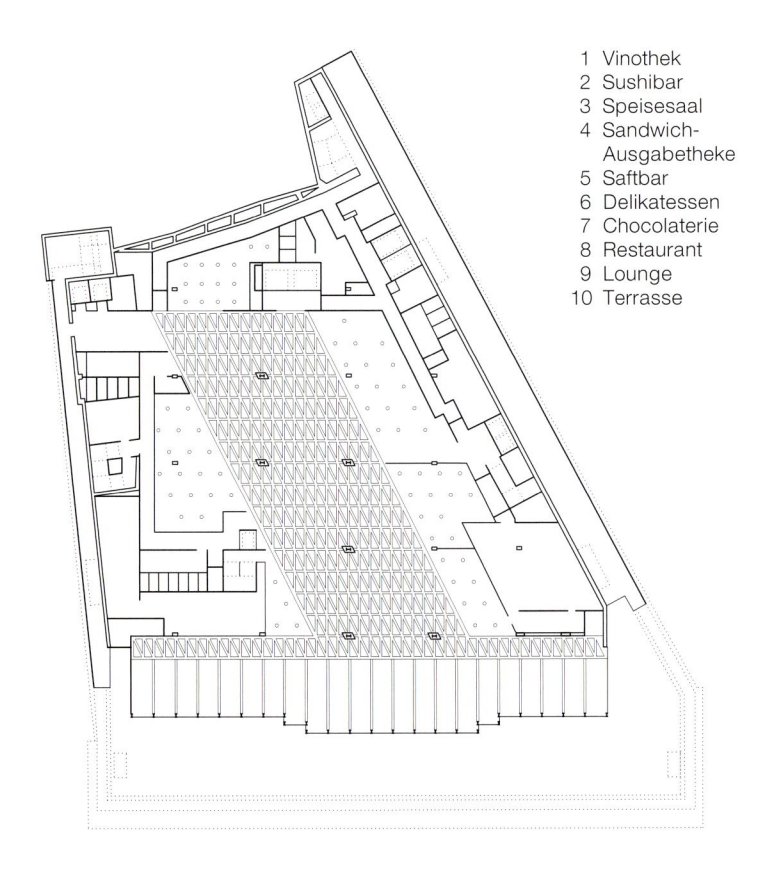

Grundriss • Schnitt
Deckenspiegel
7. Obergeschoss
Maßstab 1:750

1 Vinothek
2 Sushibar
3 Speisesaal
4 Sandwich-Ausgabetheke
5 Saftbar
6 Delikatessen
7 Chocolaterie
8 Restaurant
9 Lounge
10 Terrasse

Projektdaten:

Nutzung:	Gewerbe, Gastronomie
Konstruktion:	Acrylglas auf Aluminiumunterkonstruktion
lichte Raumhöhe:	2,55–2,75 m
Bruttogrundfläche:	1900 m²
Bruttorauminhalt:	5225 m³
Baujahr:	2007
Bauzeit:	5,5 Monate

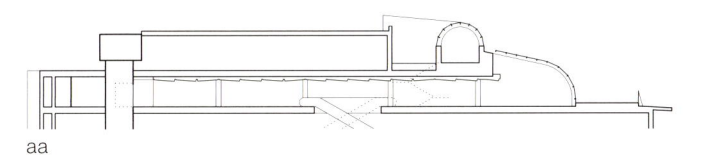

Materialeigenschaften Deckenpaneele:

Material:	Polymethylmethacrylat, Acrylglas
Produktname:	Acridite/Plastidite
Stabilität:	hohe Schlagfestigkeit
Dichte:	1,19 g/cm³
Schmelzpunkt:	130–140 °C
Farbe:	bernsteinfarben
Lichtdurchlässigkeit:	70 %, integrierter UV Schutz
Oberflächenstruktur:	glatt reflektierend

aa

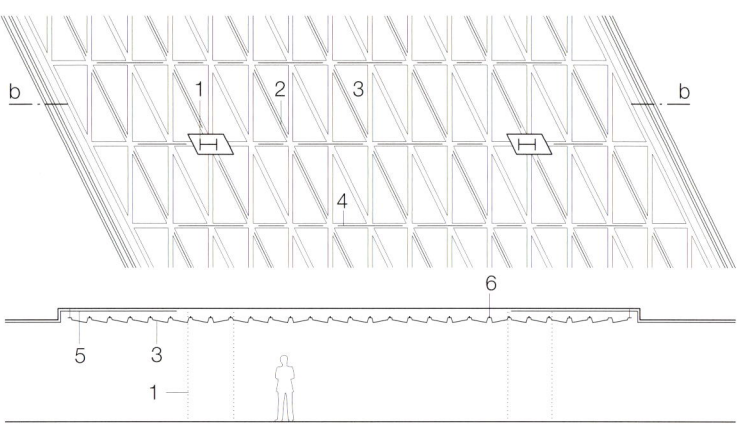

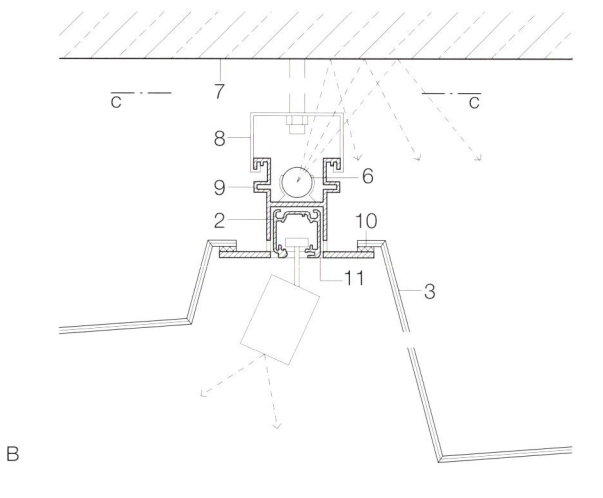

A Ausschnitt Deckenspiegel
  Schnitt Decke
  Maßstab 1:200
B Detail Unterkonstruktion,
  Stromschiene
  Maßstab 1:5
C Deckenpaneelfeld
  Ansichten Paneel
  Maßstab 1:50
D Typen Deckenpaneel

1 Verkleidung bestehende
  Stütze Gipskarton
2 Leuchtenführungsschiene
  Aluminiumprofil
  ⌶ 38,1 / 25,4 mm
3 transluzentes Deckenpaneel
  Acryl 4 mm
  Lichtdurchlässigkeit 70 %
4 Schlitzauslass Lüftung
  10/1736 mm
5 Deckenverkleidung Gipskarton
  gestrichen
6 Leuchtstoffröhre Ø 21 mm
7 Decke Stahlbeton
  (Bestand), weiß gestrichen
8 Deckenabhängung
9 Aluminium-Strangpressprofil,
  eloxiert, mechanisch befestigt
  101,6/75 mm
10 schwarzer selbstklebender,
  Streifen, angeheftet an die
  Unterseite des transluzenten
  Deckenpaneel-Flanschs 2 mm
11 Schlitzaussparung in
  Aluminium-Strangpressprofil

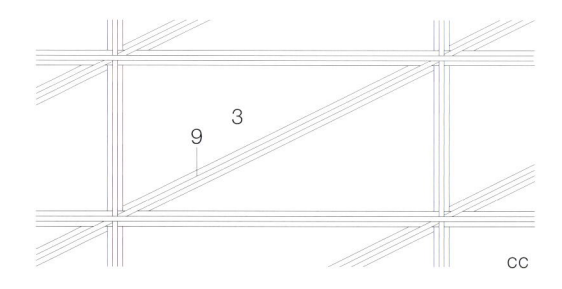

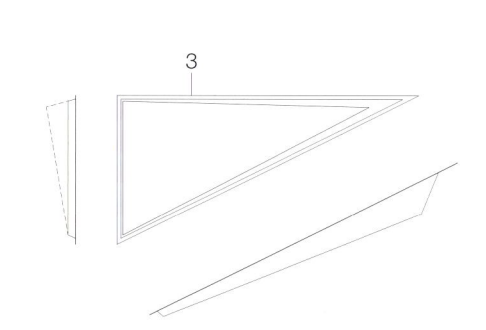

D   Typ 1   Typ 2   Typ 3   Typ 4

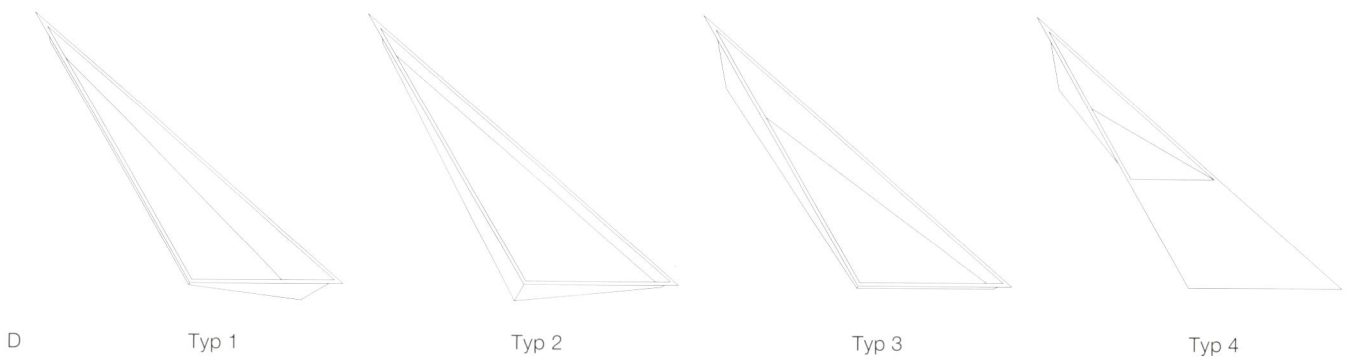

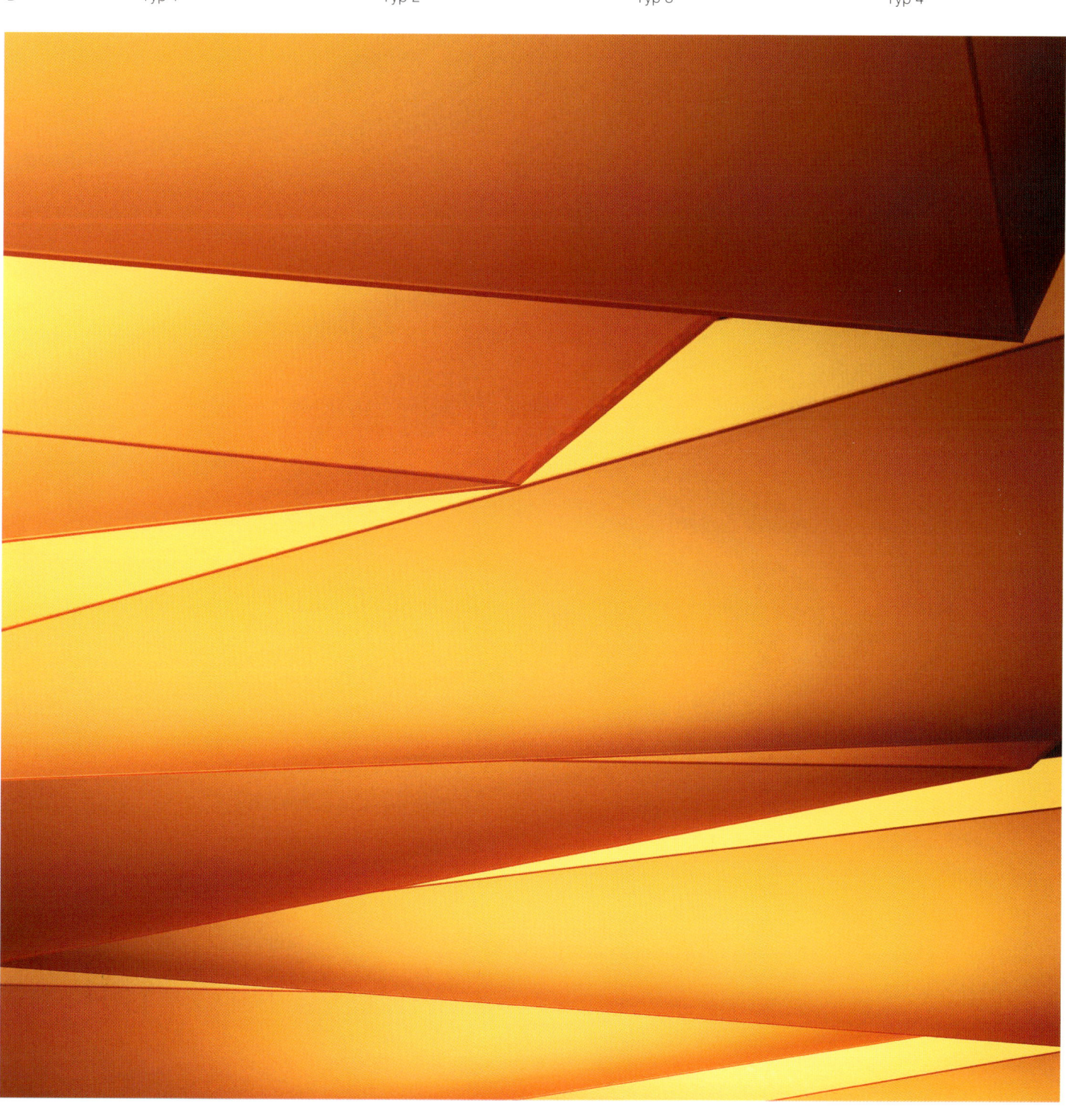

Weinprobierstube in Fellbach

Architektin: Christine Remensperger, Stuttgart

Edler, zurückhaltender Verkaufsraum
Raumhohe Möbel aus geöltem Eichenholz
Durchgängiger Boden aus geschliffenem Estrich

»Trottenkammer«, so nennen die Fellbacher die Weinprobierstube des ortsansässigen Familienbetriebs. In dem Fachwerkhaus aus dem Jahr 1805 wurden die Trauben zu Most getreten, diese Tätigkeit bezeichnet man als »Mosttrotte«. Der Gewölbekeller im unteren Geschoss diente bereits vor dem Umbau als Veranstaltungsort für Weinfeste. In den mit 2,05 m zum Teil sehr niedrigen Wirtschaftsräumen im Erdgeschoss entstand nun ein Verkaufsbereich mit Probierstube für die kleine, aber erlesene Auswahl hauseigener Weine. Entsprechend edel und zurückhaltend sollte auch der Umbau der beengten Räumlichkeiten umgesetzt werden. Das Gebäude wurde entkernt und die Verkaufsräume um einen zentralen hölzernen Kubus angeordnet. Die Innenwände sind einheitlich von Schrank- und Regalelementen verdeckt und damit gleichzeitig begradigt. Als vorherrschendes Material dient, sowohl für die Schränke als auch für alle übrigen Möbel, geöltes Eichenholz – in Anlehnung an die alten Eichenfässer zur Weinlagerung. Zusammen mit dem durchgängigen Boden aus geschliffenem Estrich entstand eine fließende harmonische Raumfolge – von dem hohen Laden am Eingang über die breite Treppe auf dem Kellergewölbe bis hin zur niedrigen Weinstube. Dank der durchweg puristischen Eingriffe bleiben die edlen Weinflaschen jedoch überall die Protagonisten des Raums.

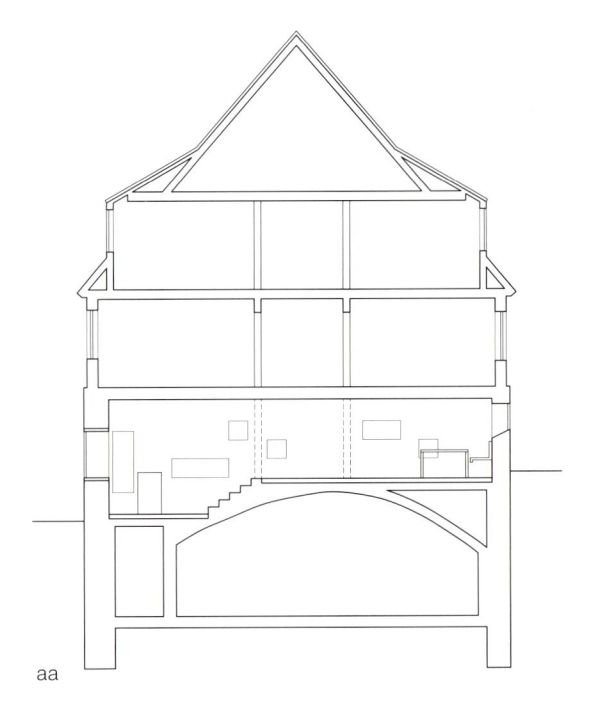

Projektdaten:

Nutzung:	Einzelhandel, Gastronomie
Konstruktion:	Holzwerkstoff
lichte Raumhöhe:	3,20 m (Verkauf)
	2,05 m (Probe)
Bruttorauminhalt:	300 m³
Bruttogrundfläche:	115 m²
Baujahr:	2001
Bauzeit:	7 Monate

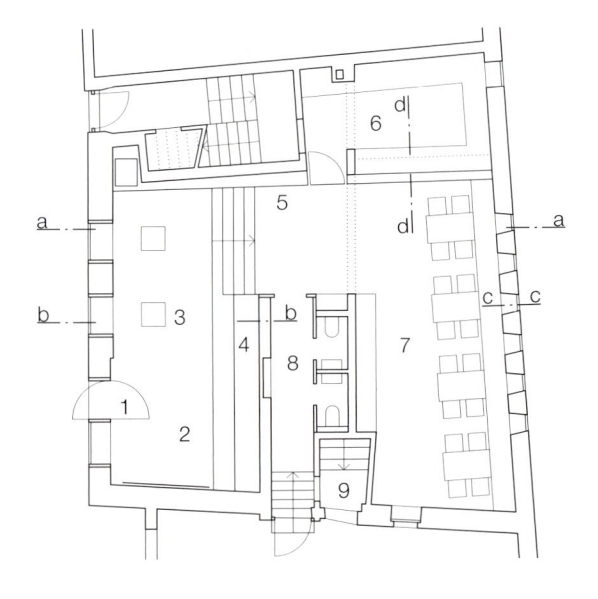

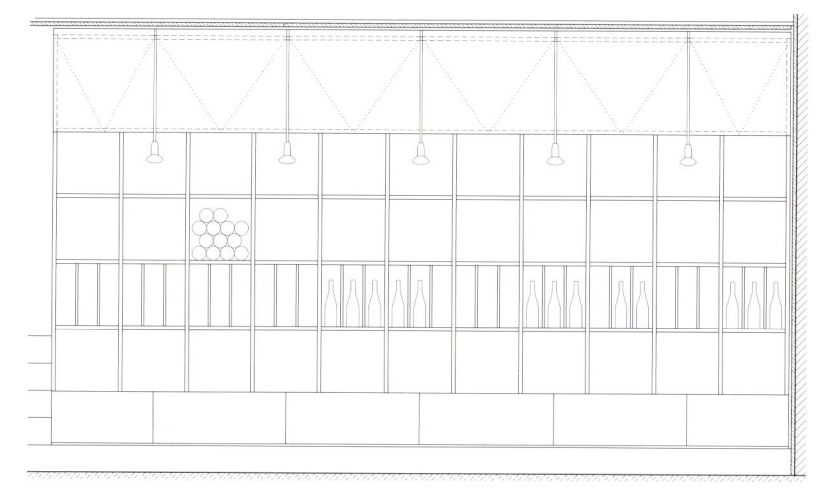

Schnitt
Grundriss
Maßstab 1:200

Schnitt-Ansicht
Weinregal
Schrankwand
Maßstab 1:50

1 Eingang
2 Verkaufsraum
3 Rolltheken
4 Weinregal
5 Einbauschrank
6 Küche
7 Weinprobe
8 WC
9 Treppe zum Gewölbekeller

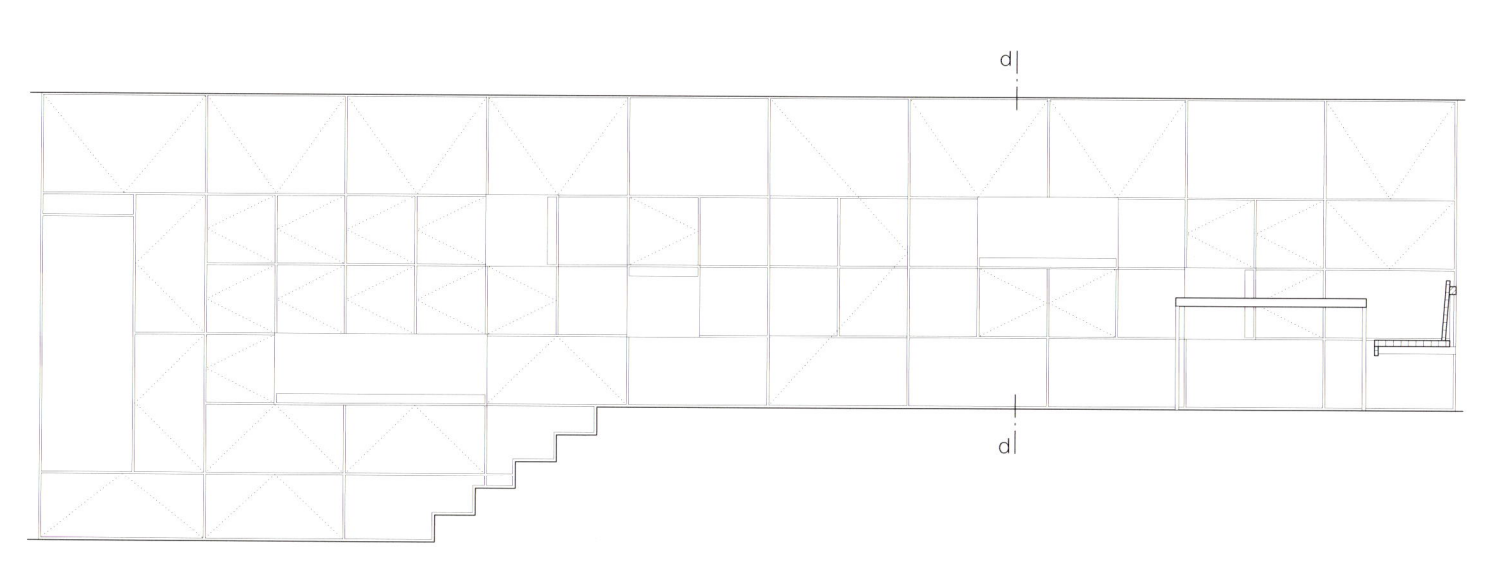

Vertikalschnitte
Horizontalschnitte
Maßstab 1:20

1 mineralischer Putz 25 mm
 Außenmauer Ziegel/Sandstein,
 Bestand 500–700 mm
2 Klappflügel mit Isolierverglasung
3 Fensterlaibung umlaufend
 Eiche massiv, mit Hartwachsöl
 behandelt 40/700 mm
4 Verkaufstheke:
 MDF verleimt 25 mm,
 Furnier Eiche, Oberfläche
 mit Hartwachsöl behandelt
5 Schubfächer ausfahrbar:
 MDF furniert 25 mm
6 Klapptüre bündig,
 MDF furniert 25 mm
 mit Edelstahlbeschlag
7 Estrich geschliffen i.M. 60 mm
 mit Farbpigmenten und
 Kieselzuschlag
 Ø ca. 8–12 mm, Trennlage
 Wärmeleitblech,
 Fußbodenheizungssystem
 Polystyrolplatte 35 mm
 Wärmedämmung 80 mm
 Magerestrich 50–200 mm
8 Treppenstufen 180/270 mm:
 Estrich geschliffen 50 mm
 mit Farbpigmenten
 Stahlbetonunterbau
 auf Gewölbesteinen
9 MDF furniert 25 mm,
 auf Betonsockel geklebt
10 Weinregal, Korpusteile:
 MDF furniert 25 mm,
 mit Hartwachsöl behandelt,
 Verbindungen verleimt
 mit verdeckt liegenden
 mechanischen Sicherungen
11 Preisschildeinlage:
 MDF-Streifen bündig
 anthrazit durchgefärbt 20/5 mm
 Beschriftung mit Kreide
12 vertikale Fachteilungen:
 MDF furniert,
 6 mm in Nut eingelegt
13 Holzleiste 50/50 mm
14 Gipskarton 2× 12,5 mm,
 auf Holzunterkonstruktion
 zwischen Holzbalkendecke
 Dämmung Mineralwolle 120 mm
15 Holzleiste 40/50 mm
16 Rückenlehne:
 Holzwerkstoffplatte 25 mm,

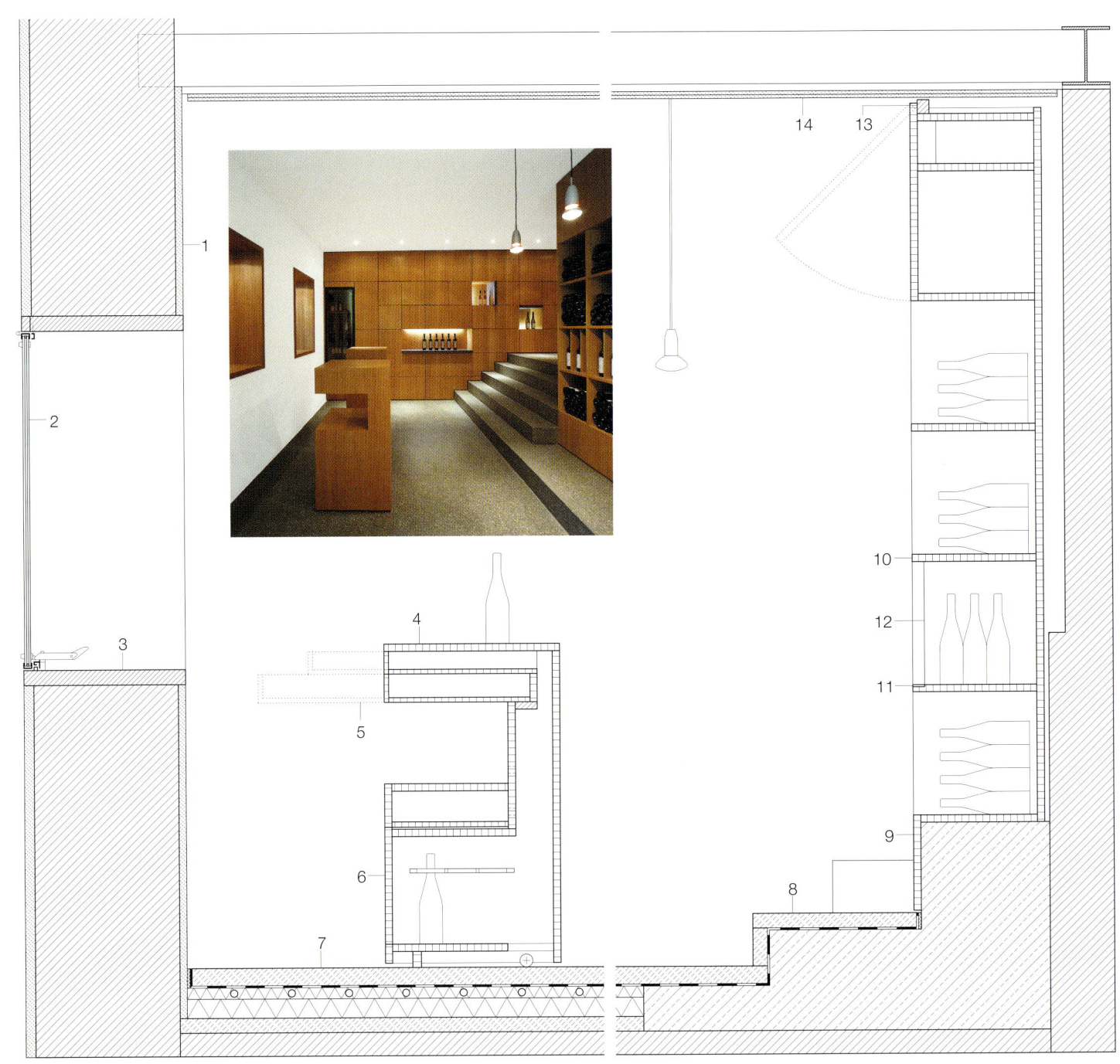

bb

Furnier Eiche mit Hartwachsöl behandelt
17 Stahlprofil LJ 30/30 mm, verschraubt
18 Sitzfläche:
   Holzwerkstoffplatte furniert 40 mm
19 Blende:
   Holzwerkstoffplatte mit Sitz verleimt
20 Isolierverglasung in Aluminiumprofil
   LJ 35/35 mm eingeputzt
21 mineralischer Putz 25–50 mm
22 Mauerreste aus Bestand Ziegel 240 mm
23 Stahlprofil HEB 140 zur Aufnahme
   vertikaler Stützenprofile HEB 120
24 Korpusteile/Klappe:
   MDF 25 mm,
   Furnier Eiche, mit Hartwachsöl behandelt
25 Auszug:
   MDF anthrazit gefärbt 40 mm,
26 Leuchtstoffröhre verdeckt,
   in Aussparung
27 Rückwand Vitrine:
   MDF furniert 25 mm
28 Klappe Durchreiche:
   MDF, matt beschichtet,
   aluminiumbedampft

Materialeigenschaften	Einbaumöbel:
Material:	Holzwerkstoff furniert
Stabilität:	1900–2700 N/mm²
Dichte:	450–750 kg/m³
Brandschutzklasse:	B2, normal entflammbar
Wärmeleitfähigkeit:	0,1–0,17 W/mK
Farbe:	Eiche natur
Biegefestigkeit:	3,6–8,0 N/mm²
Druckfestigkeit:	2,8–4,5 N/mm²
Glanzgrad:	mittel
Oberflächenstruktur:	glatt

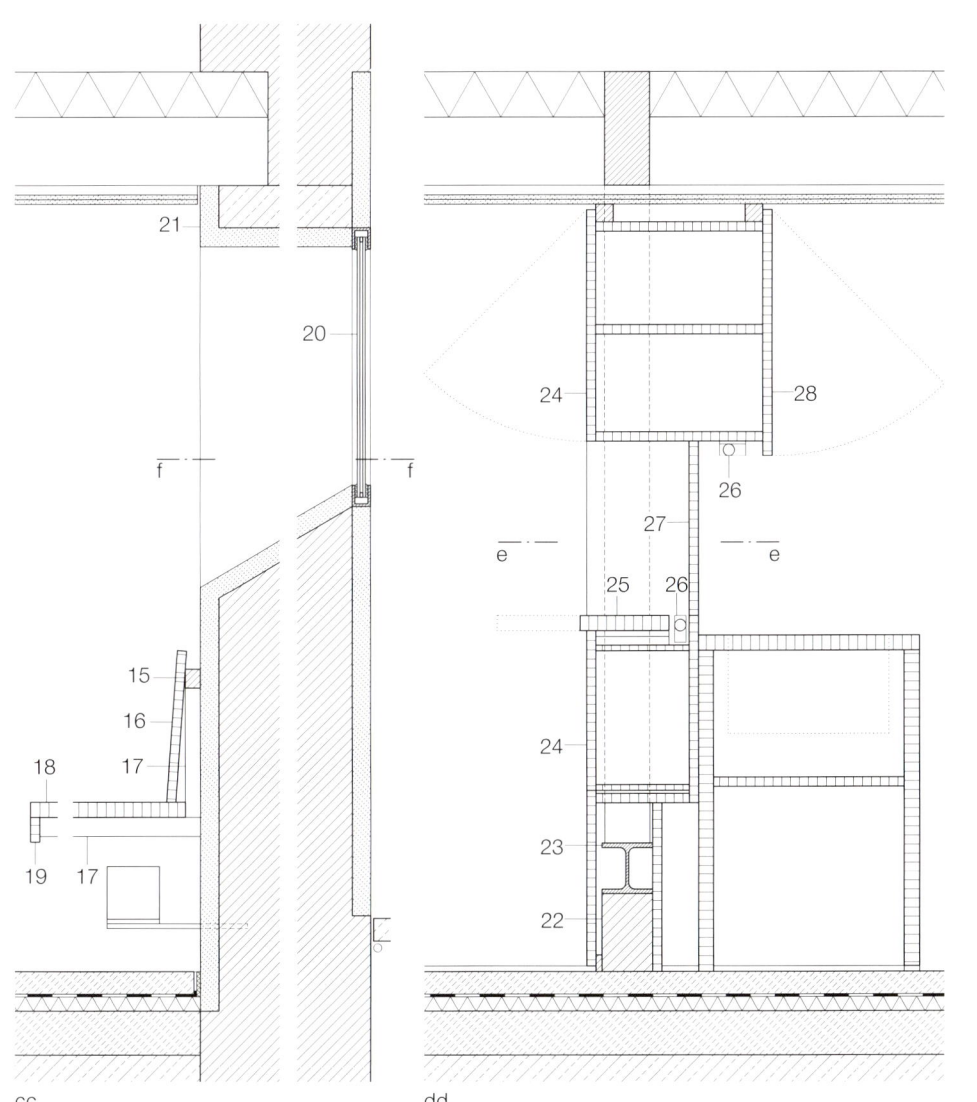

cc   dd   ff

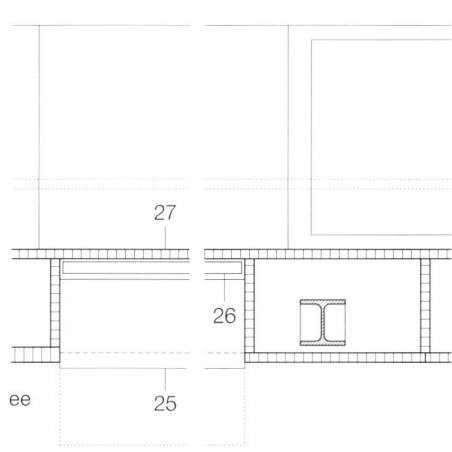

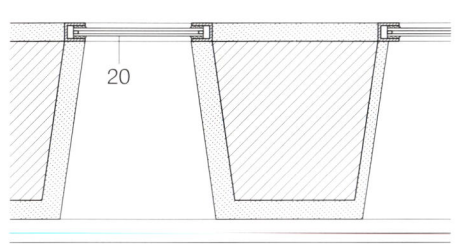

Restaurant und Bar in Zürich

Architekten: Burkhalter Sumi, Zürich

Lackierte Holzwerkstoffoberflächen
Auffällige Farben als wiederkehrendes Konzept
Grüner Fließharzboden im Erdgeschoss

Im Zuge der Sanierung des Hochhaus-Ensembles aus den frühen 1970er-Jahren bildet das Restaurant mit Bar und Kantine im Sockelgeschoss den letzten Baustein. Man betritt es über einen niedrigen, diagonal an der Ecke situierten Windfang und wird sofort von der räumlichen Dynamik und unkonventionellen Farbigkeit vereinnahmt. Die auffälligen Farben ziehen sich als Konzept durch alle Räume. Der kreisrunde Treppenaufgang und die Galerie sind glänzend rot gestrichen. Die rechteckigen Stützen, die noch vom Bestand herrühren, treten durch ihre zurückhaltende schwarze Farbe eher in den Hintergrund, obwohl diese in Wahrheit die Galerie tragen. Rund um die Treppe ist eine Bartheke aus dunkel gebeizter Eiche mit gebogenen Glasvitrinen angeordnet. Dahinter flimmern Beamerprojektionen auf den ockerfarbenen Wänden. Alle Räume im Erdgeschoss verbindet ein saftig grüner Fließharzboden.

Treppe als zentrales Element

Eine kreisförmige Theke gliedert den Raum in einen überdurchschnittlich hohen Eingangs-, Bar- und Loungebereich und eine dahinter liegende niedrigere Restaurantzone unter der Galerie. Abends trennt ein geschwungener Vorhang das Speiselokal im Erdgeschoss ab und wird zum stimmigen Hintergrund der Bar. Im anschließenden Selbstbedienungssektor können sich die Gäste tagsüber an verschiedenen Serviceinseln ihr Menü zusammenstellen.
Die Spindeltreppe mit geschlossener Brüstung schwingt sich als zentrales, den Raum bestimmendes Element nach oben und erschließt die zweite Ebene. Umschlossen wird die Galerie von einer ergonomisch geformten Sitzbank, die sich um den Innenraum im zweiten Stock legt und bündig mit der Treppenbrüstung abschließt. Die Bank besteht ebenso wie die Verkleidung der Galerie aus Holzwerkstoff. Für die engen Rundungen wurden die Innenseiten der Radien zunächst geschlitzt und anschließend in Form gebogen. Eine Oberflächenbehandlung aus PUR-Lack auf einem Epoxidharz-Grund geben die nötige Stabilität.

Außen an der Fassade fallen besonders die Sonnenschutzbehänge mit ihren großen Blattmotiven ins Auge. Die Größe eines Blatts beträgt in etwa die eines Menschen, eben diese Maßstabsverzerrung bewirkt einen eigenwilligen Reiz. Das Blattgrün, das die Sonne abhält, und der grüne Boden lassen zeitweise vergessen, dass das Restaurant sich mitten in der Stadt befindet.

Projektdaten:

Nutzung:	Gastronomie
Konstruktion:	Trockenbau
lichte Raumhöhe:	7,5 m
	3,0 m (Galerie)
Bruttorauminhalt:	3800 m³
Bruttogrundfläche:	880 m²
Baujahr:	2006
Bauzeit:	7 Monate

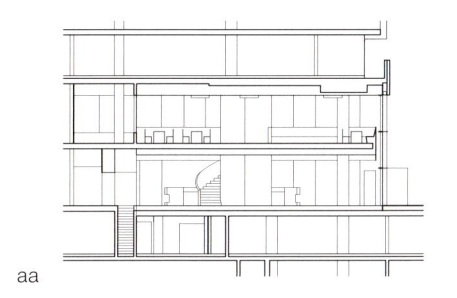

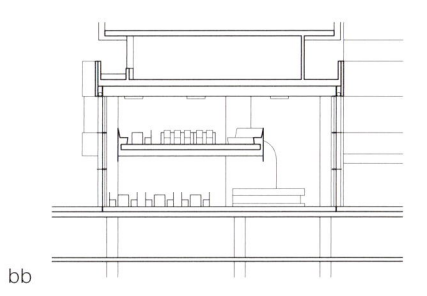

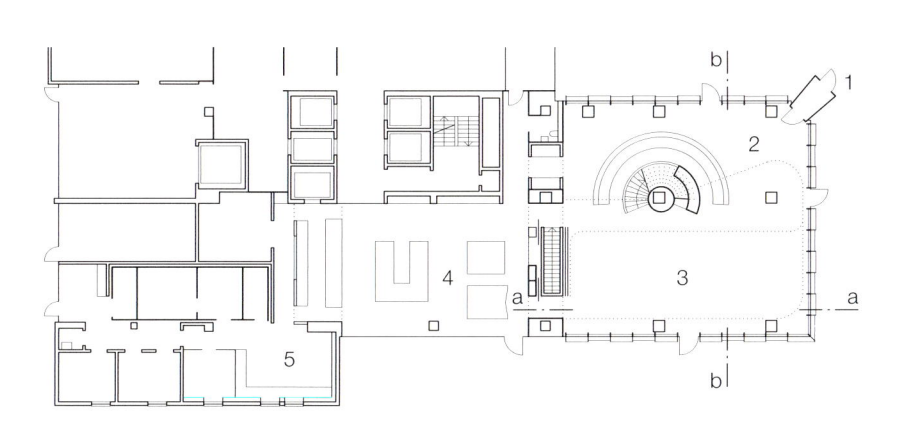

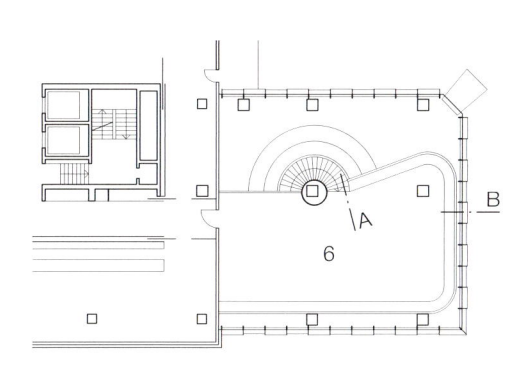

Grundrisse
Schnitte
Maßstab 1:500

1 Eingang
2 Bar
3 Restaurant
4 SB-Bereich
5 Küche
6 Galerie

131

A

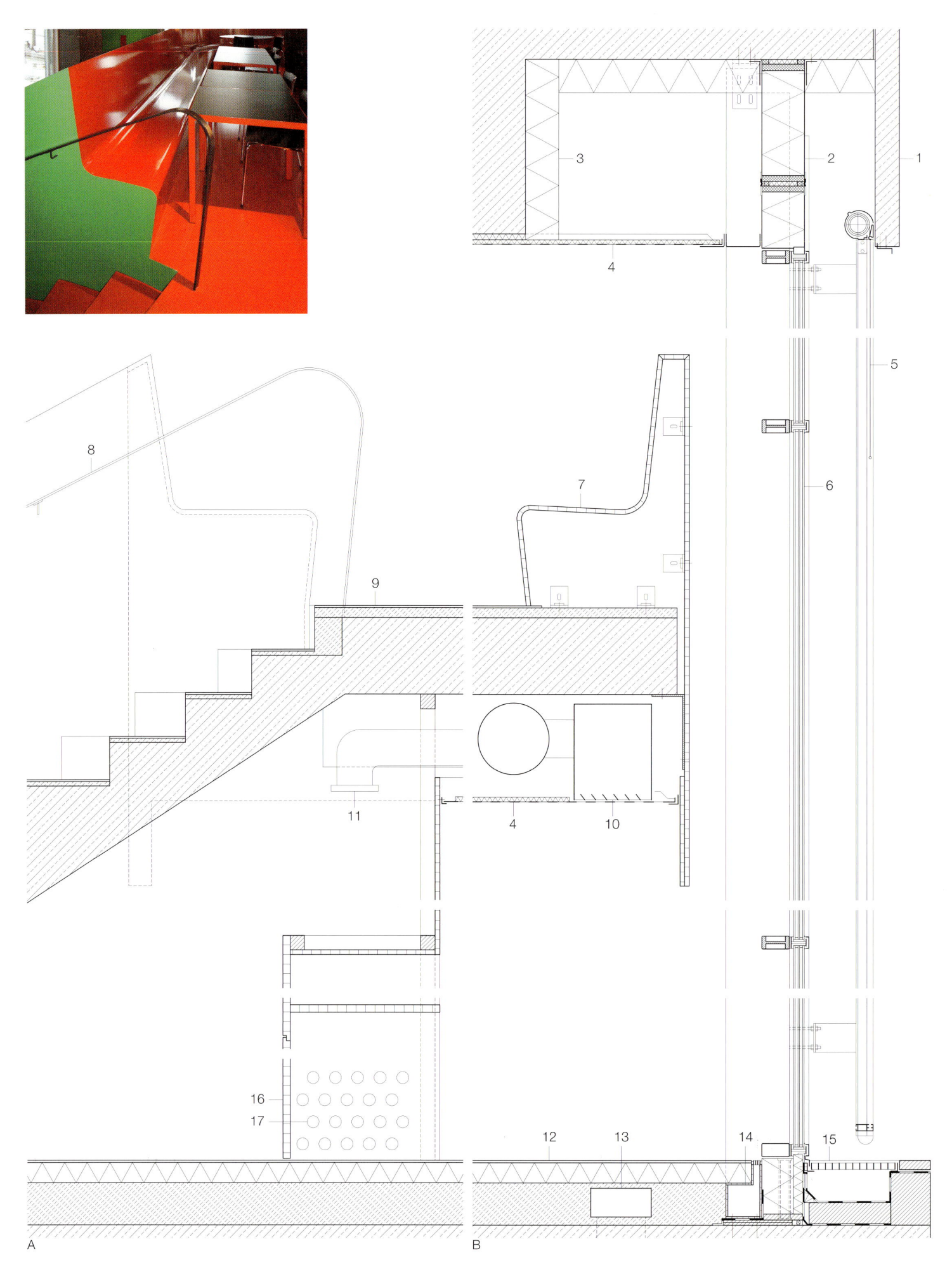

B

132

Vertikalschnitte Maßstab 1:20

1 Fassade Bestand
2 Paneel gedämmt 178 mm
3 Dämmung Schaumglas 140 mm
4 Metalldecke
 Zinkblech pulverbeschichtet,
 Lochung Ø 40 mm
 Akustikeinlage 20 mm
5 Sonnenschutzrollo
 Gewebe bedruckt
6 Isolierverglasung
 VSG 3× 4 mm
 in Pfosten-Riegel-Konstruktion
7 Bank Spanplatte,
 farbig lackiert 19 mm
8 Handlauf Flachstahl 40/5 mm
9 Bodenbelag PU-Fließharz 3 mm
 Trittschalldämmung 4 mm
 Anhydritestrich 43 mm
 Stahlbeton 320 mm
10 Zuluftauslass
11 Abluftkanal
12 PU-Fließharz 3 mm
 Trittschalldämmung 40 mm
 Anhydritestrich 90 mm
 Stahlbeton 400 mm
13 Bodenkanal 25/12 mm
14 Zuluftkanal
15 Entwässerungsrinne
16 Einbaumöbel MDF 30 mm
17 Zuluftlöcher Ø 50 mm

Materialeigenschaften Einbauten:

Material:	Holzwerkstoff
Stabilität:	E-Modul 900–2700 N/mm²
Dichte:	700 kg/m³
Brandschutzklasse:	B2, normal entflammbar
Wärmeleitfähigkeit:	0,1–0,17 W/mK
Farbe:	NCS S 5040-R (Rot)
	RAL 6032 (Signalgrün)
Biegefestigkeit:	3,6–8,0 N/mm²
Druckfestigkeit:	2,8–4,5 N/mm²
Glanzgrad:	hoch
Oberflächenstruktur:	glatt

Französisches Restaurant »Aoba-tei« in Sendai

Architekten: Hitoshi Abe + Atelier Hitoshi Abe, Sendai

Raumbegrenzende Flächen als Bild
Gebogene Stahlskulptur im Bestand
Verknüpfung von Innen und Außen

Zelkovenbäume – für Sendai typische Ulmengewächse – säumen die Straße Jozenji, in der sich das französische Restaurant befindet. Als eingeschobener skulpturaler Raum nimmt das Restaurant zwei Geschosse eines bestehenden Gebäudes ein und verbindet diese mit einer fließenden Innenhaut. Eine Treppe führt von dem Empfang im Erdgeschoss in den eigentlichen Restaurantbereich im ersten Stock. Die funktionalen Bereiche wie Lager, Erschließung und Küche im hinteren Teil des Gebäudes sind durch die raumhohe Garderobe bzw. durch die Regale der Bar verborgen.

Gelochte Bilder in Feinstahlblech

Die raumbegrenzenden Flächen bestehen aus einem 2,3 mm starken, frei gekrümmten Stahlblech. Um die Besonderheit des Außenraums – die Allee aus Zelkoven – nach innen zu holen und so eine räumliche Verbindung zu schaffen, ist ein Bild dieser Bäume in das Stahlblech eingestanzt. Das digitalisierte Foto wird mit einer numerisch gesteuerten Lochung von 4 mm, 6 mm und 9 mm Durchmesser mit einem Abstand von 15 mm erzeugt. Lichtinstallationen hinter der Stahlblechwand im Zwischenraum zur Bestandsfassade leuchten die Löcher unterschiedlich hell aus. Das Spiel von Licht und Schatten durch das Laub der echten Bäume auf der Straße wird so ebenfalls ins Gebäude geholt.

Erzeugung der gebogenen Stahlskulptur

Dreidimensionale Architekturzeichnungen entstehen auf Grundlage eines Koordinatensystems mit drei Achsen. Um aber ein flaches Stahlblech in die gewünschte dreidimensionale Form zu bringen, bedarf es einer Abwicklung, die das Blech als zweidimensionale Fläche zeigt. Da sich das Schweißen komplexer Formen aus dünnem Stahlblech schwierig darstellt, werden Technologien aus dem Schiffsbau angewandt. Handwerker verformen das Blech frei, indem sie es an bestimmen Punkten erhitzen und schnell abkühlen. Nach der kompletten Vorfertigung des Innenraums in der Stahlbaufirma, wurde er in das Bestandsgebäude eingebracht.

Projektdaten:

Nutzung:	Gastronomie
Konstruktion:	Stahlblech mit Stahlunterkonstruktion
lichte Raumhöhe:	2,2–2,8 m
Bruttorauminhalt:	700 m³
Bruttogrundfläche:	220,37 m²
Baujahr:	2005
Bauzeit:	7 Monate

Materialeigenschaften Raumskulptur:

Material:	Feinstahlblech gelocht
Stabilität:	E-Modul ca. 210 kN/mm²
Dichte:	7,85–7,87 g/cm³
Plattengewicht:	18 kg/m²
Farbe:	dunkelbraun
Lichtdurchlässigkeit:	undurchlässig/gelocht
Oberflächenstruktur:	nahtlos glatt, besprüht mit Isolator aus mikroskopisch kleinen hohlen Keramik-Kügelchen

Grundrisse · Schnitt
Maßstab 1:200

1 Eingangsbereich
2 Ausrüstung
3 Empfang
4 Garderobe
5 Garage
6 Speisebereich
7 Bar
8 Theke/Ausschank
9 Küche
10 Aufzugsraum

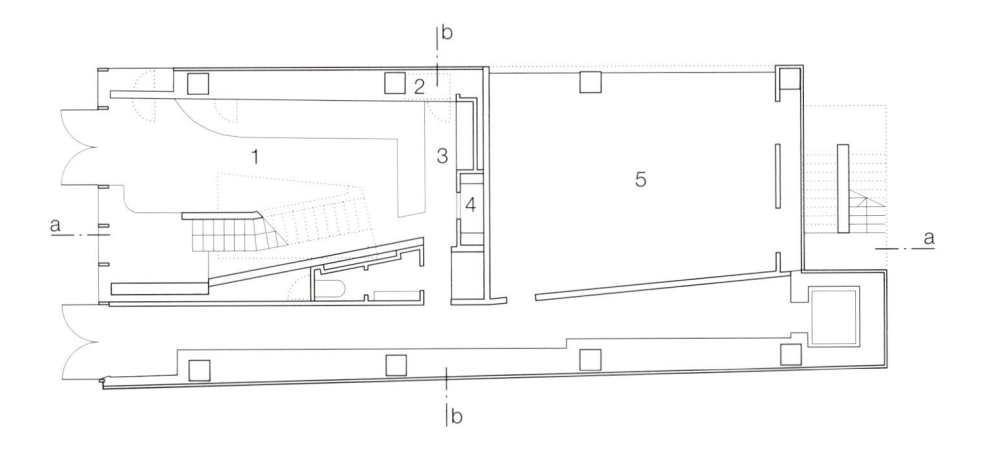

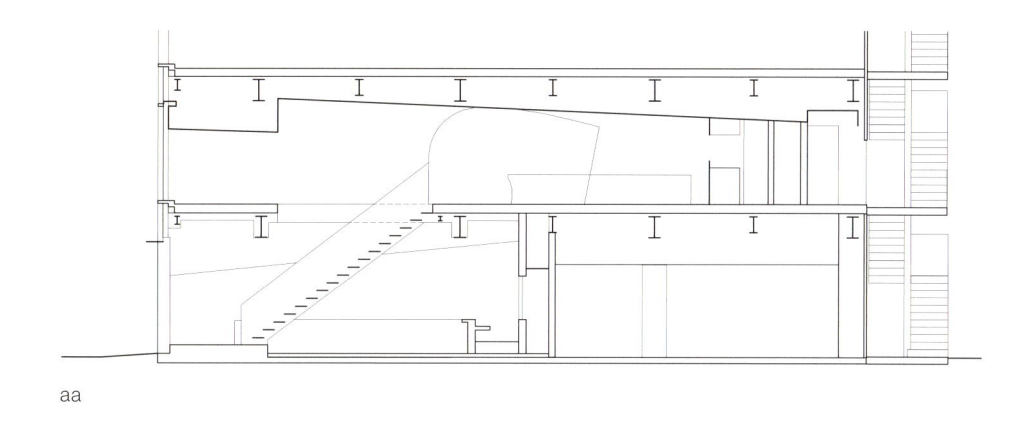

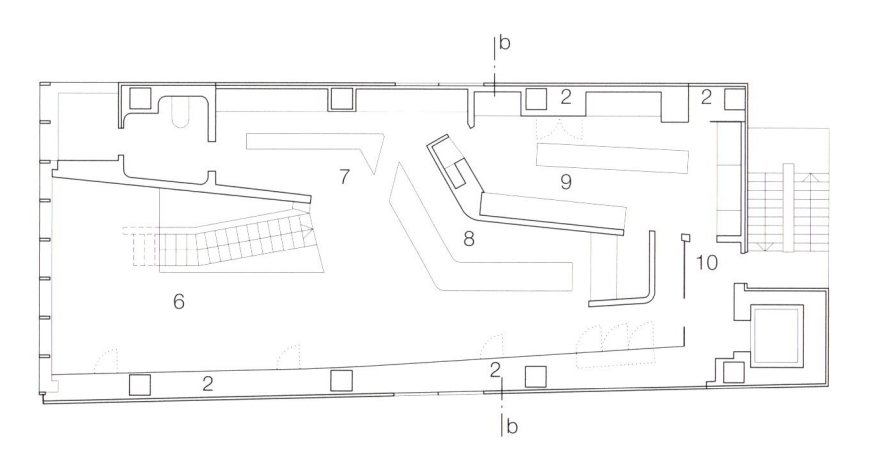

aa

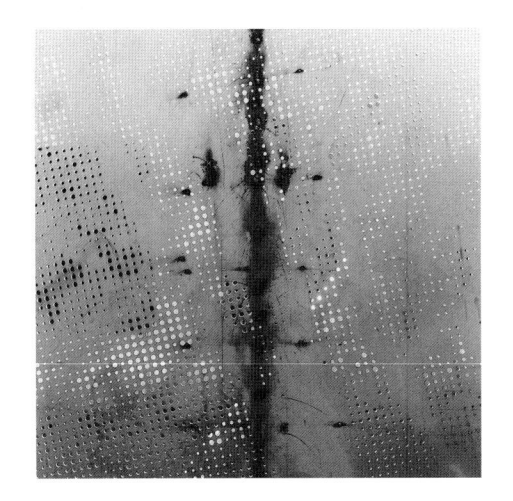

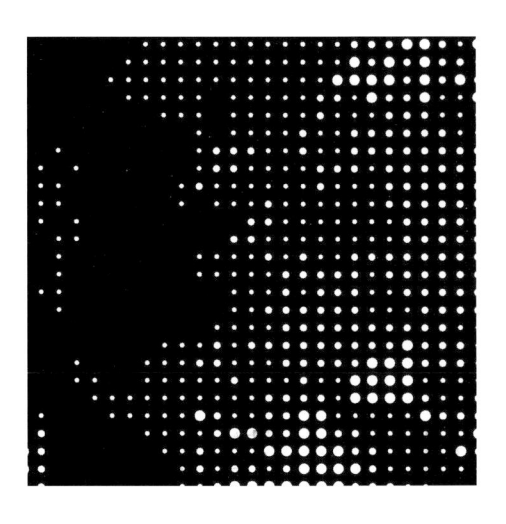

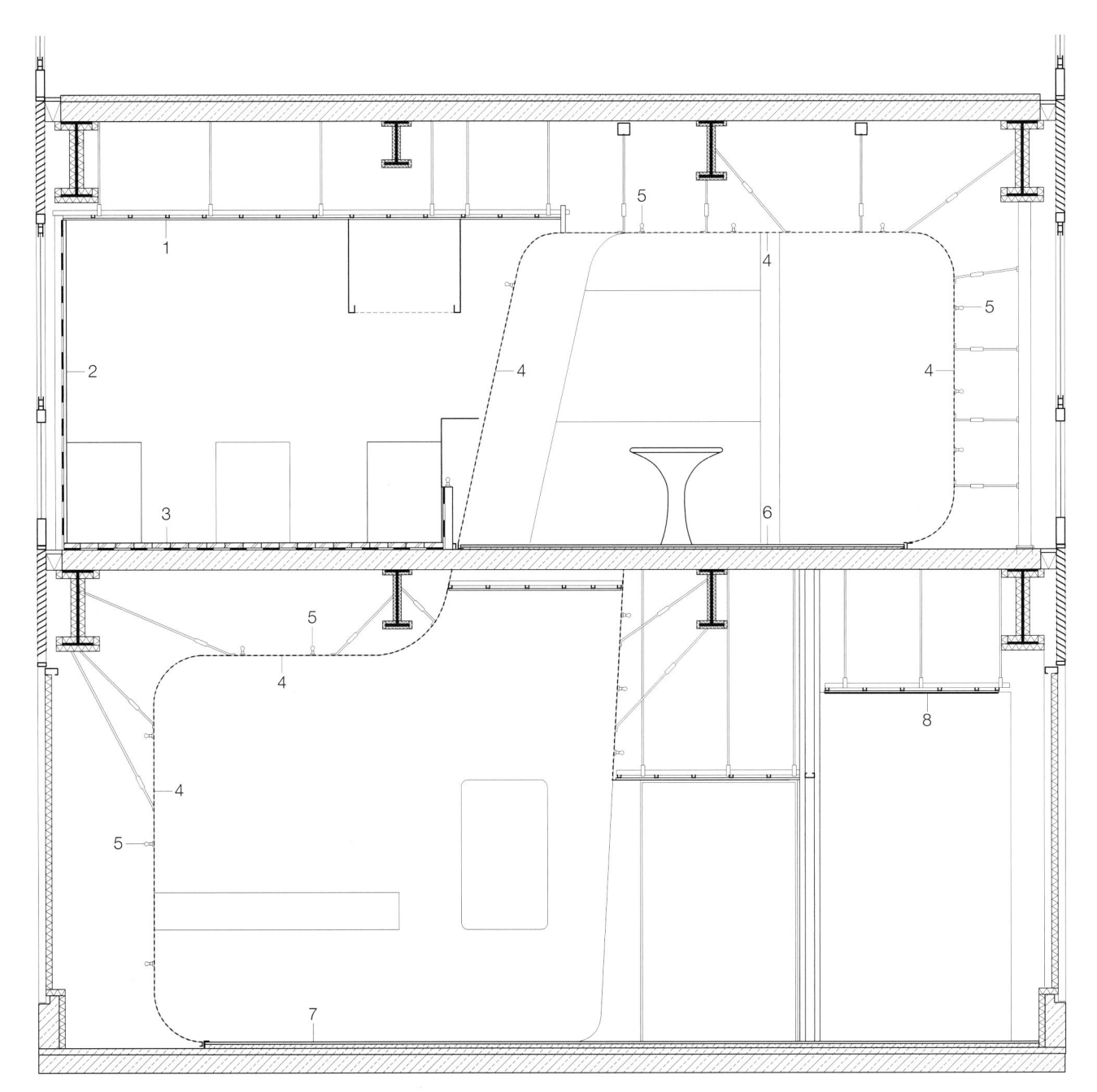

bb

136

Schnitt Maßstab 1:50

1 abgehängte Decke Küche:
  Gipskarton wasserfest 12,5 mm
  Unterkonstruktion in Stahlleichtbauweise
2 Wandaufbau Küche:
  Fliesen mit Frostschutzbeschichtung
  Gipskarton 12,5 mm
  Abdichtung
  Unterkonstruktion in Stahlleichtbauweise
3 Bodenaufbau Küche:
  Steinzeugfliesen im Mörtelbett 50 mm
  Abdichtung, Stahlbetondecke 165 mm
4 Wand- und Deckenverkleidung:
  Stahlblech 2,3 mm, mit computergesteuerter
  Lochung in Form eines Baums,
  Lochgrößen von 4, 6 und 9 mm,
  Lochabstände von 15 mm,
  besprüht mit Isolator aus mikroskopisch
  kleinen hohlen Keramik-Kügelchen
  Unterkonstruktion in Stahlleichtbauweise
5 Beleuchtung
6 Bodenaufbau Restaurant:
  Parkett Walnuss geölt 10 mm
  Sperrholz fugenlos verlegt 24 mm
  geglätteter Mörtel 16 mm
  Stahlbetondecke (Bestand) 165 mm
7 Bodenbelag Eingangsbereich:
  Estrich mit Epoxydharzbeschichtung 50 mm
8 abgehängte Decke Eingangsbereich:
  Stahlblech 1,5 mm
  Gipskarton 12,5 mm
  Unterkonstruktion in Stahlleichtbauweise

Restaurant »George« in Paris

Architekten: Jakob+MacFarlane, Paris
Tragwerksplanung: RFR, Paris

Funktionale Trennung der Räume
Gebilde aus gekrümmten Aluminiumblechen
Farbiger Kautschukbelag

Es ist nicht leicht, ein Restaurant innerhalb einer Architekturikone zu entwerfen, noch dazu, wenn der Innenraum mit einem der exponiertesten Blicke über Paris konkurriert. Die Architekten haben sich der Aufgabe mit viel Gespür für den bestehenden Raum und dessen Materialität genähert. Das oberste Stockwerk des Centre Pompidou erhielt ein neues Innenleben: Große möblierte Restaurantbereiche ordnen sich um metallisch blasenartige Gebilde. Diese Raumzellen beinhalten Funktionen wie Küche, Sanitär- und Haustechnik sowie eine Bar und einen VIP-Raum. Dem Panorama außen vor den Fenstern steht somit eine künstliche Landschaft im Inneren gegenüber. Auf der Suche nach einem zurückhaltenden Material stießen die Architekten auf den bestehenden matten Aluminiumbelag, der auch auf der großen Terrasse verlegt ist. Das Format des Plattenmaterials spielte hier eine entscheidende Rolle, da es das kleinste durchgängige Maßsystem des Gebäudes darstellt. Eben dieses wurde in einer 3D-Software als Gitternetz eingeladen und so lange modelliert, bis die Krümmungen die geeignete Form aufwiesen, wobei die einzelnen Bleche exakt die Segmente des Gitternetzes darstellen.

Spiel der Kontraste
Die Architekten bezeichnen die Objekte als Taschen im Raum, die jeweils eine eigene Funktion und eine damit verbundene Innenfarbe aufweisen. Im Gegensatz zur kühlen grauen Aluminiumoberfläche bildet der farbige Kautschukbelag im Inneren haptisch wie optisch einen starken Kontrast. Dass der Boden gleichzeitig zur raumbildenden Haut wird, führt zu einem spannenden Spiel zwischen innen und außen. Die Farben Rot (VIP-Raum), Grün (Küche), Gelb (Sanitärbereich) und Blau (Haustechnik) orientieren sich an den Fassadenfarben des Gebäudes und verweisen somit auf den bedeutenden architektonischen Kontext.

Aluminiumhaut stabilisiert das Aluminiumskelett
Die Realisierung der Freiformen stellte sich als besondere Herausforderung dar: Schließlich fertigte ein Bootsbauer die Raumzellen aus einem Stück. Die tragende Unterkonstruktion besteht aus einem Aluminiumskelett, das in der Horizontalen durch Aluminiumprofile unterstützt wird. Bleche aus dem gleichen Material verkleiden die bereits vorgeformten Krümmungen und stabilisieren die Konstruktion. Der farbige Kautschukbelag im Inneren ist nicht selbsttragend, sodass eine Unterkonstruktion aus faserverstärktem Gipskarton gewählt wurde. Auf diese Weise wurde ein nahtloser Übergang von der Decke über die Wand zum Boden möglich. Als Besonderheit kann der rote VIP-Bereich über maßgefertigte und ebenfalls vorgeformte Schiebetüren großflächig geöffnet werden. In letzter Konsequenz sind die Lampen direkt bündig in das Material eingearbeitet. Damit jeder Raum für sich autark funktioniert, führen die Installationsleitungen offen von oben in die Zellen.
Das Mobiliar im Gastraum orientiert sich streng am Bodenraster und ist außerhalb der Raumzellen farblos. Der bis auf die Dachterrasse durchgehende Bodenbelag, die einheitliche Bestuhlung und die großen Panoramafenster verbinden Innenraum und Außenbereich zu einer Einheit.

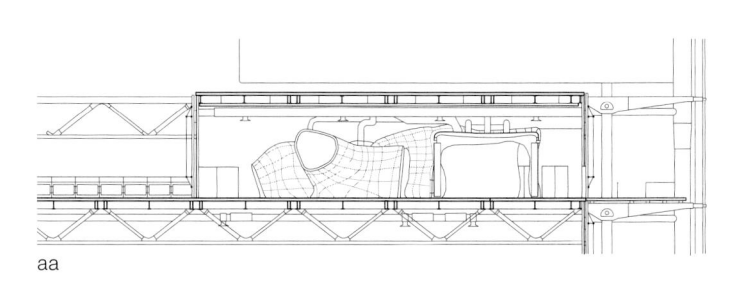

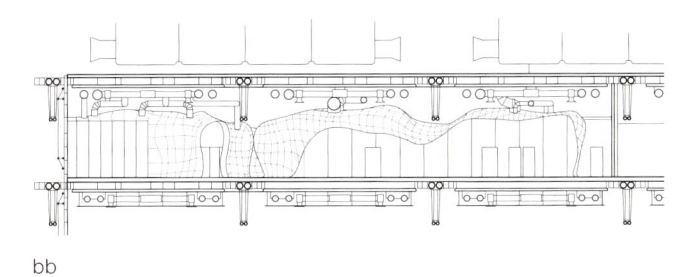

Grundriss · Schnitte
Maßstab 1:500

1 Eingang/Terrasse
2 Garderobe
3 WCs
4 Küche
5 Bar
6 VIP-Raum

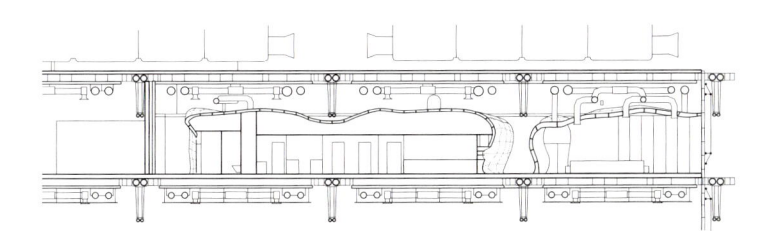

bb

cc

Projektdaten:

Nutzung:	Gastronomie
Konstruktion:	Aluminium-Monocoque
lichte Raumhöhe:	6,5 m
Bruttorauminhalt:	9750 m³
Bruttogrundfläche:	900 m²
Baujahr:	2000
	2007 (Bar-Umbau)
Bauzeit:	9 Monate
	6 Monate (Bar-Umbau)

139

140

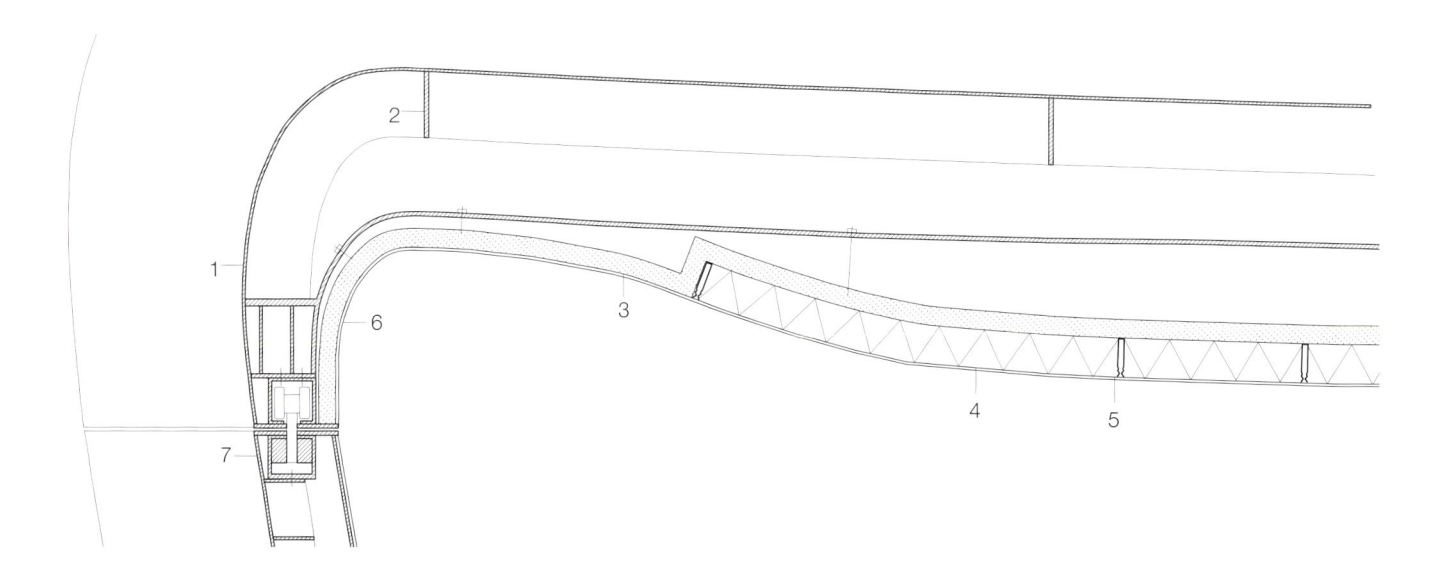

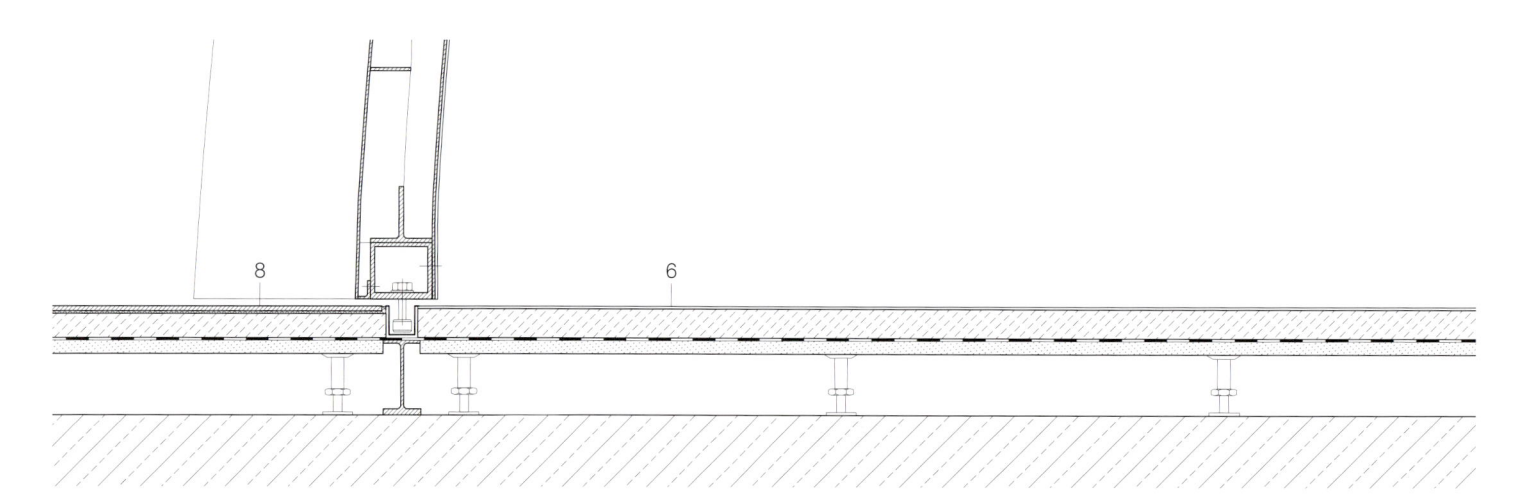

Vertikalschnitt   Maßstab 1:10

1 Blech Aluminium 4 mm
2 Aluminium-Strangpressprofil 85/20 mm
3 faserverstärkter Gipskarton,
  auf Drahtnetz 25 mm
4 Schallschutz:
  Faserbaustoff mit Melaminharz verstärkt
5 Halteschienen
6 Kautschukbahnen farbig max. 12/1,22 m
7 Schiebetür mit Aluminiumrahmen
8 Bodenaufbau:
  Aluminiumplatten gebürstet
  80/80/10 mm
  Trittschalldämmung
  Zementfließestrich 35 mm
  Trennlage
  Trägerplatte, Kalziumsulfat 600/600/18 mm
  Stützfuß Stahl verklebt
  Stahlbeton
9 Aluminium-Strangpressprofil
  mit Versteifung 85/20 mm
10 Faserbaustoff, verstärkt
11 Federung:
   Unterlegscheiben Edelstahl verschraubt
12 Längsträger Stahlprofil ▫ 1500 mm
13 Halogen-Leuchte Unterputz

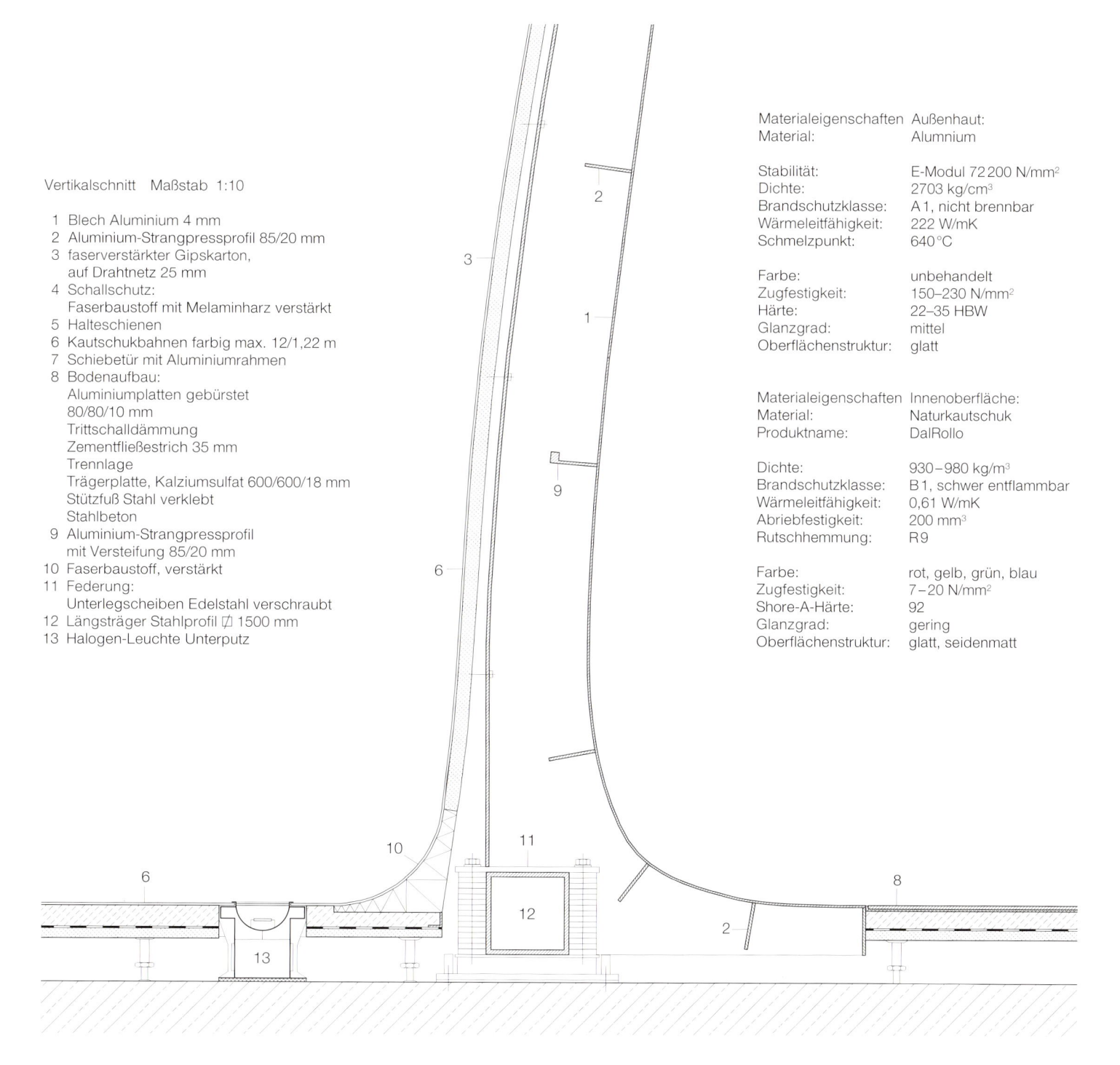

Materialeigenschaften Außenhaut:	
Material:	Alumnium
Stabilität:	E-Modul 72 200 N/mm^2
Dichte:	2703 kg/cm^3
Brandschutzklasse:	A 1, nicht brennbar
Wärmeleitfähigkeit:	222 W/mK
Schmelzpunkt:	640 °C
Farbe:	unbehandelt
Zugfestigkeit:	150–230 N/mm^2
Härte:	22–35 HBW
Glanzgrad:	mittel
Oberflächenstruktur:	glatt

Materialeigenschaften Innenoberfläche:	
Material:	Naturkautschuk
Produktname:	DalRollo
Dichte:	930–980 kg/m^3
Brandschutzklasse:	B 1, schwer entflammbar
Wärmeleitfähigkeit:	0,61 W/mK
Abriebfestigkeit:	200 mm^3
Rutschhemmung:	R9
Farbe:	rot, gelb, grün, blau
Zugfestigkeit:	7–20 N/mm^2
Shore-A-Härte:	92
Glanzgrad:	gering
Oberflächenstruktur:	glatt, seidenmatt

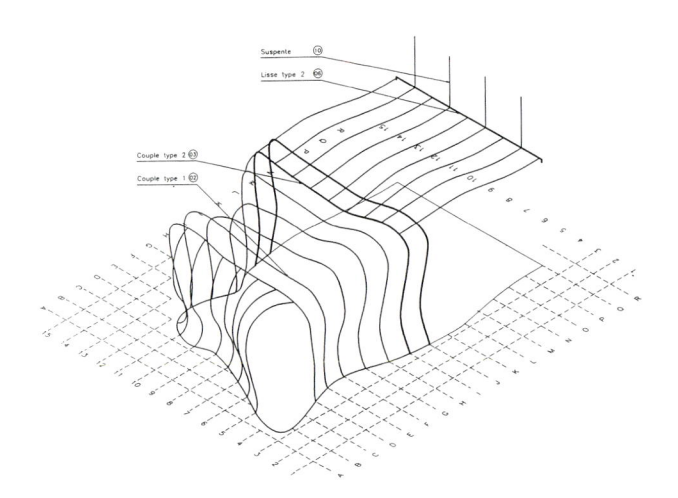

»Free-Form«: Zur Herstellung

Anlässlich der Jahrtausendwende wurde das Centre Pompidou grundlegend umgebaut, um das Gebäude an die neuen Erfordernisse von Betrieb, Sicherheit und Ausstellungstechnik anzupassen. Im Rahmen der von dem Architekten und ursprünglichen Entwurfsverfasser Renzo Piano geleiteten Umgestaltung wurde die Planung bestimmter Gebäudeteile auf der Grundlage eines Wettbewerbs an ausgewählte Architekturbüros vergeben. Das Restaurant »Georges« im obersten Stockwerk wurde von den Architekten Jakob + MacFarlane gestaltet. Das Ingenieurbüro RFR, das eine weitreichende Erfahrung in der Realisierung von Spezialstrukturen hat, zeichnete sich für die Ausführungsplanung verantwortlich.

Zentrales Thema des umgestalteten Restaurants sind die fünf Raumzellen, die aus dem Boden aufzusteigen scheinen: Der auf einem Raster von 80 × 80 cm basierende Boden aus Aluminiumplatten wellt und wölbt sich zu Freiformen auf, die komplexe Räume entstehen lassen und zugleich den Hauptraum in zusätzliche Funktionen wie VIP-Bereich, Küche und Sanitärzone gliedern.

Renzo Piano und Richard Rogers legten bei der ursprünglichen Planung 1977 besonderen Wert auf große Stützweiten innerhalb des Centre Pompidou, die eine flexible Raumnutzung ermöglichen, jedoch biegt sich deswegen die Decke bei einer dicht gedrängten Besuchermenge um etwa 10–15 cm durch. Weil die Deckenträger auf die Lasten vor dem Umbau ausgelegt sind, ist deren Tragfähigkeit darüber hinaus gering.

Selbsttragende Schalen

Das Konstruktionsprinzip des neuen Innenausbaus übersetzt die architektonische Idee in die gebaute Realität eines außergewöhnlichen Kontextes. Es werden Makroobjekte geschaffen, die dem Hochbau weit näher stehen als der Innenarchitektur.

Damit das Gewicht der Raumzellen unter der maximalen Belastungsgrenze der bestehenden Decke bleibt, musste bei einer lichten Weite von ca. 7 m eine hohe Effizienz hinsichtlich Lastabtragung und Gewicht verwirklicht werden. Infolgedessen verlor die gewohnte Unterscheidung zwischen Tragwerk und Verkleidung an Bedeutung, ähnlich wie bei der Fertigung von Flugzeugrümpfen. Dort werden in der so genannten Monocoque-Bauweise selbsttragende Schalen verwendet, deren Haut mit strukturellen Elementen fest verbunden wird und zur Festigkeit des Aufbaus beiträgt, nun das gesamte verfügbare Material optimal zu nutzen.

Schalenkonstruktion

Für die statische Berechnung von räumlich gekrümmten Tragwerken unterscheidet man zwischen zwei Methoden: Bei der Membrantheorie muss ein optimales Verhältnis zwischen der Dicke der Schale und der Geometrie der Krümmungen herrschen. Ist dies nicht gegeben wird die Biegetheorie angewendet, d.h. die Biegesteifigkeit der Hülle muss einen Großteil der Lasten abtragen. Durch eine Kombination beider statischer Methoden konnten die blasenartigen Raumzellen mit einer einheitlichen Materialstärke geschaffen werden, was Vorteile für die Produktion als auch für die Oberflächengestaltung mit sich brachte. Aufgrund des Konstruktionsschemas und der beträchtlichen lichten Weiten der Räume wurden diese als starre Kästen konzipiert, die allerdings kaum die gegensätzlichen Bewegungen der langen Deckenträger durch die uneinheitliche Belastung von Besuchermengen ausgleichen können. Ein Randträger gewährleistet die Stabilität der Konstruktion jeder Raumzelle. Die hier einwirkenden Kräfte werden gleichförmig auf Verankerungspunkte übertragen, die mit Federn versehen sind, um die Differentialbewegungen flexibel kompensieren zu können. Diese Strategie war beim VIP-Raum an der Südfassade jedoch nicht anwendbar, da diesen eine weite Öffnung kennzeichnet. Die fehlende »Haut« beeinträchtigt den Hülleffekt und schwächt die Festigkeit der Konstruktion an dieser Stelle zu stark. Die Statik wird in diesem Fall durch die Abhängung der einen Seite der Raumzelle von der Tragstruktur des Gebäudes gewährleistet. Die Bewegungen der beiden Konstruktionen zueinander werden durch die Flexibilität der Hülle selbst kompensiert, die wiederum der Wirkung der Fundamentfedern entspricht. Die Verankerungsfedern gewährleisten die Kompatibilität zwischen Alt und Neu, zwischen den statischen Vorkehrungen und den verschiedenen Raumzellen. Da diese vom Bodenbelag verdeckt sind, verbirgt sich dem Besucher die statische Komplexität dieser freien architektonischen Formen.

Fertigung

Die Baubranche besitzt keine Produktionsmittel, um derartig komplexe Formen aus Aluminium zu schaffen. Folglich war es für die Fertigungsprozesse nötig, über den Tellerrand der Architektur hinaus zu schauen. Die Wahl fiel auf den Schiffsbau, insbesondere weil man dort von jeher gewohnt ist, mit doppelt gewölbten Flächen umzugehen. Für die Ausführung wurde die Schiffswerft MAG France beauftragt, die auf Motor- und Rennjachten spezialisiert ist, bei denen geringes Gewicht und perfekte Außenflächen von höchster Bedeutung sind.

Die tragende Struktur der Raumzellen besteht aus Aluminium-Strangpressprofilen, die in parallelen Ebenen rechtwinklig zueinander angeordnet und an der Leibung mit der tragenden Hülle verschweißt sind. Die Profile wurden mit Hilfe von CNC-Maschinen aus glatten Platten direkt aus den Planungsdaten hergestellt. Die räumlichen Krümmungen ließen den Einsatz einfacher Kalandrierverfahren nicht zu und erforderten geschicktes Arbeiten mit der Presse. Die Tragfähigkeit setzt die fortlaufende Verbindung zwischen den Strangpressprofilen und der Haut voraus. Das Schweißen birgt Gefahren für die Mängel in der optischen Erscheinung, da die Hitze des Schneidbrenners Farbveränderungen hervorrufen kann. Daher wurden zur Ermittlung des Schweißverfahrens einige Probereihen durchgeführt, um damit ein in Abstand, Länge und Tiefe optimiertes Punktschweißverfahren ermitteln zu können, das eine lokale Überhitzung verhindert und zugleich die Festigkeit des Bereichs nicht beeinträchtigt.

Montage

Die Produktion selbst stellt nur einen Schritt in der Realisierung des Vorhabens dar. Nicht weniger maßgebend für die Wahl der eingesetzten Technik sind die Bedingungen auf der Baustelle. Die Abmessungen der Raumzellen gehen weit über die des größten Bauaufzugs hinaus. Wegen des geringen Gewichts wäre es denkbar gewesen, die Gebilde mit einem Hubschrauber auf die Terrasse des Centre Pompidou zu transportieren. Diese Idee ließ sich jedoch aufgrund der bestehenden nicht reversiblen Fassade nicht verwirklichen. Daher wurden die Abmessungen der Lastenaufzüge für das Raster und die Ausrichtung der tragenden Strangpressprofile als Bedingung definiert, um die Räume in eine möglichst geringe Zahl von Modulen zu unterteilen und um so wenige Trennlinien wie möglich zu erzielen. Zur Gewährleistung perfekter, nahtloser Übergänge wurden die Gebilde in der Schiffswerft vollständig aufgebaut, anschließend zerlegt und auf der Terrasse des Centre Pompidou wieder zusammengefügt.

Die Realisierung der Raumzellen für das Restaurant »Georges« zeigt, dass der ideale digitale Entwurf auf einer materiellen Vorbereitung beruht. Die freie Geometrie, die in diesem Beispiel modernsten 3D-Programmen zu verdanken ist, findet ihre reale Umsetzung durch einen Prozess, der zum Teil computergesteuert abläuft, zum Teil jedoch von der industriellen Fertigung und dem handwerklichen Know-how der beteiligten ausführenden Firmen abhängt. Voraussetzung ist jedoch eine architektonische Vision, unabhängig von den Bauprozess betreffenden vorgefassten Konzepten.

Niccolo Baldassini

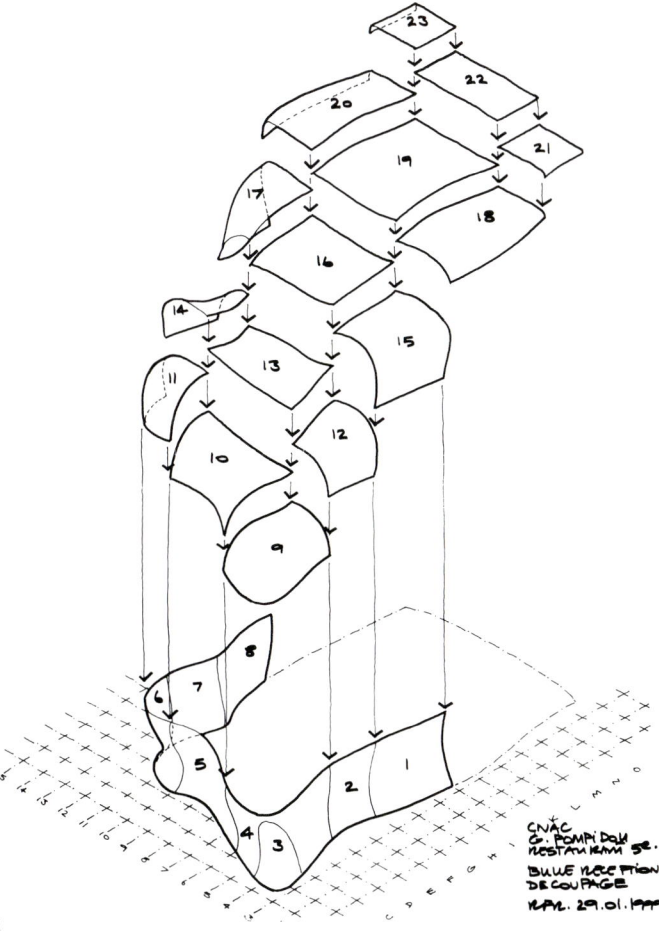

1 Schema des Aluminiumskeletts im VIP-Raum
2 Aluminiumskelett bei der Fertigung
3 Haut wird mit Tragstruktur verschweißt
4 Zerlegung der fertigen Raumzellen für die Endmontage vor Ort
5 Schema der Einzelelemente für die Endmontage

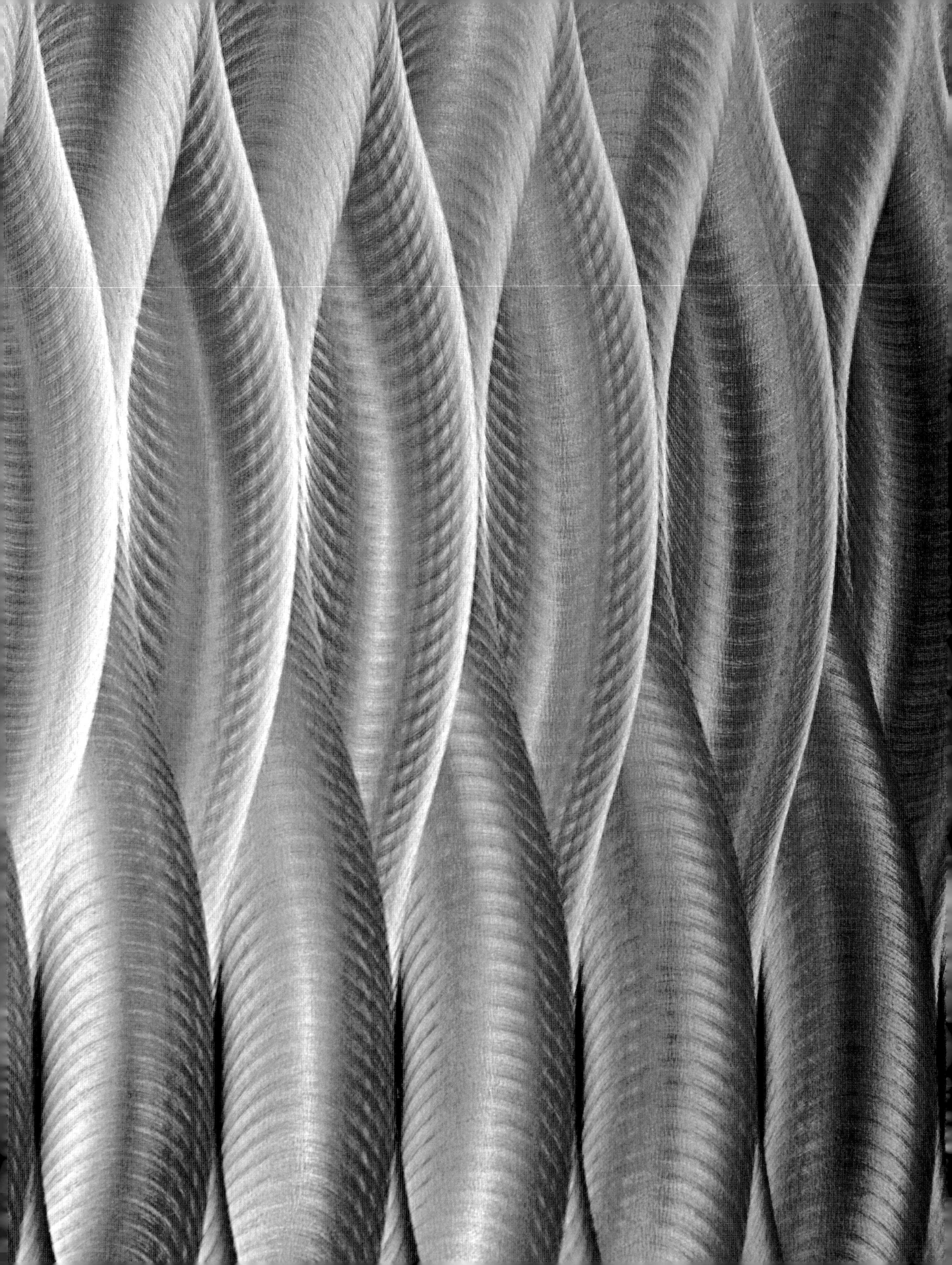

Materialien und Oberflächen im Innenraum

Christiane Sauer

Transluzenter Beton und schimmernde Metallgewebe, lumineszente Tapeten, zarte Ornamente – gedruckt auf Kunststoffplatten – oder Blütenblätter in laminierten Kunststoffscheiben: Materialien und Oberflächen bestimmen ganz unmittelbar die Atmosphäre eines Raums. Über Materialien nehmen wir Gebäude und Innenräume wahr. Durch sie wird Architektur zu Farbe, zu Textur, zu Geruch – sie wird zum sinnlichen Erlebnis.
Der Auswahl der geeigneten Materialien kommt eine große Bedeutung zu, sie steht in engem Zusammenhang mit dem entwurflichen Konzept. Eine Entwurfsidee kann durch ein bestimmtes Material verstärkt oder konterkariert werden. Besondere Spannung entsteht, wenn Materialien bewusst in einen neuen ungewohnten Zusammenhang gesetzt werden. So beispielsweise das industriell gefertigte Messing-Metallgewebe, das den Altar der Dresdner Synagoge von Wandel Hoefer Lorch rahmt (Abb. 6.2) oder die Blattgoldornamente auf Bausperrholz als Wandverkleidung des Konzertsaals der Casa da Música in Porto von OMA (siehe S. 62ff.).

Die Identität eines Materials ist keine festgeschriebene Größe, sondern wandelt sich im kulturellen und zeitgeschichtlichen Kontext: Beton, der noch vor wenigen Jahrzehnten als kalte und minderwertige Oberfläche angesehen wurde, gilt heute als edel und puristisch. Marmor dagegen – in früheren Zeiten der Inbegriff von Luxus – ist als Fliese heute Massenware. Durch die industrielle Erzeugung der Werkstoffe und den globalisierten Handel ist die Vielfalt der möglichen Materialien und Oberflächen fast unüberschaubar geworden. Hier sind die Planer gefordert, für den jeweiligen Einsatzzweck das angemessene Produkt zu finden.
Neben der gestalterischen Intention spielen dabei nutzungsbezogene und bauphysikalische Parameter eine entscheidende Rolle. Für die Behaglichkeit von Räumen sind die Akustik, die Beleuchtung und das Wärmeempfinden wichtige Faktoren, die wiederum durch die Beschaffenheit der Oberflächen beeinflusst werden. Beispielsweise gelten in öffentlichen Gebäuden oder an Arbeitsstätten hohe Anforderungen an Dauerhaftigkeit, Trittsicherheit und Brandschutz. Die Eigenschaften der verwendeten Materialien müssen darauf abgestimmt werden.

Im Folgenden soll eine gleichermaßen inspirierende wie informative Übersicht über das Spektrum der Materialien gegeben werden. Ausgehend vom entwurflichen Ansatz werden Möglichkeiten aufgezeigt, Räume mit modularen, homogenen oder dekorativen Oberflächen zu gestalten.

Modulare Materialien

Die Herstellung von Werkstoffen unterliegt verschiedenen Rahmenbedingungen. Neben der Verfügbarkeit der Rohstoffe spielen markt- und betriebswirtschaftliche Faktoren eine Rolle. Materialien für den Bau und Innenausbau sind heute Teil des globalisierten Handels und kommen meist als genormte Produkte auf den Markt. Um in der Verarbeitung effiziente Abläufe zu schaffen, haben sich bestimmte Formate und Fügungsarten durchgesetzt (Platten, Fliesen, Parkett etc.), wobei die maximalen Größen durch die Eigenschaften des jeweiligen Materials bestimmt werden. Durch die Kombination unterschiedlicher Materialien zu Verbundstoffen oder zu mehrschichtigen Werkstoffen können strukturelle Nachteile einzelner Werkstoffe ausgeglichen und eine höhere Dimensionsstabilität oder Steifigkeit erreicht werden.

6.2

6.3

6.4

6.5

Das Gesamtbild einer Oberfläche ergibt sich aus der Aneinanderreihung einzelner Module und dem gestalterischen Umgang mit den entstehenden Fugen.
Während früher Produkte wie Sperrholz-, Stegplatten oder Streckmetallpaneele eher ein Schattendasein führten, kommen sie heute im Zuge der Entdeckung ihrer ästhetischen Qualitäten vermehrt zum Einsatz. So wurde die hinterleuchtete Polycarbonatstegplatte fast schon zum Markenzeichen der Architektursprache von Rem Koolhaas. Die Kunststoffplatte wird als Oberfläche auch in edlem, hochwertigem Ambiente inszeniert, wie beispielsweise in der Kunsthalle Rotterdam, im Prada Store in New York oder in der niederländischen Botschaft in Berlin.

Im Folgenden werden die wichtigsten Materialien für den Innenausbau beschrieben, die auf einer modularen Produktform basieren.

Platten und Paneele
Mineralisch gebundene Platten
Einer der gebräuchlichsten Werkstoffe für den konstruktiven Ausbau sind Gipskartonplatten. Sie bestehen aus einem Gipskern, der auf beiden Seiten mit einem festhaftendem Karton ummantelt ist. Sie eignen sich vor allem für abgehängte Decken und Vorsatzwände im Innenausbau. Die Standardabmessung beträgt 600/2000/12,5 mm. Die Fugen zwischen den Platten werden verspachtelt und plan geschliffen, sodass im Finish auch große fugenlose Oberflächen möglich sind. Gipskartonplatten haben feuchteregulierende Eigenschaften, sind jedoch empfindlich gegenüber der direkten Einwirkung von Wasser. Anstriche, Putze oder Tapeten können aber problemlos aufgetragen werden. Die schalldämmenden Eigenschaften von Gipskarton lassen sich durch eine werkseitige Lochung der Platten noch weiter verbessern. Als weitere Sonderformen werden brandhemmende, klimaregulierende, feuchtebeständige oder für Rundungen rückseitig geschlitzte Varianten hergestellt. Gipskartonwände sind nicht als tragende oder aussteifende Innenwände zugelassen.

Speziell für den Einsatz in Feuchträumen eignen sich Zementplatten mit einem Kern aus Portlandzement und beidseitiger Glasgewebearmierung. Sie können ähnlich wie Gipskartonplatten verarbeitet werden, sind allerdings härter und spröder. Sie sind bestens als Untergrund für keramische Beläge geeignet, sind nicht brennbar und widerstandsfähig gegen Schimmelpilze. Die Platten haben Standardabmessungen von 900/1250/12,5 mm.

Faserzementplatten werden aus stabilisierenden Kunststoff- und Zellulosefasern, Zement und Wasser hergestellt. Sie kommen sowohl als Fassadenplatten im Außenraum, als auch für den hochwertigen Innenausbau zum Einsatz. Man erhält sie in unterschiedlichen Grautönungen oder pigmentiert, sie sind nicht brennbar und wasserundurchlässig. Die maximalen Maße liegen bei 1500/3100 mm und Stärken zwischen 6 und 20 mm.

Als natürliche, ressourcenschonende und klimaregulierende Alternative im Trockenbau lassen sich Lehmbauplatten einsetzen. Sie werden mit nichtrostenden Spezialschrauben auf eine Unterkonstruktion montiert und, um eine homogene Oberfläche zu erhalten, mit Lehmputz verspachtelt. Die Stärken variieren zwischen 20 und 60 mm, die maximal erhältlichen Größen liegen etwa bei 1500/625 mm. Aus einem Gemisch aus Lehm und Zuschlägen, wie z. B. pflanzlichen Fasern oder Holzspänen, werden kompakte Platten für den Innenausbau hergestellt. Sie sind kompostierbar, zu 100 % recycelbar und mit den gängigen Holz- oder Steinwerkzeugen zu bearbeiten.

Als Verkleidungsmaterial sowohl für den Innenraum, als auch für Gebäudehüllen sind heute auch Betonplatten aus Feinstbeton erhältlich (Abb. 6.3). Durch die feinkörnige Zusammensetzung des Betons und die Bewehrung mit Glasfasern können Materialstärken von nur 8 bis 13 mm produziert werden. So entstehen großformatige, leichte und zugleich belastbare und biegefeste Platten in maximalen Abmessungen von 1200/3600 mm. Die Befestigung erfolgt durch rückseitige Anker in einer tragfähigen Wand.

Holz- und Holzwerkstoffplatten
Holzwerkstoffe bestehen entweder aus mehreren Holschichten, die in gegeneinander versetzter Faserrichtung verleimt sind, oder aus zerkleinertem Holz, das mit Klebstoffen oder mineralischen Bindemitteln zu Platten verpresst wird.

Wegen ihrer hohen Festigkeit eignen sich Sperrholzplatten besonders als aussteifende oder konstruktive Elemente im Innenausbau. Die um je 90° gedrehten Holzschichten werden untereinander verleimt und bilden einen spannungsfreien, »gesperrten« Verbund (Abb. 6.4).
Spanplatten werden aus Holzspänen unterschiedlicher Größe unter Zugabe von Bindemittel gepresst. Dieses Material ist kostengünstig, leicht zu verarbeiten und eignet sich vor allem für die Verkleidung von Wänden. Faserplatten bestehen vorwiegend aus Holzpartikeln, die mit oder ohne Verwendung eines Bindemittels unter Einwirkung von Wärme verpresst werden. Je nach Verdichtung unterscheiden sich die Platten in ihrer Festigkeit. Sie haben eine ebene Oberfläche – Kanten und Bohrungen können hier vergleichsweise scharfkantig ausgeführt werden. Auch durchgefärbte, schwarze oder graue Varianten des Materials wurden entwickelt.
Um Rundungen herzustellen sind rückseitig vorgeschlitzte Platten erhältlich, die in Form gebogen werden. Alle Holzwerkstoffplatten können im Nachhinein lasiert, lackiert oder geölt werden. Besonders Faser- und Spanplatten regieren empfindlich auf Feuchtigkeit, denn bei Wasseraufnahme kommt es zum »Quellen« des Materials. Ansonsten gelten Holzwerkstoffplatten als formstabil, da das Arbeiten des Holzes durch Gegenzüge eingedämmt ist, bzw. das Holz zerspant oder zerfasert keine eigene Zugkraft mehr entwickelt.

Versieht man Holzwerkstoffplatten mit Lochungen oder Schlitzen und hinterlegt ein Akustikvlies oder Dämmmaterial, erhöht sich die Schallabsorption der Oberfläche. Auch offene

6.6

6.1 High-Pressure-Laminat, Dekodur
6.2 Messinggewebe, Synagoge in Dresden, 2001;
 Wandel Hoefer Lorch + Hirsch
6.3 Glasfaserbetonplatten, Festspielhaus in Bregenz, 2006;
 Dietrich I Untertrifaller
6.4 Sperrholzplatten, Wohnhaus in Zurndorf, 2005; PPAG Architekten
6.5 Metallpaneele, Caixa Forum in Madrid, 2008; Herzog & de Meuron
6.6 Glasverbundwand, Dal Bat Showroom in Granada, 2005;
 Estudio de Arquitectura Antonio Jimenez Torrecillas

6.7

6.8

Fugen zwischen Deckenpaneelen können akustisch wirksam werden. Das Maß der akustischen Verbesserung ist von der Höhe des Abstands zwischen Unterdecke und tragender Decke abhängig, sowie von der Art der Perforation.

Metallpaneele
Metall zeichnet sich durch hervorragende strukturelle Eigenschaften aus sowie durch eine hochwertige, beständige Oberfläche. Im Innenausbau können mittels Blechen sowohl geschlossene Oberflächen hergestellt werden, als auch leichte, durchbrochene Strukturen, für die man Lochbleche oder Streckmetalle einsetzt.

Lochbleche erhalten ihre Perforation durch partielles Ausstanzen von Blechteilen, Streckgitter werden ohne Materialverlust aus eingeschnittenen und danach auseinandergezogenen »gestreckten« Blechen hergestellt.
Durch ihre strukturelle Stabilität bei gleichzeitig geringem Gewicht eignen sich Metallbleche gut als Unterdecken. Hier kommen meist verzinkte Stahl- oder Aluminiumbleche zur Anwendung, die zu stabilen Kassetten mit aufgebogenen Kanten geformt sind und in Metalltragsysteme eingehängt werden. Durch die Modularität ist der Deckenzwischenraum, in dem Installationen und Haustechnik Platz finden, für Revisionen leicht erreichbar. Um die Schallabsorption der Oberfläche weiter zu verbessern, kann man perforierte Bleche mit Schallschluckvlies oder Akustikauflagen aus Mineralwolle hinterlegen.
Gegen unerwünschtes Beulen und Längenänderungen durch Temperaturschwankungen verwendet man Verbundmaterialien in Sandwichbauweise. Sie bestehen meist aus einem Kunstharzkern, Aluwellblech oder Aluwaben und sind kraftschlüssig mit beidseitigen Aluminiumdeckschichten verklebt. Durch den Verbund sind keine wesentlichen Längenänderungen des Materials mehr möglich, Fugen zwischen den einzelnen Platten lassen sich deshalb minimieren.

Bleche können auch direkt auf Trägerplatten aus Holzwerkstoffen vollflächig aufgeklebt und so als Wand- oder Bodenbelag eingesetzt werden. Wegen der unterschiedlichen Ausdehnungskoeffizienten der Materialien ist auf die Wahl des geeigneten Klebstoffs zu achten.
Die Größe einer Normblechtafel beträgt 1000/2000 mm, Großtafeln sind mit 1500/3000 mm erhältlich. Da Rohbleche als Bandware produziert werden, sind auch größere Längen möglich. Die Plattengröße von Kassetten, Lochblechen oder Streckmetall ist vom Produkt, System und Hersteller abhängig.

Glastafeln
Glas besteht im Wesentlichen aus Quarzsand, Soda, Kalk sowie anderen Zuschlagsstoffen, die in der Herstellung bei Temperaturen über 1000 °C eingeschmolzen werden. Der transparente Werkstoff ist vielfältig anwendbar: Glastafeln, Glasbausteine oder Profilglas können zu nicht tragenden Innenwänden verbaut werden, aber auch Geländer oder transparente Schiebetüren lassen sich gut aus Glas herstellen. Für Überkopfverglasungen, Absturzsicherungen oder Wände aus Glas gelten besondere Sicherheitsnormen, um scharfkantigen Splittern vorzubeugen und Personen bei Aufprall gegen Verletzungen zu schützen. Hierfür eignet sich vorgespanntes Glas, das in stumpfe Glaskrümel zerbricht, oder Verbundglas, bei dem mehrere Scheiben durch eine Kunststofffolie zusammen laminiert sind, sodass gesplit-

tertes Glas nicht aus dem Verbund herausfallen kann. Für einen Showroom von Antonio Jimenez Torrecillas in Granada wurde Glas nicht als Verbundscheibe, sondern als massive Verbundwand verwendet: sechs Millimeter starke und acht Zentimeter breite Glasstreifen sind vertikal miteinander verklebt. Die Architekten inszenierten mit Streiflicht die ungeschliffene Kanten, was die besondere Ästhetik des Materials betont (Abb. 6.6).

Die porenfreie, glatte Glasoberfläche eignet sich ausgezeichnet für Oberflächenbehandlungen wie Ätzen oder Beschichten. Neuartige Nanoschichten können die Oberfläche mit wasserabweisenden oder antibakteriellen Eigenschaften ausstatten. Auf Knopfdruck wechseln Gläser von transparent auf milchig, sodass sich die Materialoberfläche unterschiedlichen Raumfunktionen anpassen kann. Auch Beleuchtung wird heute direkt in das Material integriert: LEDs scheinen optisch frei im Glas zu schweben und zu leuchten. Sie sind in zweischeibigem Verbundglas eingelegt und fast unsichtbar mit feinsten Leiterbahnen verbunden, die sie mit elektrischer Energie versorgen. Das kalte Licht der LEDs ist mit über 100000 Stunden Leuchtdauer extrem langlebig: So wird ein Auswechseln der Leuchtdioden während der Betriebsdauer nicht notwendig.

Nicht nur als Wandelement, sondern auch als hochwertiger Boden lassen sich Glaselemente einsetzen: Um die notwendige Rutschhemmung zu erzielen (R 9–R 11) wird die Oberfläche gestrahlt, geätzt oder mit einem keramischen Siebdruckraster versehen.

Kunststoffplatten
Das Feld der für den Innenausbau zur Verfügung stehenden Kunststoffe ist sehr breit gefächert. Sie basieren auf organisch-chemischen Verbindungen, die im Wesentlichen aus Kohlenstoff und Wasserstoff aufgebaut sind. Man unterscheidet nach der Struktur der einzelnen Makromoleküle und der damit möglichen Anordnung im Polymergefüge zwischen Thermoplasten, Elastomeren und Duroplasten. Thermoplastische Kunststoffe wie z. B. Polyethylen können durch Schreddern und Wiedereinschmelzen weiterverwertet werden, duroplastische Kunstoffe wie z. B. Epoxidharz lassen sich nach Gebrauch nicht thermisch recyceln.

Als Bekleidung im Innenausbau werden vor allem Acrylglas-, Polyester-, Polycarbonatplatten oder glasfaserverstärkte Kunststoffe verwendet. Auch Recyclingplatten mit unterschiedlichen Musterungen bieten ein interessantes Gestaltungsspektrum. Als Produktformen stehen Massivplatten, Stegplatten, Wellplatten, Trapezplatten oder Wabenplatten zur Verfügung. Polycarbonatplatten mit Doppel- und Mehrfachstegen kommen oft als stabile, selbst tragende Paneele zum Einsatz. Sie eignen sich aufgrund ihrer Transluzenz gut zur Hinterleuchtung (Abb. 6.7). Auch Wabenplatten aus Kunststoff besitzen einen hohen ästhetischen Reiz und ausgezeichnete Stabilität. Die mit den transparenten Deckschichten verklebten Waben können hierbei ebenso aus Kunststoff oder auch aus Aluminium hergestellt sein. Versieht man Kunststoffwabenplatten mit einem Lochraster, entstehen schallabsorbierende Mikrosorber. Das Prinzip beruht auf einer Lochung mit Durchmessern von 0,2–0,8 mm. Die Schallenergie wird am Lochrand durch die entstehende Reibung in Wärme umgewandelt und so neutralisiert. Das Material reduziert den Reflexionsschall, senkt die Nachhallzeit und kann ästhetisch interessant inszeniert bzw. hinterleuchtet werden. Das Mikrosorber-Prinzip ist auch als Polycarbonat-Folie, Spanndeckensystem oder fertiges Trennwandelement erhältlich.

Mineralwerkstoffplatten
Mineralwerkstoffe sind Komposite auf Acrylharz- oder Polyesterbasis mit mineralischen Füllstoffen. Sie sind als Platten lieferbar, können aber auch thermoelastisch durch hydraulisches Pressen oder durch Vakuumanlagen bei etwa 170°C individuell gebogen oder verformt werden. Das steinartige und zugleich samtene Material kann ohne sichtbare Fugen zu endlosen Oberflächen zusammengefügt werden. In Bad- und Küchenanwendungen hat der Werkstoff in den vergangenen Jahren bereits Verbreitung gefunden (Abb. 6.8). Die porenfreie Oberfläche lässt sich durch Abschleifen immer wieder regenerieren. Für horizontale Anwendungen eignet sich eine Plattenstärke von 12 mm, für vertikale Wandverkleidungen gibt es auch eine nur 6 mm starke Ausführung. Eine brandhemmende Variante des Materials in B 1-Qualität ist erhältlich und seit kurzem gibt es auch transluzente Oberflächen, die durch Hinterleuchtung neue Gestaltungsperspektiven eröffnen.

Textile Paneele
Zur Verbesserung der Raumakustik – etwa in Büroräumen mit »harten« Böden und großflächigen Verglasungen – können mit Textilien bespannte Paneele als flexible Trennwände eingesetzt werden. Hierfür eignet sich beispielsweise Schurwollefilz. Filzpaneele absorbieren im gesamten Frequenzbereich bis zu 80 % des Schalls und optimieren zudem das Raumklima aufgrund ihrer feuchtigkeitsausgleichenden Wirkung. Ein anderes Akustiksystem basiert auf einem Aluminiumrahmen, der mittels eines Spannmechanismus zwei textile Schichten auf Abstand hintereinander fixiert. Die Hohlräume zwischen und hinter den Schichten sind auf die optimale akustische Leistung abgestimmt.

6.9

Fliesen und Kacheln

Keramische Fliesen
Keramik wird seit Jahrtausenden aus dem Grundmaterial Ton hergestellt. Man unterscheidet zwischen Steingut und Steinzeug (Feinsteinzeug). Während Steinzeug bei Temperaturen von 1200–1300 °C gebrannt wird und daher widerstandsfähiger ist, wird Steingut bei geringerer Temperatur gebrannt und benötigt eine Glasur, um das Eindringen von Wasser zu verhindern. Steinzeug muss nicht, kann aber aus dekorativen Gründen glasiert werden. Glasuren können jedoch auf Dauer verkratzen und sind deshalb für hohe Beanspruchung ungeeignet. Auf unglasiertem Material wird eine Imprägnierung angeraten, um Verschmutzungen besser entfernen zu können. Keramik ist prinzipiell sehr widerstandsfähig und dauerhaft, besitzt ein gutes Wärmespeichervermögen und eignet sich deshalb besonders für Fußbodenheizungen. Die Eigenschaften der Oberfläche können in der Produktion auf die geforderten Grade der Trittsicherheit angepasst werden. Fliesen sind in unterschiedlichen Abmessungen verfügbar, Großformate werden beispielsweise mit 60 × 60 cm oder auch bis zu einer Seitenlänge von 120 cm angeboten. Hochverdichtete widerstandsfähige Porzellankeramik kann sogar bei einer Stärke von nur 3 mm in Platten von bis zu 1 × 3 m, hergestellt werden.
Besonderes Augenmerk sollte auf die Wahl der Fugenfarbe gelegt werden, da das Fugennetz ein wichtiges Gestaltungsmerkmal darstellt. Die Verlegung kann im Dickbett (10–15 mm Mörtelschicht) oder im Dünnbett (3–8 mm Mörtelschicht) erfolgen, je nach Art des Untergrunds und Ebenmäßigkeit der Keramik.

Zementgebundene Fliesen und Platten
Zementfliesen werden seit dem Ende des 19. Jahrhunderts auf Basis von Weißzement hergestellt. Die Beimischung von edlen Materialien wie Marmorstaub beeinflusst Farbe und Oberfläche des Materials. Die Platten sind äußerst strapazierfähig, haben eine glatte seidige Oberfläche und bekommen im Laufe der Zeit eine Patina. Die Fliesengröße liegt meist bei 10 × 10 oder 20 × 20 cm.
Die in ihrer Erscheinung gröberen Betonwerksteinfliesen werden aus einem Block in Größen von 30 × 30 bis 50 × 50 cm gesägt. Als Bindemittel kommt Zement zum Einsatz, die unterschiedlichen Zuschlagstoffe wie Kiese oder Pigmente beeinflussen das Erscheinungsbild. Die 20–50 mm starken Fliesen werden im Dickbett verlegt.

Naturwerksteinfliesen und -platten
Jeder Steinbruch baut Material mit einem eigenen unvergleichlichen Charakter ab, der sich im Laufe der Förderung aufgrund der Zusammensetzung der Gesteinsschichten ändern kann. Für den Innenausbau eignen sich alle Steinsorten von Marmor über Sandstein, Kalkstein bis Quarzit. Auch Halbedelsteine wie Onyx und Alabaster finden an exponierten Stellen Anwendung. Wichtig bei der Auswahl des richtigen Materials ist neben der gewünschten Farbigkeit und Optik die Oberflächenbeschaffenheit. Diese kann von bruchrau über gesägt bis zu poliert hergestellt werden.
Naturstein weist im Vergleich zu anderen Belägen höchste Belastbarkeit bei geringsten Abriebswerten auf. Bei Granit oder ähnlichen Hartgesteinen sind auch nach Jahrzehnten kaum Nutzungsspuren sichtbar. Aufgrund seiner ausgezeichneten Wärmespeicherkapazität ist Naturstein für Fußbodenheizungen gut geeignet. Er kann als Wärmepuffer direkte solare Einträge aus Südfenstern speichern und nachts zeitversetzt abgeben. Natursteinfliesen bis 15 mm Stärke werden im Dünnbettmörtel verlegt, dickere Steine im Mittel- und Dickbett. Übliche Breiten reichen von 15 bis 40 cm, die Längen können variieren. Darüber hinaus werden Riemchenverblender oder Mosaike für den Innenraum angeboten.

Glasfliesen
In Mosaik oder Fliesenform wird auch Glas hergestellt. Gerade für komplexe Formen und Rundungen eignet sich das kleinformatige Mosaik, das ab einer Größe von 10 × 10 mm erhältlich ist. Es wird auf Netzen im Dünnbett verlegt. Auch im Nass- bzw. Unterwasserbereich in Schwimmbecken sind Glasfliesen aufgrund ihrer hohen Widerstandsfähigkeit hervorragend geeignet. Das Spektrum reicht von Fliesen aus Muranoglas bis zu metallisch oder mit Echtgold beschichteten Glassteinen.

Lederfliesen
Ein Lederboden vermittelt eine luxuriöse, exklusive Atmosphäre. Strapazierfähiges Leder für diesen Zweck ist als fertige Fliese erhältlich. Lederfliesen eignen sich sowohl für den Wohn- als auch für den Objektbereich. Das Material wird wasserabweisend vorbehandelt. Kleine Steinchen können den Boden allerdings verkratzen, weshalb eine ausreichende Sauberlaufzone eingeplant werden sollte. Mit der Zeit bekommt der Boden eine natürliche Patina, ähnlich einem gebrauchten Sattel. Die Fliesengröße reicht von einer Kantenlänge von 20–50 cm.

Homogene Oberflächen
Ein Raum aus einem Guss ist in der zeitgenössischen Architektur ein immer wiederkehrendes Motiv. Wände, Böden, Decken und Mobiliar verschmelzen zu einer dreidimensionalen Raumstruktur. Welches sind die geeigneten Materialien, um diese räumlichen Konzepte umzusetzen? Entweder die Raumhülle selbst wird aus einem Guss gefertigt, wie dies bei Sichtbeton der Fall ist, oder homogene Beschichtungen werden möglichst fugenlos auf einen Untergrund aufgebracht. Für freie amorphe Geometrien lässt sich ein solcher Untergrund beispielsweise aus rückseitig geschlitzten, biegbaren Gipskarton- oder Holzwerkstoffplatten konstruieren. Die Oberfläche kann glatt verspachtelt, geschliffen und daraufhin beschichtet werden.

Auch einige Kunststoffe eignen sich für die Herstellung homogener Oberflächen. Durch das Aneinandersetzen von Mineralwerkstoffplatten entstehen homogene Flächen mit fast unsichtbaren Fugen. Zaha Hadid inszenierte dieses industrielle Material am Beispiel der Etage des Hotels »Puerta América« in Madrid (siehe S. 32ff.). Dreidimensional geformte Mineralwerkstoffschalen wölben sich dort zu einer homogenen geschwungenen und modellierten Landschaft. Hauchdünne Kunststoff-Folien aus PVC oder ETFE können ebenfalls miteinander verschweißt werden, sodass die Konfektionierung großer zusammenhängender Flächen möglich ist. Dieser Bereich erfuhr in den letzten Jahren einen wahren Technologieschub. Ein besonderer ästhetischer Reiz ist dabei das Spiel mit Licht. In einem Modeladen von Acconci Studio in Tokio überziehen dünne Bahnen aus weißem PVC das gesamte Innere (Abb. 6.10). Sie formen – über Stahlrohre gespannt – Regale und Theke. Hinter dem straff gezogenen Kunststoff verborgene Leuchtstoffröhren streuen Licht in die gesamte Boutique. Auch Textilien lassen sich wie Folien zu großen Flächen verbinden. Konkave und konvexe Flächen sind durch Abspannungen der Stoffe oder Folien gut realisierbar.

Eine homogene großzügige Raumwirkung kann auch sehr effektiv über einen optisch durchgängigen Bodenbelag erreicht werden. Hierfür eignen sich verschiedenste Beschichtungen, beispielsweise auf Zement- oder Kunstharzbasis, aber auch Kunststoffbeläge oder Teppiche. Kunststoffbeschichtungen verwendeten z. B. Graft Architekten für ihre Zahnarztpraxis in Berlin (siehe S. 82) oder Jürgen Mayer H. für den Innenraum und die Fassade der Mensa in Karlsruhe. Boden, Wand und Konstruktion fließen optisch ineinander, es entsteht eine offene Atmosphäre ohne räumliche Barrieren. Die Kunststoffbeschichtung inszeniert den Raum als fließendes Kontinuum (Abb. 6.11).

Beschichtungen
Estrich
Für Bodenbeschichtungen gibt es eine Vielzahl von Materialien auf mineralischer Basis.
Einer der ältesten Formen ist Terrazzo, der schon in antiken römischen Villen Verwendung fand. Terrazzo eignet sich auch für stark frequentierte Bereiche und ist ein in der Herstellung aufwändiger, aber sehr dauerhafter Belag. Charakteristisch sind die in Zementmatrix eingestreuten Zuschläge wie Farbpigmente und Naturstein (Marmor, Porphyr, Tuff), die durch das mehrmalige Schleifen sichtbar gemacht werden. Seine Schichtdicke beträgt 20–30 mm, es sind entsprechend der Materialeigenschaften Bewegungsfugen vorzusehen.

Der kostengünstige, robuste und vielseitig einsetzbare Zementestrich ist auch heute noch der meist verwendete Estrich am Bau. Durch Flügelglätten oder Schleifen mit anschließender Versiegelung lässt sich eine optisch reizvolle Oberfläche herstellen, die roh und industriell anmutet. Aber auch andere Estrichsorten eignen sich als fertige Nutzschicht: Anhydrit- oder Kalziumsulfatestrich ist aufgrund seiner Konsistenz selbst nivellierend. Er hat ein geringeres Schwindverhalten als Zementestrich, sodass sehr große Flächen ohne Dehnungsfugen herstellbar sind – allerdings ist er empfindlich gegen Feuchtigkeit. Der relativ weiche Magnesiaestrich ist ein Gemisch aus Magnesiumoxiden und Magnesiumchloridlösungen mit Zuschlagstoffen wie Kork- oder Textilfasern, auch er ist nicht feuchtebeständig. Sind Sägespäne beigemengt, spricht man auch von Steinholzestrich. Man findet ihn häufig in Altbauten, da Magnesit nach dem Krieg als Ersatz für den raren Zement verwendet wurde.
Bei Gussasphaltestrich dient Bitumen als Bindemittel für feinkörnige Zuschläge wie Steinmehl, Sand, Splitt oder Kies. Das Material kann fugenlos eingebracht werden, die Verarbeitungstemperatur liegt bei 250 °C. Dies stellt erhöhte Anforderungen an den Untergrund, der aus entsprechend hitzebeständigem Material sein sollte. Gussasphaltestrich ist wasserunempfindlich, dampfdicht und schwer entflammbar.

6.7 Doppelstegplatten, Prada Store in New York, 2001; OMA
6.8 transluzente Mineralwerkstoffpaneele, DuPont Corian
6.9 Keramikfliesen, Casa da Música in Porto, 2005; OMA
6.10 Kunststoffbahnen, Modeladen in Tokio, 2003; Acconci Studio
6.11 Kunststoffbeschichtung, Mensa in Karlsruhe, 2006: Jürgen Mayer H.

6.12

6.13

Seine Viskoelastizität führt dazu, dass Punktlasten dauerhafte Abdrücke hinterlassen können.

Putz

Putze erfüllen im Innenraum funktionale und durch ihre verschiedenen Oberflächenstrukturen auch gestalterische Aufgaben. Innenputze werden in der Regel mit einer Schichtstärke von etwa 10–15 mm aufgetragen. Hierbei muss der Putz mit dem Untergrund einen dauerhaften Verbund eingehen. Die am häufigsten verwendeten Innenputzarten sind Gips-, Kalk- und Zementputze. Gipsputz kann sehr glatt gespachtelt und geschliffen werden und wirkt feuchtigkeitsregulierend. Für Nassräume ist er allerdings nicht geeignet, dort kommt Zementputz zum Einsatz. Kalkputz gibt es für unterschiedliche Ansprüche im Innenraum. Seine diffusionsoffene poröse Oberflächenstruktur kann Schadstoffe aus der Luft filtern und Feuchtigkeitsschwankungen ausgleichen. Kalkputz ist auch die Grundlage für Stucco Lustro, der in mehreren Schichten aufgetragen wird. Die Oberfläche ist mit Marmorpulver veredelt und mit Wachs geglättet. Auch mit anderen traditionellen Technologien wie Auswaschen oder Abkratzen (Sgraffito) lassen sich im Putz interessante Oberflächenstrukturen erzeugen.
Sehr positiv für das Raumklima ist Lehmputz, der aus Lehmerde und Pflanzenfasern besteht und in hohem Maße Luftfeuchtigkeit absorbieren kann.

Innovative Putze wie z.B. PCM (Phase Changing Materials) besitzen eingebettete Mikro-Paraffin-Kügelchen, die überschüssige Wärme aus dem Raum aufnehmen und zeitversetzt wieder abgeben können. So können Räume vor Überhitzung geschützt und Klimaspitzen abgepuffert werden. Selbst die Raumakustik kann über Putze positiv beeinflusst werden. So genannter Akustikputz auf hydraulischer Bindemittelbasis mit porösen Zuschlägen wird meist als Spritzputz aufgetragen.

Kunststoff

Aufgrund ihrer hohen Widerstandsfähigkeit wurden Kunststoffbeschichtungen speziell für die Industrie entwickelt. Kunststoffbeläge werden auf Epoxid- oder Polyurethanbasis hergestellt. Diese Zweikomponenten-Werkstoffe bestehen aus Harz und einem Härter, die kurz vor der Verarbeitung gemischt werden und innerhalb eines definierten Zeitraums erhärten. Ihre Dicke beträgt nur etwa 3–6 mm.
Böden aus Kunstharz sind flüssigkeitsundurchlässig, schlagfest und chemikalienbeständig. Die gegossene Oberfläche hat eine glatte optische Erscheinung, die matt oder hochglänzend herstellbar ist. Durch die Beimischung von Pigmenten lassen sich alle RAL-Farben realisieren. Gehobene Ansprüche an die Trittsicherheit können durch Zuschläge wie Quarzsand erfüllt werden. Für vertikale Beschichtungen werden Polyurethanharze aufgesprüht oder Epoxidharze gespachtelt.

Metall

Eine neue Technologie der Oberflächenveredelung bieten metallische Beschichtungen, die als flüssiger Werkstoff auf Untergründe aus Holz, Keramik, Kunststoff oder Metall aufgetragen werden. Die Echtmetallhaut kann aus Bronze, Kupfer, Messing, Aluminium, Eisen oder Stahl bestehen und bewahrt die natürlichen Eigenschaften des Materials wie etwa die Bildung einer Patina.

Auf eine jahrhundertealte Tradition stützt sich das Vergolden von Oberflächen. Hierbei werden dünne Folien aus Blattgold oder Blattsilber auf den Untergrund aufgetragen. Blattmetalle ohne Gold oder Silberanteil bezeichnet man als Schlagmetall, sie sind eine preisgünstigere Alternative.

Beläge
Elastische Beläge
Linoleum ist ein Produkt aus den nachwachsenden Rohstoffen Leinöl und Kiefernharz, das mit Holz-, Kork- und Gesteinsmehl vermengt und auf eine Trägerschicht aus Jute aufgebracht wird. Linoleumbeläge verfügen über antibakterielle Eigenschaften, sind trittschalldämmend und schwer entflammbar. Der Belag wird in Bahnen bis zu 30 m Länge hergestellt.
Elastische Bodenbeläge aus Kautschuk basieren auf einem Gemisch von synthetischem Kautschuk und dem seltenen Naturkautschuk, einem Produkt des tropischen Gummibaums. Sie sind frei von Weichmachern, verschleißfest, schwer entflammbar und verfügen über gute Trittschalldämmung.
Der im Vergleich preisgünstigere PVC-Belag besteht aus Polyvinylchlorid und Füllstoffen wie z.B. Kreide. Er enthält Weichmacher, die ihm seine thermoplastische Eigenschaft verleihen, im Brandfall aber toxische Dämpfe freisetzen. Die einzelnen Bahnen lassen sich durch Verschweißen aneinanderfügen, sodass eine homogene Oberfläche entsteht. PVC-Beläge sind weitgehend chemikalienbeständig und wasserdicht. Als Dekore finden sich vielfach Imitate von Stein- oder Holzoberflächen.
Als Alternative zu PVC gelten Polyolefin-Bodenbeläge (PO), die auf Weichmacheranteile verzichten. Sie sind geruchsneutral, fugenlos zu verschweißen und schwer entflammbar. Allerdings neigen sie bei Feuchtigkeit zum Quellen und dehnen sich unter Wärmeeinwirkung erheblich aus, was bei der Verlegung berücksichtigt werden muss.

Beläge aus Holz
Gewachsenes Holz vereint eine angenehme, warme Oberfläche mit hoher Strapazierfähigkeit, natürlicher Optik und langer Haltbarkeit. Als heimische und harte Hölzer gelten Eiche, Ahorn, Buche und Esche, als mittelharte Lärche und Kiefer und als weiche Tanne und Fichte. Wegen ihrer ausdrucksstarken Maserung werden heute auch Hölzer wie Olive oder Nuss vermehrt verwendet. Bambus hat in den letzten Jahren an Beliebtheit gewonnen, da er sehr hart, zugleich leicht und schnell nachwachsend ist und eine interessante, feine Zeichnung hat. Kork – als ein Produkt aus der Rinde der Korkeiche – ist als Bodenbelag sehr elastisch und hat gute trittschalldämmende Eigenschaften.

Holzoberflächen lassen sich versiegeln, wachsen, imprägnieren oder ölen. Für eine farbgebende Behandlung kann man Lasuren, Beizen, pigmentierte Öle oder Kalk verwenden.
Als Produktformen stehen für Bodenbeläge Dielen oder Parkett zur Auswahl. Die rustikal anmutenden Vollholzdielen werden auf Lagerhölzern verlegt und sind von 1–6 m Länge erhältlich, ihre Stärke beträgt bis zu 35 mm. Um eine nachträgliche Fugenbildung durch Schwinden zu vermeiden, sollte nur ausreichend getrocknetes Holz eingebaut werden. Die so genannte Landhausdiele hat einen mehrschichtigen Aufbau mit einer Nutz- und einer Tragschicht, sie ist formstabiler als reine Vollholzdielen.

Unter Parkett versteht man stabförmige kleinere Holzstücke, die zu einer großen Fläche zusammengesetzt werden. Es wird entweder auf Trittschalldämmung schwimmend verlegt, auf einen Blindboden versteckt genagelt oder auf einen glatten Untergrund, beispielsweise Estrich, vollflächig verklebt. Durch Nut und Feder werden die einzelnen Parkettstäbe miteinander verbunden. Parkettstäbe bestehen aus Massivholz bis 22 mm Stärke (Massivparkett) oder aus kreuzweise verleimten, mehrschichtigen Aufbauten (Mehrschichtparkett). Massivparkett wird in der Regel nach dem Einbau geschliffen und mit Wachs, Öl oder Lack versiegelt. Mehrschichtparkett mit einer werkseitigen Versiegelung wird auch als Fertigparkett bezeichnet. Hochkantlamellenparkett ist für den Einsatz in stark beanspruchten industriellen Umgebungen geeignet, es besteht aus verleimten 22 mm breiten, hochkant gestellten Lamellen, die parallel zueinander angeordnet sind.
Als nachwachsender Rohstoff gewinnt Holz heute immer mehr an Bedeutung. Bei der Wahl der Hölzer – vor allem aus tropischen Zonen – sollte man darauf achten, dass sie aus zertifiziertem (FSC-Forest Stewardship Council) nachhaltigem Anbau stammen.

Textile Beläge
Textile Beläge bieten eine angenehme, schallabsorbierende, wohnliche Atmosphäre. Dies gilt sowohl für Teppichböden, als auch in der Vertikalen für Wandbespannungen. Um Wände zu bekleiden, wird der Stoff auf einem Spannrahmen befestigt, der an der Wand angebracht wird. Durch die Verwendung von Klemmleisten lässt sich der Belag zu Reinigungszwecken leicht austauschen.

Bei Teppichen reicht das Angebot von luxuriösen, hochflorigen Materialien bis zu belastbaren, für Stuhlrollen geeigneten Oberflächen im Objektbereich. Als Basis werden Naturfasern z.B. Wolle, Kokos, Sisal oder Kunstfasern z.B. Polyamid (PA), Polypropylen (PP), Polyester (PES), Polyacrylnitril (PAN) oder auch Mischgewebe verwendet. Bei synthetischen Fasern können elektrostatische Aufladungen beim Begehen entstehen. Um diesem unangenehmen Effekt entgegenzuwirken, lassen sich feinste Metallfäden oder Garn mit einem Kohlenstoffanteil einweben. Das Trittschallverbesserungsmaß von Teppichen kann nach einer Studie des Fraunhofer Instituts bei hochflorigen Belägen bis zu 40 dB erreichen. Da Teppiche unter Umständen eine erhebliche Brandlast darstellen, ist je nach Nutzung die notwendige Brandschutzklasse zu beachten. Die textile Klassifizierung reicht von T-a (schwer entflammbar) bis zu T-c (leicht entflammbar).

Man unterscheidet zwischen Flach- und Florteppichen. Bei gewebten Flachteppichen bilden Kette und Schuss eine relativ dünne Nutzschicht. Florteppiche dagegen bestehen aus Garnfäden, die in ein Trägermaterial eingewebt werden und deren Fasern als dichte Schicht senkrecht nach oben stehen. Florteppiche werden als Schlingenware »Bouclé« mit geschlossenen oberen Schlingen oder »Velours« mit aufgeschnittenen oberen Schlingen hergestellt. Charakteristisch für dieses Material ist eine dichte samtige Oberfläche.
In der Regel sind Teppichböden vollflächig verklebt, bei kleineren Flächen ist auch eine lose Verlegung möglich. Um

6.12 interaktiver Fußboden, LightFader von TAL
6.13 farbige Oberflächen, Werbeagentur in Stuttgart, 2001; zipherspaceworks

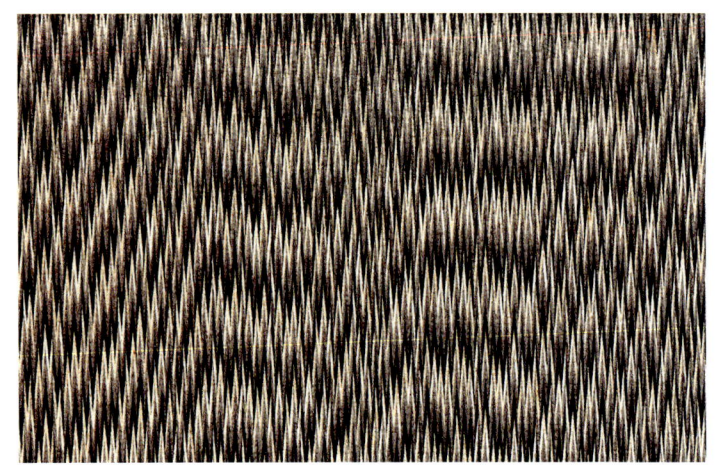

6.14

6.15

Teppiche leicht austauschen zu können, eignet sich die Technologie des Verspannens, bei der der Belag an wandseitigen Nagelleisten eingehängt wird.

Neue Materialentwicklungen lassen Teppiche neben ihrer Funktion als reine Nutzschicht darüber hinaus zu einem funktionalen Element werden: katalytische Beschichtungen des Teppichrückens können Schadstoffe wie Tabakrauch oder Formaldehyd aus der Raumluft filtern. Gefährliche Bestandteile werden dabei nicht absorbiert, sondern umgewandelt und neutralisiert, sodass sich die luftreinigende Wirkung auch mit der Zeit nicht verbraucht.

Ein »intelligenter« Teppichboden, der erkennt, ob und wo er betreten wird und diese Information weiterleiten kann, ist ebenfalls keine Zukunftsmusik mehr. Hierbei sind winzige Mikrochips in den Teppichbodenrücken integriert, die miteinander vernetzt und an einen Computer angeschlossen sind. Drucksensoren können so Alarm geben, sobald Personen eine Sicherheitszone betreten. Auch als automatischer Türöffner, Lichtsteuerung oder Besucherzahlkontrolle lässt sich das System verwenden. In Verbindung mit in den Teppich integrierten LEDs könnten auch interaktive Leitsysteme hergestellt werden.

Behänge

Textile Behänge werden meist vor Fensteröffnungen angebracht und dienen dem Sicht-, Blend- oder Sonnenschutz. Sie vermitteln ein Gefühl von Behaglichkeit und lassen sich flexibel durch einfache mechanische Bedienung den Lichtverhältnissen oder der Nutzung anpassen.

Ein großflächiger Einsatz von Vorhängen lässt die Textilien zum raumprägenden Element werden. Sie verbessern darüber hinaus erheblich die Raumakustik.

Im Objektbereich muss besonders auf eine flammhemmende Ausführung der Stoffe geachtet werden. Das Spektrum der Materialien ist sehr breit gefächert: von hauchdünnen offen gewebten Textilien bis hin zu schweren lichtundurchlässigen Sonnenschutz- oder Akustikstoffen. Sie können als Rollos, Vertikallamellen, Raffstores oder Flächenvorhänge angebracht werden. Die Materialien reichen von Seide über Leinen, Baumwolle, Samt bis zu flammhemmenden Kunstfasern. Neuerdings sind auch Hafttextilien auf dem Markt, die mittels einer adhäsiven Rückenbeschichtung direkt auf porenfreien glatten Oberflächen wie Glasscheiben haften. Auch Schutzfunktionen können von den Vorhängen übernommen werden: Durch das Einweben einer Gitterstruktur aus hauchdünnen Metallfäden schirmen Vorhänge Elektrosmog ab.

Dekorative Oberflächen

Neben der haptischen Komponente einer Oberfläche spielt die Optik eine wichtige Rolle in der Wahrnehmung von Raum. Licht und Farbe beeinflussen das Wohlbefinden und erzeugen eine spezifische Atmosphäre.

Die optische Erscheinung ist stark von der Oberflächenstruktur abhängig. Oberflächen können bis zur Spiegelung glatt poliert sein oder mit rauer matter Textur lichtstreuend wirken. Muster, Ornamente und bildhafte Darstellungen setzen die Gestaltung in einen bestimmten formalen, kulturellen oder zeitgeschichtlichen Kontext.

Auch Farben und Motive unterliegen modischen zeitgenössischen Strömungen, man denke nur an das typische braunorange Spektrum, das mit den 1970er-Jahren assoziiert wird, oder an das dogmatische Weiß und die gerade Linienführung der klassischen Moderne. Farbspektren werden darüber hinaus kulturell und regional unterschiedlich bewertet. In südlichen sonnigen Ländern ist ein kräftiges Farbspektrum in der Gestaltung weiter verbreitet als in Nord- und Mitteleuropa.

Farbe

Physikalisch ist Farbe eine Sinnesempfindung – ausgelöst durch elektromagnetische Strahlung mit unterschiedlichen Wellenlängen. Die Farbwahrnehmung ist von der spektralen Zusammensetzung des Lichts und den Reflexionseigenschaften der beleuchteten Fläche abhängig.

In der baulichen Praxis hingegen werden Beschichtungsstoffe wie Lacke oder Dispersionen als »Farbe« bezeichnet. Diese flüssigen, pastenförmigen oder pulverförmigen Stoffe bestehen aus Bindemitteln, Lösemitteln, Pigmenten sowie Füll- und Hilfsstoffen. Die Bindemittel sorgen für die Haftung am Untergrund und binden die im Material enthaltenen Feststoffteilchen. Lösemittel werden auf organischer oder wässriger Basis hergestellt; sie sorgen für die notwendige Viskosität während der Verarbeitung. Die heute üblicherweise verwendeten Innenwandfarben sind mit Wasser verdünnbar. Bei der Wahl des geeigneten Anstrichs spielen die Faktoren von Untergrundbeschaffenheit (z. B. glatt, offenporig, saugend) und Anforderungen an die Oberfläche (z. B. scheuerbeständig, lichtecht, atmungsaktiv, selbstreinigend) eine Rolle.

Holz
Für das Färben von Holz oder auch von Betonoberflächen werden hauptsächlich Lasuren verwendet. Dies sind Buntlacke mit fein verteilter, geringer Pigmentierung oder farbigen, nicht deckenden Pigmenten. Der Untergrund wird hierbei gefärbt ohne die natürliche Struktur zu überdecken. Durch Beizen lässt Holz sich abdunkeln oder auch aufhellen. Chemische Beize dringt in die Oberfläche ein und reagiert mit den Gerbstoffen des Holzes.

Metall
Auch Metall lässt sich beizen. Dies beruht auf dem Prinzip, dass durch Säuren oder Laugen die Oberfläche angegriffen wird und chemisch reagiert. Dadurch kommt es zu einer Veränderung des Farbtons und der Oberflächeneigenschaften. Aluminium kann durch Eloxalverfahren dauerhaft gefärbt werden, wobei Salze in die Poren des Materials eindringen und die Oberfläche chemisch umwandeln. Eine weitere Möglichkeit, Metall dauerhaft zu färben, ist die Pulverbeschichtung. Hierbei wird ein Pigmentpulver elektrostatisch auf den Untergrund aufgebracht und eingebrannt. Es entsteht eine dauerhafte deckende Farbschicht.

Glas
Glas lässt sich auf unterschiedliche Weise farbig gestalten: Es kann mittels chemischer Zusätze direkt bei der Produktion homogen durchgefärbt werden. Laminiert man hingegen farbige PVB-Folien zwischen zwei Gläser, entstehen Verbundscheiben, die in transparenter oder transluzenter Ausführung erhältlich sind. Eine weitere Möglichkeit ist das Einbrennen keramischer Farben in die Glasoberfläche, die auf diese Weise dauerhaft und abriebfest mit der Oberfläche verbunden werden.

Farbwechselnde Oberflächen
Oberflächen, die ihre Farbigkeit verändern können, werden in der Nutzung zu einem faszinierenden interaktiven Element: Sogenannte thermochrome Pigmente wechseln bei Erreichen einer bestimmten einstellbaren Temperatur von einer Farbe zur anderen. Die Pigmente lassen sich in Anstriche oder Kunststoffe einmischen, die sich als fertige Oberfläche durch Körperwärme oder heißes Wasser verfärben.
Eine mechanische Art der Farbänderung sind Paneele mit »doppeltem Boden«. Hier ist zwischen einer festen Kunststofftragschicht und der oberen elastischen Lauffläche eine Flüssigkeit integriert, die beim Betreten verdrängt wird, sodass sich die optische Struktur der Oberfläche an dieser Stelle wandelt. Wird die Fläche hinterleuchtet, entsteht als Fußabdruck ein heller Lichtfleck auf dem Boden, der nach kurzer Zeit wieder verschwindet (Abb. 6.12).

Dichroitische Beschichtungen auf Glas oder Kunststoff wechseln je nach Lichteinfall und Standpunkt des Betrachters die Farbe. Dieser Effekt beruht darauf, dass das einfallende Licht durch Reflexion und Transmission in seine spektralen Farbbestandteile aufgespalten wird. Das Ergebnis ist eine Oberfläche, die zwischen verschiedenen Farbtönen und zwischen Transparenz und Spiegelung oszilliert. Der Künstler Olafur Eliasson arbeitet in seinen Werken häufig mit diesem Material und entwickelte eine dichroitische Fassade für den Neubau des isländischen Konzert- und Konferenzzentrums in Reykjavik.

6.16

6.17

6.14 multilaminiertes Kunstfurnier, Tabu
6.15 gefräste Holzstrukturen, Wohnhaus in New York, 2006; Herzog & de Meuron
6.16 tiefgezogene 3-D-Formplatte aus Edelstahl, Fielitz
6.17 strukturiertes Gussglas, 360 Glas

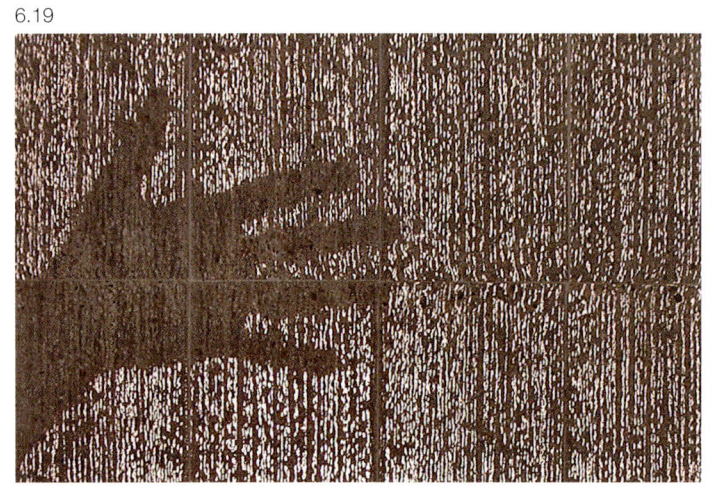

Auch in der Beleuchtungstechnologie gibt es heute vielfältige Arten der Farbgestaltung. Durch steuerbare LEDs auf Rot-Gelb-Blau-Basis ist es möglich, Flächen stufenlos in allen Farben des Spektrums leuchten zu lassen. Dieses Prinzip machen sich beispielsweise Glassysteme zu Nutze, die von den Kanten aus Licht in eine Scheibe einspeisen, das sich an der Glasoberfläche an einem feinen Raster aus aufgedruckten weißen Punkten bricht. Das Glas scheint so aus sich selbst heraus farbig zu leuchten.

Struktur
Strukturen entstehen durch die Art der Oberflächenbehandlung und prägen als zwei- oder dreidimensionale Musterung die Oberfläche. Die Oberfläche kann durch Druck und Stempelwerkzeuge verformt oder durch Fräsen, Wasser- bzw. Sandstrahlen und Lasern bearbeitet werden. Mit Hilfe moderner Computertechnologien können die gewünschten geometrischen Formen exakt aus der CAD-Zeichnung zum Werkzeug und somit auf das Werkstück übertragen werden. Ist ein Material in sich selbst bereits gemasert, z.B. bei Holz oder Stein, kann die Struktur durch geeignete Techniken wie etwa Schleifen oder Strahlen herausgearbeitet werden. Auch durch chemische Methoden wie Ätzen kann die Oberfläche von Glas oder Metall bearbeitet werden.

Metall
Metalle eignen sich gut, um Strukturen zu erzeugen: Durch Prägungen oder innovative Tiefziehverfahren entstehen dreidimensionale Motive (Abb. 6.16). Gestanzte Lochungen perforieren die Oberfläche und lassen sie diaphan werden, durch Schliffe lassen sich unterschiedliche Arten der Mattierung und Musterung erzielen. Hochglanzpolierter Edelstahl kann in seiner Erscheinung die Klarheit von Spiegeln erreichen.

Relativ neue Entwicklungen sind Metallgewebe oder -schäume. Metallgewebe faszinieren durch die Kombination von metallischer Oberfläche mit einer fließenden textilen Erscheinung. Sie werden in der Regel aus Edelstahl oder verzinktem Stahl hergestellt. Die Automobilindustrie entwickelt als Stoßabsorber Aluminiumschäume, die aufgrund ihrer großen inneren Oberfläche einwirkende Energie effektiv verteilen und ablenken können. So werden nicht nur Kunststoffe, sondern auch Metalle mehr und mehr zu stabilen Leichtbauelementen. Die große Oberfläche bewirkt eine exzellente Wärmeabsorption und ermöglicht somit den Einsatz großflächiger Metallschaumpaneele als klimaregulierendes Heiz- oder Kühlelement im Innenraum. Jenseits dieser interessanten mechanischen Eigenschaften hat die semitransparente, metallische Struktur einen hohen ästhetischen Reiz und wird bereits im gehobenen Innenausbau für Trennwände eingesetzt.

Holz
Holz besitzt durch seine Maserung von Natur aus eine strukturierte Oberfläche. Edle und seltene Hölzer werden ausschließlich als dekorative Oberfläche verwendet, nicht als Konstruktionsmaterial. Das Holz wird dafür in 0,5–2,5 mm dünne Furnierblätter geschnitten und auf Trägerplatten wie z.B. Spanplatten aufgebracht. Sehr dünne Furniere können auch zwischen Glasscheiben laminiert und hinterleuchtet werden.
Für das optische Gesamtbild spielt die Anordnung der Fur-

niere untereinander eine große Rolle. »Gestürzte« Furniere werden von der Maserung her achsensymmetrisch angeordnet, »gelegte« hintereinander gereiht. Je nach Holzart lassen sich unauffällige oder stark gemusterte Oberflächen herstellen. So genannte Kunstfurniere bestehen aus artifiziellen Maser-ungen. Hier werden unterschiedliche Furnierstreifen zu Blöcken zusammengeleimt, teilweise eingefärbt und gegen die Schichtrichtung zu Furnieren aufgeschnitten. Es ergibt sich so ein großes Spektrum an abstrakten Mustern aus Echtholz. (Abb. 6.14). Reliefartige Holzstrukturen können durch moderne CNC-Frästechniken entstehen. Die im Computer generierten Muster werden als Daten direkt an die Fräse weitergegeben und dreidimensional auf Echtholz- oder Holzwerkstoffplatten übertragen (Abb. 6.15).

Glas
Im Innenausbau hat man die Wahl zwischen dem in seiner Struktur glatten, ebenmäßigen und transparenten Flachglas und dem massiveren transluzenten Gussglas mit unebener undurchsichtiger Oberfläche. Der Unterschied liegt bereits im Herstellungsprozess: Flachglas wird bei der Herstellung im Floatverfahren auf flüssiges Zinn aufgegossen und erhält durch die Oberflächenspannung eine sehr glatte gleichmäßige Oberfläche. Beide Seiten einer Floatglasscheibe stehen exakt parallel zueinander, wodurch die Durchsicht unverzerrt möglich ist. Die nachträgliche Strukturierung erfolgt durch Sandstrahlen oder Ätzen der fertigen Oberfläche. Gussglas hingegen wird durch Pressen und Walzen in Form gebracht und dadurch bereits während der Herstellung ein- oder beidseitig strukturiert. Um die Bruchfestigkeit zusätzlich zu erhöhen oder um Strukturen zu erzeugen, können im selben Produktionsschritt Drahtgewebe oder andere Zusätze eingelegt werden (Abb. 6.17).

Beton
Als gegossener Werkstoff bildet die Oberfläche von Beton die Schalungsstruktur im Negativ ab. Elastische Kunststoffmatrizen, die man zur Oberflächengestaltung des Betons in die Schalung einlegen kann, gibt es in vielen Musterungen, sie können aber auch mit speziellen Motiven sonderangefertigt werden. Die Matrizen bestehen aus einer Vollgummimatte mit einer mittleren Rückendicke von ca. 8–10 mm, hinzu kommt die jeweilige Strukturtiefe (Abb. 6.21).

Beton, der als Baustoff ein Synonym für Massivität ist, erhält durch neue Materialentwicklungen eine ungewohnte Leichtigkeit: Im Möbel- und Innenausbau lassen sich mit einem nur wenige Millimeter starken mineralischen Überzug betonähnliche Oberflächen erzielen. Die Schicht wird auf eine Holzwerkstoffplatte aufgebracht, die mit herkömmlichen Holzwerkzeugen weiterverarbeitet werden kann.
Beton, in den lichtleitende Glasfasern eingelegt sind, wird zum so genannten »transluzenten Beton«. Die materialbezogene Schwere verschwindet, Licht durchdringt den Baustoff und lässt ihn leicht und edel erscheinen. Obwohl nur 4 % der

6.18 textiles Akustikpaneel, Offecct
6.19 transluzenter Beton, Litracon
6.20 durchgefärber Sichtbeton mit in der Schalung eingelegten Blättern, Waldorfschule in Augsburg, 2007; ott Architekten
6.21 Betonoberfläche mit Gummi-Matritze textuiert und schwarz gestrichen, Universitätsbibliothek in Utrecht, 2004; Wiel Arets Architects
6.22 schalungsglatte eingefärbte Betonoberfläche mit Elementstößen, Kapelle in Valleaceron, 2005; Sancho-Madridejos

6.22

6.23

6.24

Betonmatrix durch die Glasfasern ersetzt sind, wirkt die Fläche als Ganzes sehr transluzent (Abb. 6.19).

Naturstein
Auch Naturstein kann durch Hinterleuchtung ungewohnte Leichtigkeit und Brillanz erhalten. Geeignet sind allerdings nicht alle Sorten, sondern nur Halbedelsteine wie Alabaster oder Onyx. Ihre grafische Struktur verleiht jedem Raum eine erhabene Stimmung.
Eine Neuerung sind so genannte Steinfurniere. Von großformatigen Schiefer- oder Granitplatten werden hierbei Furniere von 0,1–2 mm Stärke abgespalten oder gesägt. Diese nur wenige Millimeter starken Steinblätter werden rückseitig durch Harz und Glasfasern verstärkt und können als dekorative Furniere verwendet werden. Die Furniere sind bis zu einer Größe von etwa 1 × 2 m erhältlich. Als Trägermaterial eignen sich Holzwerkstoffe und Leichtbauplatten. So lassen sich Arbeitsplatten oder Möbel mit echter Steinoptik, aber geringem Gewicht verwirklichen.

Textil
Weiche dreidimensionale Strukturen können mit textilen Materialien hergestellt werden. Sie haben eine sehr gute akustische Wirkung. Einzelne Fliesen oder Module sind zu großen zusammenhängenden Flächen kombinierbar, die direkt an die Wand angebracht werden oder frei im Raum als flexible Trennwand agieren. Gerade für den Bürobereich eignen sich solche Produkte, die hohe Frequenzen ab 500 Hertz absorbieren können (Abb. 6.18).

Ornament
Bildmotive und ornamentale Muster sind heute wieder ein beliebtes Gestaltungselement. Die klassische Moderne hatte sie Anfang des 20. Jahrhunderts aus ihrem Repertoire verbannt, obwohl sie bis dahin eine wichtige Rolle innehatten. Dies gilt vor allem für Repräsentations- und Wohnbauten, beispielsweise um durch Malerei Botschaften zu transportieren, wie im Kircheninnenraum oder um als Fassadenornament den Status eines Gebäudes und somit seines Besitzers zu verdeutlichen. Heute werden mit Ornamenten keine Herrschaftsansprüche mehr manifestiert. Unter den »neuen« Ornamenten finden sich vielfach wieder von der Natur inspirierte Motive. Selbst komplexe organische Formen können heute mühelos digital erzeugt und in einem nächsten Schritt an computergesteuerte Fertigungstechnik wie CNC-Fräsen und Digitaldruck weitergegeben werden. Durch die einfache Handhabung dieser Technologien lassen sich Oberflächen projektbezogen mit individuellen Motiven und Mustern versehen.

Druck
Mittels digitaler Drucktechniken lassen sich mit hochlichtechten Tinten fotorealistische Bilder dauerhaft auf Textilien, aber auch auf Glasflächen, Keramik und sogar Holzwerkstoffplatten übertragen. Im so genannten Thermosublimationsverfahren können sogar Mineralwerkstoffe mit Motiven bedruckt werden. Digital aufbereitete Grafiken, Fotos oder Texte werden hierbei durch ein Vakuumverfahren dauerhaft in die Oberfläche eingebracht.

Verbundwerkstoffe wie Laminate erhalten ihr Dekor durch eingearbeitete, bedruckte Papiere. Die so genannten Dekorpapiere der HPL-Platten (High Pressure Laminate) werden mit einem harten Phenolharzkern verpresst und besitzen eine widerstandsfähige Deckschicht aus Melaminharz. Auch hier können mittels digitaler Drucktechniken die Dekore oder Motive individuell angepasst werden (Abb. 6.24 und siehe S. 90f.).

Papier ist die Basis der meisten Tapeten, die als gestalterisches Element heute ein Revival erleben. Die einfache Anbringung macht es möglich, mit diesem kostengünstigen Material Räume auch temporär zu verändern. Bereits im 16. Jahrhundert wurden handbemalte Papierbahnen von Asien nach Europa importiert und lösten textile Behänge und geprägte Ledertapeten als Wandschmuck ab. Bedruckte Tapeten werden seit dem 18. Jahrhundert hergestellt. Wichtiges Element der Tapete ist der Rapport – die Wiederholung des ornamentalen Musters auf der vertikalen Tapetenbahn. Digitale Drucktechniken ermöglichen eine individuelle Gestaltung. Die Tapeten werden mit Kleister vollflächig auf den Untergrund geklebt.

Neben Papier werden heute Naturmaterialien wie Rindentuch, Leder, Gras, Bambusfasern oder auch reflektierende Oberflächen wie Metallpuder oder Glasperlen in Tapetenform angeboten. Selbst eine Keramiktapete mit einer flexiblen keramischen Beschichtung auf Polymervlies ist als wasserabweisende und brandfeste Wandbekleidungsvariante erhältlich. Durch Elektrolumineszens-Technologie wird die Tapete sogar zum interaktiven Ornament. Elektrolumineszente Folien (EL-Folien) aktivieren unter elektrischer Spannung Leuchtpigmente, die zwischen zwei leitfähigen Schichten liegen. Der mehrschichtige Aufbau der Leuchttapete des Designers Simon Heijdens ist an der raumseitigen Oberfläche mit Papier kaschiert. Im ausgeschalteten Zustand erscheint die Oberfläche so als gewöhnliche Tapete, bei Aktivierung beginnt die Wandfläche dann überraschend zu leuchten. Das Motiv kann über ein Computerprogramm gesteuert werden und sich in seiner Erscheinung wandeln. Pflanzenmotive können so im Laufe eines Tages förmlich über die Wand »wachsen« (Abb. 6.23).

Inlays
Als moderne Einlegearbeiten in Anknüpfung an die alte Kunst der Intarsien könnte man die Gruppe der »Inlay«-Materialien bezeichnen. Hierbei werden unterschiedliche Objekte wie Pflanzenfasern, Blütenblätter oder auch Holzfurniere zwischen zwei transparente Kunststoff- oder Verbundglasscheiben laminiert; es entsteht ein semitransparentes Material. Durch den dauerhaften Verbund behält das eingelegte Objekt eine hohe Brillianz und ist dauerhaft gegen Witterungseinflüsse und UV-Strahlung geschützt. Auch als massive Platte gibt es Oberflächen mit eingelegten Naturprodukten wie Perlmuttscheiben, gepressten Eierschalen oder sogar mit der schwammartigen Struktur von aufgeschnittenen Termitennestern. Auf eine 30 mm starke MDF-Trägerplatte werden hierfür zunächst acht Schichten aus Naturlack aufgebracht, von denen jede einzeln getrocknet und von Hand poliert wird. Dann wird das dekorative Substrat eingelegt und mit zehn weiteren Schichten Lack überzogen. Diese extrem aufwändige Verarbeitung beruht auf der traditionellen Technik der Lackarbeiten aus Fernost.

Future perfect?!
Neben den klassischen Baumaterialien, die hier vorgestellt wurden, haben in den vergangenen Jahren besonders die so genannten »neuen« oder auch »intelligenten Materialien« von sich Reden gemacht. Kein Material ist heute aber wirklich neu (alle basieren auf bekannten Rohstoffen) und kein Material ist mit Intelligenz beseelt. Neu sind jedoch Technologien, die es erlauben, Funktionen für die bislang externe Apparate oder Bauteile nötig waren, direkt in die Struktur der Werkstoffe zu integrieren. So entstehen Hybridmaterialien, die nicht nur gestalterisches Element, sondern zugleich auch Bedienungsoberfläche, Informationsträger, Lichtquelle oder Klimaregulator sein können. Diese Werkstoffe scheinen zunächst technologisch aufwändig, allerdings minimieren sie den Energieeinsatz in Betrieb und Herstellung, da ihre Schichten immer dünner und ihr Gewicht und Volumen immer geringer werden.

Jenseits aller Möglichkeiten der modernen Technologien wird das Bedürfnis der Menschen nach sinnlich erlebbaren Oberflächen bestehen bleiben. So lässt sich heute parallel zu den HighTech-Strömungen eine Rückkehr zu auffälligen Ornamenten, zu von der Natur inspirierten Formen und zu haptisch geprägten Oberflächen beobachten. Architektur und ihre materielle Umsetzung sind eben nicht nur abstraktes Konzept, sondern spiegeln auch die Sehnsüchte ihrer Benutzer.

6.25

6.23 elektrolumiszente Tapete, Simon Heijdens
6.24 bedruckter Teppichboden, Bibliothek in Seattle, 2004; OMA
6.25 Schneideplottergrafik auf Acrylpaneelen,
     Restaurant ANAN in Wolfsburg, 2007; Hosoya Schaefer Architects

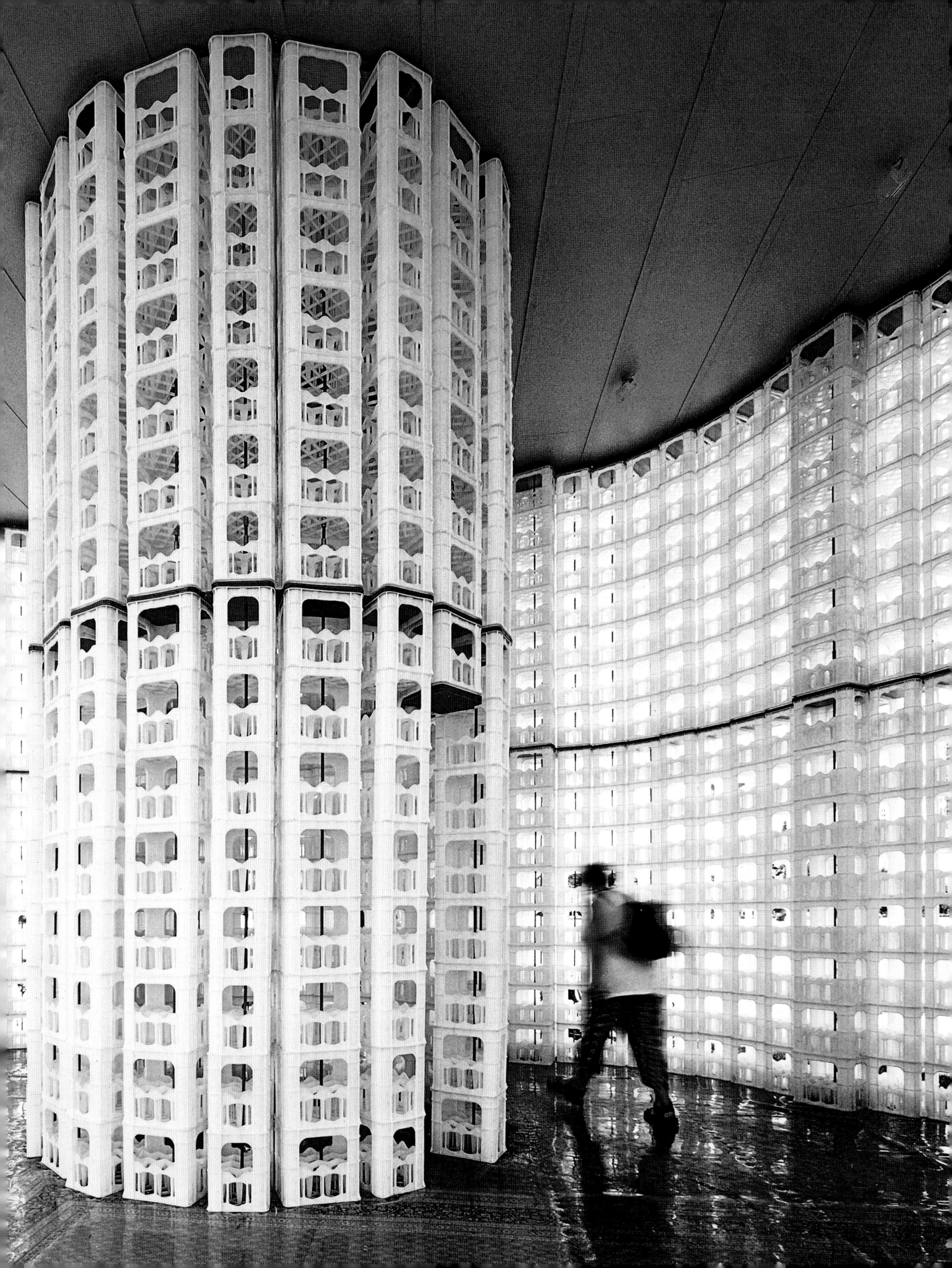

MehrWerkstoffe

Claudia Lüling, Philipp Strohm

Eine ständig größer werdende Materialwelt stellt Planer wie Firmen vor die Qual der Wahl bei Materialauswahl und Materialentwicklung. Auf einem Symposium der Fachhochschule Frankfurt am Main zum Thema »MehrWerkstoffe« wurde deshalb über Auswahlkriterien diskutiert, die über »schön« und »funktional« hinausgehen. Durch das Zusatzkriterium »grün« sollten diejenigen Werkstoffe herausgefiltert werden, die einen Mehrwert in Bezug auf Energie haben – unter Beibehaltung der gestalterischen und funktionalen Qualität. Drei Themenkreise standen im Zentrum der eintägigen Veranstaltung: Nachhaltige Werkstoffe, Recyclingwerkstoffe und Funktionswerkstoffe, das heißt Werkstoffe, die aus nachwachsenden oder recycelten Materialien hergestellt werden oder die speziell mit dem Ziel entwickelt wurden, als Energielieferant zu fungieren oder selbst zur Energieeinsparung beizutragen.

Während nachhaltige Werkstoffe dazu dienen, der Rohstoffknappheit durch nachwachsende Rohstoffe zu entkommen, erfüllen Funktionswerkstoffe einen anderen Zweck. Diese Materialien werden nach Wunsch des Kunden speziell für genau definierte Wirkungen oder Aufgaben entwickelt. Werkstoffe wie z. B. »Phase Changing Materials« (PCM), bewirken im Innenraum unsichtbar und gestalterisch neutral eine sommerliche Kühlung von Gebäuden ohne energetisch aufwändige Haustechnik. Auch Kombinationen von Photovoltaik und wenig Strom verbrauchender LED-Leuchten im Innenraum lassen energieautarke Häuser vorstellbar werden, die wie ein solarbetriebener Taschenrechner funktionieren.

Den umfassendsten Ansatz allerdings bietet der Aspekt Recyclingwerkstoffe. Der Transfer eines Ausgangsmaterials in einen Werkstoff, ein Halbzeug oder ein letztendlich fertiges Produkt sowie dessen Rückführung in seine Bestandteile – ob Zerfall oder gewollt Recycling genannt – ist so alt wie die Kulturgeschichte selbst. Aber erst langsam gewinnt die Kenntnisnahme und Steuerung der gewollten Materialrückgewinnung auch im Bauwesen an Bedeutung und die im Begriff Recycling versteckten unterschiedlichen Denk- und Materialkategorien werden deutlich. Wichtigstes Unterscheidungsmerkmal ist zunächst die Frage nach der Verwertung oder Verwendung.

Unter Verwertung lassen sich zwei Unterkategorien definieren, nämlich Wieder- und Weiterverwertung, auf Englisch »recycle«. Wiederverwertung heißt, dass der Werkstoff wieder zu einem gleichartigen Material verarbeitet wird (Beispiel Aluminiumrecycling). Weiterverwertung bedeutet die erneute Verarbeitung von Werkstoffen (Altstoffen und Produktionsabfällen) zu einem andersartigen Material, meistens mit einem Wertverlust verbunden. Hier spricht man von »downcycling« (Beispiel Zellulosedämmung aus Altpapier).

Ähnlich lässt sich der Begriff Verwendung in Wieder- und Weiterverwendung aufteilen, auf Englisch »reuse«. Ersteres bedeutet die erneute Benutzung eines gebrauchten Produkts für den gleichen Verwendungszweck (z.B. Wiedereinbau von Fenstern, also Wiederverwendung von Produkten). Letzteres die erneute Verwendung eines gebrauchten Produkts zu einem anderen Zweck (z.B. Türen als Tischblätter, also Weiterverwendung von Materialien).

Mit Globalrecycling entsteht der höchste ökologische und damit umfassendste Anspruch eines MehrWerkstoffs: Alle Materialien werden nicht nur als neue Sekundärwerkstoffe recycelt, sondern vollständig in den biogenen oder geogenen Naturkreislauf zurückgeführt. Schritt für Schritt beginnt der Staat dieses unter dem Druck steigender Rohmarktpreise zu steuern. In Deutschland wurde das Abfallgesetz von 1986 durch das 1996 in Kraft gesetzte Kreislaufwirtschafts- und Abfallgesetz ersetzt. Unter §1, Zweck des Gesetzes, ist die Förderung der Kreislaufwirtschaft und die Sicherung der umweltverträglichen Beseitigung von Abfällen verankert. In den weiteren Ausführungen haben Abfallvermeidung und -verwertung Priorität vor der Abfallbeseitigung, bei der Produktion liegt die Priorität auf dem Einsatz verwertbarer Abfälle oder sekundärer Rohstoffe, gebrauchte Erzeugnisse müssen zurückgenommen und verwertet bzw. verwendet werden.

Dem Bauen ist dabei der Kreislaufgedanke nicht fremd. Schon lange werden gerade im Innenraum Materialien verwertet und verwendet, die bereits eine Geschichte hinter sich haben: Griechische Tempel, türkische Moscheen, italienische Kirchen und mexikanische Kathedralen zeugen von einem weit verbreiteten »Markt« gebrauchter Bauteile (Spolien). Baukünstlerische Elemente, die von einem Gebäude zu einem anderen transferiert wurden, verleihen den neuen Innenräumen alten Glanz.

Trash or Treasure

Aber nicht Kunst, sondern ursprünglich Mängel und Krisen – wie der im 21. Jahrhundert spürbare Rohstoffmangel – sind der eigentliche Generator, der aus Abfallresten einen Schatz werden lässt. Die mehrfache Verwendung von Materialien aller Art wird zur Überlebensfrage und stellt neue Anforderungen an Produktplanung wie Werkstoffherstellung, auf die die Industrie mit inzwischen auch ästhetisch immer anspruchsvolleren Produkten reagiert. Besonderes Augenmerk verdient hierbei ein Trend zur Weiterverwertung bzw. -verwendung von Materialien, dessen Wirkung sich besonders in der Innenraumgestaltung zeigt.

Möbel aus weiterverwendeten Materialien wie die Tennis Ball Bench von Remy Veenhuizen (Abb. 7.3) oder der Chiquita Chandelier von Anneke Jakobs (Abb. 7.2) bereichern Designermessen. Platten aus weiterverwertetem eingeschmolzenem Kunststoff bieten sich für Möbeldesign und als Innenwandverkleidung an. Je nach Zusammensetzung tragen die »neuen« Platten Spuren des ursprünglichen Materials, z.B. als Handyhüllen oder Gummistiefel (Abb. 7.4). Die vorweggenommenen Gebrauchsspuren verleihen der jeweiligen Produktlinie eine ganz eigene Authentizität, sodass eine »limited edition« entsteht. Der normalerweise beim »downcycling« zu erwartende Wertverlust wird durch die ästhetische Aufwertung wettgemacht.

Künstler wie Wolfgang Winter und Berthold Hörbelt experimentieren mit der Weiterverwendung von Getränkekisten – Mehrwert vom Mehrweg – und schaffen temporäre Innenräume mit außergewöhnlichen Lichtstimmungen (Abb. 7.1 und 7.15). Andere wie Andreas Strauss experimentieren mit ungenutzten Raumstrukturen, die in Architektur transformiert werden. Bei seinem Projekt »DasParkHotel« kamen Standard-Kanalrohre zum Einsatz, die in Low-Budget-Unterkünfte umgewandelt wurden. Mobile temporäre Architekturen, per se dem Thema Wiederverwendung verpflichtet, geben dabei konstruktive Hinweise zur Demontage von Materialien und Bauelementen. Angefangen bei Zelten über Jahrmarktbuden bis hin zu Joseph Paxtons Kristallpalast in London und den für die folgenden Weltausstellungen geplanten Gebäuden sieht man, wie Raumstrukturen in wiederverwendbare oder -verwertbare Einzelteile zerlegt werden können.

Spätestens für die Expo 2000 ist der damit verbundene Nachhaltigkeitsaspekt Pflicht: Im Generalvertrag wurde eine ressourcensparende Ver- und Entsorgung gefordert. Der Schweizer Pavillon von Peter Zumthor stellt als gebautes Baustofflager bereits den ersten Vorboten einer neuen Planungshaltung dar. Diese erklärt die Weiterverwendung nicht nur zum technischen Anspruch, sondern auch zur ästhetischen Grundhaltung. Sie führte auf der Expo zu einem der ungewöhnlichsten Innenraumerlebnisse – der »Gebäudeabfall« wurde später erneut zum Baustoff.

Als Nutzer solcher »Abfälle« sieht sich das seit 1992 aktive Rural Studio des College of Architecture, Design and Construction an der Auburn University, USA. Die Architekten beschäftigen sich mit der Gestaltung ganzer Häuser aus weiterverwerteten Materialien. Getragen von dem Verantwortungsbewusstsein, als Planer für umweltgerechte und humane Lebens- bzw. Wohnumstände mit verantwortlich zu sein, entwickelt und baut das Büro zusammen mit Studenten Gebäude im entwicklungsschwachen Süden Alabamas. Das Bauen mit Abfallmaterialien wie u. a. Teppichfliesen (Lucycs House 2001/02) und Wellpappe (The Cardbord Pod 2000/01) wird thematisiert, wobei funktionstüchtige Gebäude entstehen, mit einer erstaunlichen Außengestaltung und Aufenthaltsqualität im Inneren und jenseits jeglicher Assoziation von Abfall.

MehrWerkstoffe und speziell das Thema »recycling« bzw. »reuse« stellen, wie es Lars Lerup 1986 bereits in seinem Buch »Das Unfertige bauen – Architektur und menschliches Handeln« ansprach, »die artifizielle Permanenz in Frage, die man gemeinhin mit Architektur und Bauwesen verbindet«, und machen die Veränderungen selbst zum Kern der Sache[1].

Recyclicity
2012 Architekten aus Holland widmen sich dieser Frage von Permanenz und Veränderung, wenn sie von »superuse architecture« sprechen. Unter »superuse« verstehen sie die Steigerung von »reuse« im Sinne von Globalrecycling, die Proklamation, alle verfügbaren Ressourcen in einen Kreislauf zu überführen. Sie messen ihre Projekte an dem Gehalt von »recyclicity« welcher von 0 bis zu 100 % reichen kann – alle Materialien sind Weiterverwendungen bzw. Weiterverwertungen.
Das Bauen von »superuse«-Architektur hat eine einschneidende Veränderung des klassischen Plan- und Bauablaufs zur Folge: Man plant, detailliert und baut nicht mit neuen Materialien und Halbzeugen, sondern Materialien und Halbzeuge werden gesucht, vorgefunden, beschafft und weiterverwendet. Dies erweitert die klassisch herstellerorientierte Materialrecherche um den Aspekt Reststoffe und erfordert Kenntnisse über den gesamten Produktions- und Verwendungsprozess von Materialien. Ein Stück weit bestimmt der Zufall des Findens die Gestaltung, wodurch Planern wie Bauherren Flexibilität abgefordert wird.

Grundlage dafür bietet die von 2012 Architekten organisierte offene Website www.superuse.org, mit bereits über 10 000 Zugriffen täglich. Momentan noch gedacht als Diskussionsplattform und Ort, an dem realisierte Weiterverwendungsprojekte in verschiedenen Kategorien und Maßstäben präsentiert werden können, wie z. B. Kunst, Architektur, Materialien und Produkte, schwebt 2012 Architekten bereits der nächste Schritt vor. Das steigende Informationsbedürfnis, das mit dem Thema Materialbeschaffung einhergeht, soll in Kürze mittels zweier neuer Links befriedigt werden. Unter dem Link »Rotor« wird eine Art nutzerbasiertes »Superuse-Material-Wikipedia« zu finden sein. Statt über die Beschaffenheit von Materialien wie Aluminium zu informieren, wird z. B. auf die Auffindbarkeit von Alublechen als Abfallprodukt in Druckereien hingewiesen. Als Zweites arbeiten die Architekten in Kooperation mit Google Earth, an einer globalen »harvest map«. Hier stellen Firmen ihre gebrauchten Rohstoffe zur Verfügung bzw. sind deren Hersteller gespeichert. Die »Erntekarte« zeigt an, wo welche Materialien oder Halbzeuge zur Weiterverwendung im Umkreis der potenziellen Baustelle anfallen oder schon bereitstehen, sodass bei der Nutzung dieser Second-Hand-Baustoffe so wenig Energie wie möglich für Transport und Verarbeitung verbraucht werden muss – lokales Ernten als globale Materialbeschaffung.

7.5

7.6

7.1 Kastenhaus »2085.15« in Frankfurt am Main, temporäre Installation von Juni bis Oktober 2001; Wolfgang Winter, Berthold Hörbelt
7.2 Chiquita Chandelier aus weiterverwendeten Transportkartons, 2003; Anneke Jakobs
7.3 Tennis Ball Bench aus weiterverwendeten Tennisbällen, 2005; Tejo Remy und Rene Veenhiuzen
7.4 Kunststoffplatten aus weiterverwendeten Mobiltelefonhüllen, smileplastics
7.5 »Miele-Station«, 2003; 2012 Architekten
7.6 Querschnitt und Grundriss, Duchi Schuhladen in Scheveningen, 2004; 2012 Architekten

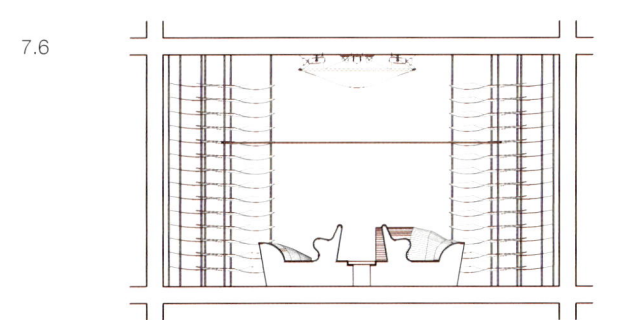

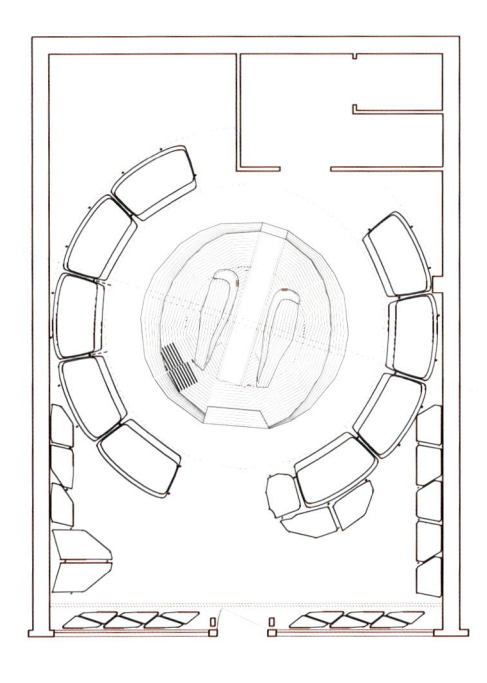

Werkbeispiele
DUCHI

Wie sieht die Umsetzung solcher Konzepte in Architektur aus? Anders als es die Bauherrin, die hohe Ansprüche an die Designqualität stellte, zunächst befürchtete. Das Schuhgeschäft DUCHI im holländischen Küstenort Scheveningen besteht zwar zu 90 % aus Abfallmaterialien wie aussortierten Windschutzscheiben und Holzresten aus einer nahe gelegenen Fensterfabrik. Tatsächlich aber erinnert in dem 2004 eröffneten Laden nichts mehr an »Abfall«. 2012 Architekten haben den Anspruch, Projekte zu realisieren, die hohen Designansprüchen und gleichzeitig Recyclicity gerecht werden. Mit ihrer 2003 entwickelten »Miele-Station« konnten sie die Auftraggeberin davon überzeugen (Abb. 7.5). Zwölf Miele-Waschmaschinen wurden zerlegt und ihre Fronten in Stahlrahmen eingebaut. Inzwischen mutierte die Station zur Espressobar an der TU Delft, davor war sie u. a. mobile Pizzabar, DJ-Box, Plattenladen und Pressezentrum. Die Bauherrin vertraute 2012 Architekten die gesamte Innenraumgestaltung des 7 × 10 m großen Ladens inklusive Beleuchtung, Grafik und Werbung an – einzige Bedingung, ein gedeckeltes Gesamtbudget von 60 000 €. Diesen Schritt, verbunden mit einer nachfolgend stark prozesshaften Planungs- und Bauzeit, hat die Ladenbesitzerin nicht bereut. Grundlage der Shopgestaltung war ein gemeinsam sorgfältig ausgearbeitetes Organisationsdiagramm, »abstract design« wie es die Architekten nennen, das im Laufe der Zeit und in Abhängigkeit von den gefundenen Materialien seine endgültige Atmosphäre erhielt. Im ersten Schritt verzichtete 2012 Architekten auf klassische Skizzen, farbige Renderings oder Modelle. Stattdessen stand gemeinsam mit der Bauherrin aktives Beobachten, Begehen, Analysieren und schließlich Weiterdenken von Typolgien realer Schuhgeschäfte im Vordergrund, mit dem Ziel gemeinsam funktionale, aber auch atmosphärische Leitlinien zu entwickeln. Erste Prämisse war dabei, das Verhältnis der Lagerfläche zur Verkaufsfläche – bei kleinen Geschäften normalerweise relativ hoch – zu optimieren. Die Lagerung ist nun Teil des Verkaufsraums, umschließt den Sitzbereich zum Anprobieren der Schuhe und wird zur Straße hin durch eine vorgelagerte Ausstellungszone abgeschirmt. Gleichzeitig bot dieses Organisationsschema genügend Flexibilität für den nächsten Schritt, die Materialfindung. Aussagen über die Anordnung und Qualität der zu gestaltenden Objekte und Zonen im Raum blieben dabei offen genug, um sie im Laufe der Planung anzupassen, zu ersetzen oder zu verändern – in Abhängigkeit davon, was sich an Materialien zur Gestaltung in der Umgebung anbot bzw. »ernten« ließ.

»Material designs space« erklärt Césare Peeren von 2012 Architekten und verweist in diesem Fall auf die 130 weiterverwendeten Windschutzscheiben des Typs »Audi 100« (Abb. 7.7). Sie gruppieren sich zu einem kreisrunden Regalsystem im Zentrum des Ladens. Die Scheiben liegen als Regalböden gummigelagert auf einer von der Decke abgehängten Edelstahlkonstruktion aus 2 cm dicken Stahlrohren auf und generieren in der Reihung dank ihrer Krümmung einen Kreis (Abb. 7.8). Pragmatisch und funktional sorgfältig auch das Auswahlkriterium für die Audi 100-Scheiben. Nur diese erlaubten, dank ihrer Größe, die im Dutzend pro Modell gelieferten Schuhkartons in sinnvollen Dutzend-Einheiten zu lagern. Um die Tragfähigkeit der Windschutzscheiben nachzuweisen und die Grenzen des Materials auszuloten, führten die Architekten im Selbstversuch Belastungstests durch –

nicht anders, als über 150 Jahre zuvor Joseph Paxton beim Kristallpalast in London. Die Scheiben selbst bezog man nicht in ungewisser Quantität und Qualität vom Schrott, sondern ungebraucht, originalverpackt und kostengünstig aus einem nahe gelegenen Werk. Dort sind sie, wie in der Automobilindustrie üblich, 15 Jahre eingelagert, bevor die Ersatzteillager in der Regel aufgelöst werden.

Während das Regalsystem mit den Windschutzscheiben durch eine Konstruktion aus »Fertigteilen« geprägt ist, stellt die raumbestimmende Sitzinsel in der Mitte des Ladens eine Spezialanfertigung aus Produktionsresten dar. Die Architekten errichteten aus rund 1500 Abfallleisten einer benachbarten Fensterfabrik eine ergonomisch geformte Sitzskulptur, die Platz für bis zu sechs Personen bietet. Die Leisten zehn verschiedener Holzarten fielen beim Zuschnitt der Fensterrahmen als Verschnitt und in Längen von 40 bis 90 cm sowie einer Breite von 2 cm an. Der Verarbeitungsaufwand zu einem Sockel, zwei darauf befindlichen Sitzbänken inklusive Rückenlehnen sowie zweier Fußstützen war im Vergleich zu den Regalen allerdings enorm. Sechs Personen benötigten sechs Wochen, bis die Leisten zugesägt, verleimt, gefügt und letztendlich nylonfreundlich abgeschliffen waren (Abb. 7.9). Das Ergebnis überzeugte dafür nicht nur als Form der Form willen. Die Sitzinsel bietet eine Vielzahl an Sitzmöglichkeiten für verschiedene Konstitutionen und erinnert, so Césare Peeren von 2012 Architekten, an einen seiner Geburtstage, der damit endete, dass 24 Leute in einem Baum saßen, jeder in einer anderen Sitzposition, an einem etwas anderen Ort.

Das dies nicht nur ein schönes Bild blieb, ist erneuten präzisen funktionalen Überlegungen zu verdanken. Die podestartige Sitzinsel erlaubt zum einen das sonst übliche Sicherheitssystem einzusparen, da die Kunden nicht direkt an die Regale treten können. Zum anderen kann das Verkaufspersonal, ohne sich bücken zu müssen, beim Anprobieren der Schuhe behilflich sein. Zwei der vier Sitzmöglichkeiten – »Chaise Longue« – sind so ausgerichtet und geformt, dass sie auch vom Personal während langweiliger Wartezeiten mit Blick zum Eingang genutzt werden können. Letztendlich wurde noch ein weiteres Objekt der Kategorie »superuse« in dem futuristischen Sitzmöbel von 2012 Architekten verbaut. Mittig zwischen den beiden Sitzbänken ist das ehemalige Laufband einer Supermarktkasse integriert, auf dem der Kunde seine neuen Schuhe Probelaufen kann (Abb. 7.10).

Der Mehrwert von DUCHI liegt für 2012 Architekten in den gesammelten Erfahrungen zum Umgang mit den unterschiedlichen Typen an Abfallmaterialien. Die Windschutzscheiben, in großer Menge und standardisierten Größen vorhanden, mit eigenem ästhetischem Wert, erlauben und bedingen eine andere Verarbeitung als die kleinteiligen arbeitsintensiven Holzleisten. Während die Scheiben einen klaren Fall von Weiterverwendung darstellen und die Chance bieten, dass das Material selbst wieder Teil des nächsten Bauprozesses wird, kann die in sechs Teile zerlegbare Sitzinsel maximal wiederverwendet werden, indem es an anderer Stelle wieder aufgebaut wird – oder es muss verwertet werden, im schlechtesten Fall ein »downcycling«. Weiterverwendbar ist es aber nicht.

WORM
Die Frage nach einem möglichst hohen Recyclicity-Faktor beantwortete 2012 Architekten bei ihrem Nachfolgeprojekt in Rotterdam gleich mehrfach. Der Sitz der Rotterdamer Organisation für experimentellen Film und experimentelle Musik WORM befindet sich als Zwischennutzung in einem zuvor leer stehenden Gebäude im Osten der Stadt und ist gleichzeitig Plattenladen, Filmstudio und Konzertbühne. Als dreifaches »reuse« generierte WORM erstens ein »reuse« an Raum, zweitens ein »reuse« an Material, die nötigen Einbauten sind zu 90 % aus wieder- oder weiterverwendeten Abfällen, und drittens ein »reuse« der eigenen Struktur. Alle Einbauten mussten aufgrund der Auflagen des Denkmalamts – das Gebäude war ehemals Magazin der Vereenigden Oost-Indischen Compagnie – restlos entfernbar sein. Deshalb sind sie demontierbar und können an anderer Stelle wieder aufgebaut werden.

In dem dreigeschossigen Gebäude bespielt WORM ca. die Hälfte der Grundfläche, rund 2000 m², im Erdgeschoss und im ersten Obergeschoss. Wie bei DUCHI erarbeiteten die Architekten mit den Bauherren bzw. Nutzern als Erstes ein Organisationsdiagramm, bei dem Funktionalität im Vordergrund stand. Dazu gehört eine pragmatische Anordnung der Funktionsbereiche – Veranstaltungsraum und Bar im Obergeschoss, der Shop mit »Chaise Longue« im Erdgeschoss, Toiletten am Ausgang – sowie sinnvolle Integration der haustechnischen Anlagen. Eine sichtbar durch alle Räume verlaufende Versorgungsleitung für Lüftung, Abwasser und Elektrik bildet das technische Rückgrat des Gebäudes und ist gleichzeitig Gestaltungselement. Die Zu- und Abluft für die Anlage wird zum Eingang bzw. ist in das Eingangselement integriert. Ein 3 m hoher Lüftungsschacht windet sich dynamisch mit einer Drehung aus der Fassade heraus. Er dient im unteren Bereich als Eingang und Windfang, während sich darüber die Aus-, bzw. Einlässe für Außen- und Frischluft befinden (Abb. 7.13).

Anders als bei DUCHI waren hier aber erstmalig behördliche Rahmenbedingungen wie Denkmalschutz und genehmigungsrechtliche Fragen zu klären. Das heißt, aus dem Organisationsdiagramm musste eine traditionelle Genehmigungsplanung generiert werden, in der Statik, Brand- und Schallschutzmaßnahmen und dem Denkmalschutz gegenüber der zerstörungsfreie Rückbau nachgewiesen wurde. Die Devise »material designs space« war dennoch auch bei diesem Projekt der Dreh- und Angelpunkt des gesamten folgenden Gestaltungsprozesses. Die »harvest map«, Ergebnis einer auf Grundlage des Organisationsdiagramms erstellten Einkaufsliste, zeigt welche Ressourcen bzw. Materialien in der näheren Umgebung tatsächlich als zu »erntendes« Material zur Verfügung standen: Isolierglasscheiben, Lüftungsrohre, Bodenbleche etc. (Abb. 7.12). Erst nach dieser Bestandsaufnahme war eine weitere Ausführungsplanung möglich.

Das Material für die Gebäudetechnik wurde bei WORM überwiegend aus abgebrochenen Bürogebäuden in der Nachbarschaft gesammelt. Lediglich für einige Verlängerungen und Zwischenstücke war es nötig, Neumaterial einzusetzen. Aus Schallschutzgründen bedeckt ein zusätzlicher Boden aus

7.7 Anlieferung Windschutzscheiben
7.8 Ansicht der Regalböden aus den weiterverwendeten Windschutzscheiben
7.9 Herstellung der Sitzinsel aus Resthölzern der Fensterproduktion
7.10 sechsteilige Sitzinsel

7.11

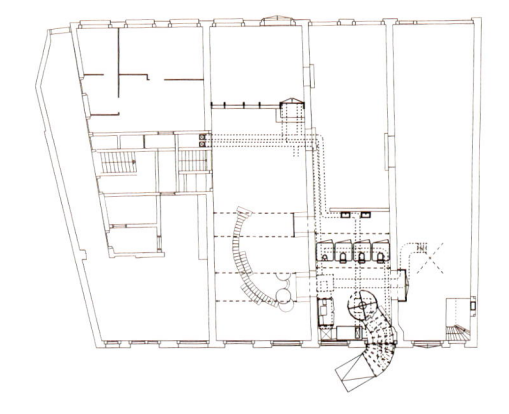

7.12

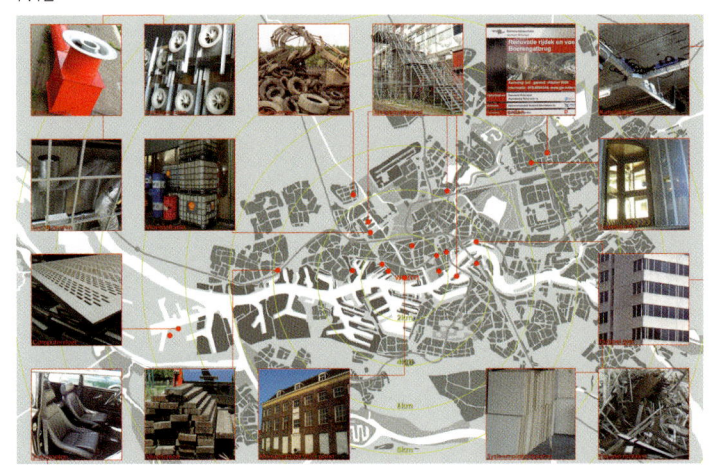

7.13

7.14

einer vierlagigen Systemdecke mit einer oberen Multiplexschicht den bestehenden Eichenboden im ersten Obergeschoss.

Zusätzlich dient eine Wand aus recyceltem Isolierglas, die innen vor die straßenseitige Außenfassade und gegen die Holzbalken der Decke gelehnt ist, als Lärmschutzwand. Das gefundene Isolierglas, mosaikartig eingebaut, entsprach zwar nicht mehr den neuesten energetischen Anforderungen, entpuppte sich aber als vortreffliches Mittel, Lautstärke- bzw. Lärmschutzanforderungen von Nutzern bzw. Anwohnern auf einen Nenner zu bringen (Abb. 7.14).

Selbst Lösungen für den Brandschutz konnten mit Fundmaterialien und entsprechend abgestimmter Detaillierung umgesetzt werden. Der Einbau einer Feuerschutztür aus einem Nachbargebäude stellte Bestandsschutz wie auch Brandschutz zufrieden. Das Maß der Tür stimmte nicht mit dem vorhandenen Öffnungsmaß im WORM-Gebäude überein, das Vergrößern der Öffnung kam aus Gründen des Denkmalschutzes nicht in Frage. 2012 Architekten fixierten die Tür folglich mit großen Schraubzwingen, ein Detail, das auch für alle anderen Türen übernommen wurde.

Objektkünstler realisierten nach Vorgaben von 2012 Architekten das Interieur. Einzige Bedingung: Möbel wie Bar und »Chaise Longue« sowie Innenausbauten wie die Toiletten mussten aus 90 % Abfallmaterialien und im Wesentlichen einem Material gestaltet werden. So entstand ein Sitzmöbel aus Altreifen von LKWs, Autos und Fahrrädern von millegomme. Unter diesem Namen spezialisierten sich die Architekten Jan Korbes und Denis Oudendijk auf die Anfertigung von Objekten aus Altreifen. Ein ausrangierter Snackautomat liefert Getränke und für die vier frei stehenden Toilettenkabinen im Erdgeschoss schnitt man Flüssigkeitscontainer aus Plastik auf, stapelte sie zu großen Kuben übereinander und umwickelte sie mit Metallgitter – die Abflussöffnungen für die Sanitärinstallationen waren praktischerweise schon integriert. 2012 Architekten verstanden es bei WORM, mit großer Liebe zum Detail und in Kombination von funktionalen Ansprüchen und Selbstbeschränkung bezüglich des Materials unerwartete, kreative Lösungen zu entwickeln – und dies bei einem Budget von knapp 300 000 € für 2000 m² Fläche. Dass sich ein Teil der beim Material eingesparten Kosten zu Ungunsten steigender Fertigungskosten verschob, konnte bei WORM durch den Einsatz von bis zu 50 Helfern aufgefangen werden, die teils freiwillig oder für wenig Geld an dem Projekt mit bauten. Ein logistischer Mehraufwand für die Baustelle, den man mit dem Einsatz eines Weblogs bewältigte. Hier waren die neuesten Entscheidungen, aktuelle Informationen und Bilder von der Baustelle von allen Projektbeteiligten zu jeder Zeit einsehbar. Neben veränderten Abläufen und Prämissen bei der Entwurfs- und Ausführungsplanung stellt auch die Bauleitung bei den »superuse«-Projekten neue Anforderungen.

VILLA WELPELOO

Mit ihrem mittlerweile akkumulierten Wissen über MehrWerkstoffe zeichnet sich für 2012 Architekten inzwischen der Übergang vom experimentellen Planen und Bauen zu traditionellen Planungs- und Bauabläufen ab. War die »Miele-Station« noch als Installation von einem spielerischen Umgang mit Material geprägt und DUCHI als ein erster Testlauf im geschützten Innenraum zu sehen, zeigten sich bei WORM bereits erste Tendenzen zur »Normalisierung« des Prozesses. Als neuestes Recyclicity-Projekt bauen 2012 Architekten ein Einfamilienhaus in der Nähe von Enschede. Hier gelingt es bereits, Materialwissen über Abfallmaterialien so zu verwerten, dass nicht mehr das experimentell entwickelte, selbst ausgeführte Detail den Baualltag bestimmt, sondern klassische Ausführungsdetails, die von Fremdfirmen gebaut werden können. Bei der Villa WELPELOO kommt eine Verkleidung aus demontierten Segmenten ausrangierter Kabeltrommeln zum Einsatz, mit denen 2012 Architekten schon bei anderen Projekten Erfahrung gesammelt bzw. den Weg vom »Trash zum Treasure« eingeschlagen hat.

Cradle to Cradle

2012 Architekten zeigen mit ihrer Arbeit, wie Globalrecycling bzw. »Cradle to Cradle«, zusammen mit intelligenten energetischen Lösungen den Baualltag verändern wird. »Cradle to Cradle«, was wörtlich übersetzt von der Wiege zur Wiege heißt, ist ein von dem Architekten William McDonough und dem Chemiker Michael Braungart erarbeitetes Modell für industrielle Prozesse, in dem alle Materialien in geschlossenen biologischen oder technischen Kreisläufen fließen. Produkte werden nicht mehr zu Abfall, sondern sind selbst Quelle für die erneute Verwertung oder Verwendung. Die McDonough Braungart Design Company entwickelt Materialien und Produkte, die nicht den Gesetzen der Ökoeffizienz wie Vermeiden, Vermindern, Reduzieren, Begrenzen gehorchen, sondern sich durch eine neue Ökoeffektivität auszeichnen. Anstatt Produkte oder ihre Komponenten so wenig wie nötig und so lange wie möglich im Wirtschaftssystem zu nutzen, bis sie am Ende doch in der Deponie landen, setzt »Cradle to Cradle« ein Design voraus, das Kreisläufe vollkommen schließt.

Die Idee von »superuse« ist ein Schritt in diese Richtung. Die als »harvest maps« bezeichneten Materialrecherchen im lokalen Projektumfeld zeigen die Affinität zu den Gedankengängen von William McDonough und Michael Braungart. Diese sehen technischen Abfall als Nährstoff der uns umgebenen Technosphäre, im Gegensatz zur parallel existenten Biosphäre mit ihren biologischen Nährstoffen.

»Cradle to Cradle« implementiert neue Herstellungstechniken für Materialien und Produkte – ein Thema auch für das Bauwesen, das noch 2007 mit über 180 Millionen Tonnen Bau und Abbruchabfällen fast zur Hälfte des gesamten deutschen Abfallaufkommens beitrug. An der TU Berlin wird deshalb seit 1995 im dem Forschungsprojekt »Demontagefabriken zur Rückgewinnung von Ressourcen in Produkt- und Materialkreisläufen« an neuen Herstellungstechniken und deren Auswirkungen auf städtische Infrastrukturen und Gebäudetypen gearbeitet. Die dort angedachten neuen Material- und Produktgenerationen zeichnen sich durch »Verwandelbarkeitswerte« aus, sind also umbaubar, aufbereitbar und wiederverwendbar. Ihre wirtschaftliche Durchsetzbarkeit wird durch diesen Mehrwert verbessert werden können. In letzter Konsequenz bedeutet dies auch neue Berufsbilder wie Transformer, Umbau- und Updateberater, Modulkompositeure, Weiterentwerfer etc. Für die Zukunft von Stadt- und Gebäudestrukturen bedeutet dies, dass sie nicht nur veränderbar sind, sondern auch »cyclbar«. Das heißt, in Zukunft wird in die Kalkulation eines Hauses, dessen Nutzung/Umbau/Abriss als wirtschaftliches und ökologisches Kriterium von Anfang an mit einbezogen. Der Innenausbau, als wettergeschütztes Baufeld per se haftungsärmer als der Hochbau, bietet dazu im ersten Schritt ein wunderbares Experimentierfeld.

Internetlinks:
www.mehrwerkstoffe.de
www.2012architecten.nl
www.ruralstudio.com
www.winter-hoerbelt.de
www.dasparkhotel.net
www.annekejakobs.nl
www.remyveenhuizen.nl
www.smile-plastics.co.uk
www.superuse.org
www.sfb281.tu-berlin.de
www.braungart.com

Literaturhinweis:
[1] Lerup, Lars: Das unfertige Bauen. Architektur und menschliches Handeln, Basel 1986, S. 139

Literatur:
1. Ed van Hinte, Jan Jongert, Césare Peeren: Superuse, Constructing new architecture by shortcutting material flows, 010 Publishers, Rotterdam 2007
2. W. McDonough, M. Braungart: Cradle to Cradle, North Point Press, New York 2002
3. Andrea Oppenheimer, Dean Hursley, Timothy Hursley: Rural Studio – Samuel Mockbee and an Architecture of Decency, Princeton Architectural Press, New York 2002

7.11 Grundriss Erdgeschoss, WORM Club in Rotterdam, 2005; 2012 Architekten
7.12 »harvest map«, WORM, 2012 Architekten
7.13 WORM Eingangselement mit integriertem Lüftungselement
7.14 WORM Schallschutzwand aus wiederverwendeten Isolierglasscheiben
7.15 Kastenhaus in Castelford, 2006; Wolfgang Winter, Berthold Hörbelt

Architekten – Projektdaten

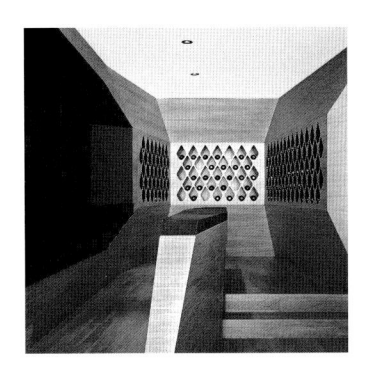

Appartment in Oberlech

Bauherr: Said Ramic, A-Mäder
Architekten: Delugan Meissl Associated Architects, Wien
Partner/Projektleiter: Martin Josst
Bauabwicklung: ATLANTIS Architektur Bau GmbH, A-Mäder
Baujahr: 2006

Angaben zu den Herstellern:
- Tischler: Hase und Kramer, Dornbirn
- Schlosser: Hagn & Leone, Dornbirn
- Kaminbauer: Buttenhauser, Höchst
- Glaser: Längle Glas GmbH, Götzis

office@deluganmeissl.at
www.deluganmeissl.at

Roman Delugan
Geboren in Meran; 1993 Diplom, 2004–05 Gastprofessur an der Berner Fachhochschule.
Christopher Schweiger
Geboren in Salzburg; Studium in Wien und Berlin; seit 1996 Mitarbeiter; seit 2004 Partner.
Elke Delugan-Meissl
Geboren in Linz; 1987 Diplom an der TU Innsbruck; 2006 Lehrauftrag an der Universität Stuttgart.
Martin Josst
Geboren in Hamburg; Diplom an der Muthesius Hochschule für Kunst und Gestaltung in Kiel; seit 2001 Mitarbeiter; seit 2004 Partner
Dietmar Feistel
Geboren in Bregenz; Diplom an der TU Wien; seit 1998 Mitarbeiter; seit 2004 Partner

1993 Bürogründung Delugan_Meissl ZT GmbH; 2004 Erweiterung Delugan Meissl Associated Architects.

Ferienwohnung am Attersee

Bauherr: privat
Architekten: Atelier Ebner + Ullmann, Wien
Mitarbeit: Markus Kuntscher, Oliver Noak
Umbau: Generalunternehmer BSU Bauservice, A-Abersee
Baujahr: 2005

Angaben zu den Herstellern:
- Schreiner: Paul Gollacker, Hallwang
- Künstler: Rainer Füreder, Linz

www.ebner-ullmann.com

Peter Ebner
Geboren in Hallwang; Tischlerlehre; Maschinenbaustudium in Salzburg; Architekturstudium an der TU Graz und der UCLA, Los Angeles; Studium an der Wirtschaftsuniversität Linz; 1995 Gründung des eigenen Büros in Salzburg; seit 2003 Professor für Wohnungsbau und Wohnungswirtschaft, TU München; 2006 Gastprofessur an der Harvard Graduate School of Design in Boston

Franziska Ullmann
Geboren in Baden bei Wien; Studium an der TU Wien; 1983 Gründung des eigenen Büros in Wien; 1985–94 Lehrauftrag an der Universität der Angewandten Künste in Wien; seit 1995 Professur an der Universität Stuttgart; 2000 Gastprofessur an der Harvard Graduate School of Design in Boston

1998 Gründung des Architekturbüros Ebner Ullmann in Wien

Wohnungsumbau in Berlin

Bauherr: privat
Architekten: Behles & Jochimsen, Berlin
Mitarbeiter: Jana Gallitschke, Alexander Kuhnert
Tragwerksplaner: Griehl & Sambill Ingenieure, Berlin
Baujahr: 2006

Angaben zu den Herstellern:
- Ausführung: Andreas Adam Bauausführung, Berlin
- Schrankmöbel: Zweibaum Holzwerkstatt, Berlin

eingang@behlesjochimsen.de
www.behlesjochimsen.de

Armin Behles
Geboren 1966 in München; 1985–92 Architekturstudium an der TU Berlin und der ETH Zürich; 1987–94 Mitarbeit in den Büros Brenner + Tonon, Berlin, Prof. Kollhoff, Berlin, Prof. Steidle, München, Prof. Albers, Zürich/Berlin; 1995 Assistent DOMUS Academy, Neapel; 2004–05 Gastprofessur an der HfbK Hamburg.

Jasper Jochimsen
Geboren 1964 in Freiburg; 1984–92 Architekturstudium an der TU Berlin und an der University of Miami; 1989 Mitarbeit im Büro Müller Reimann Scholz, Berlin; 1990–99 Mitarbeit im Büro Prof. Kollhoff, Berlin; 2006 Gastprofessur an der China Academy of Art, Hangzhou.

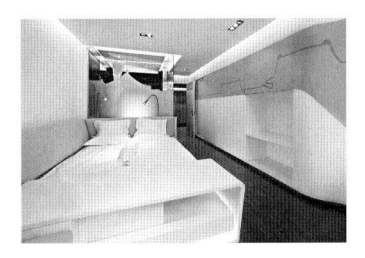

Hotel »The Emperor« in Peking

Bauherr: Da Cheng You Fang Hotel Management Co., Ltd
Architekten: Graft, Peking; Gregor Hoheisel, Lars Krückeberg, Wolfram Putz, Thomas Willemeit
Mitarbeiter: Tina Troester, Keizo Okamoto, Crystal K. H. Tang, Wei Xin, Sun Da Yong, Ruan Jin, Anne Pestel, Li Mei
Generalunternehmer: Jiang Su Nan Tong 2nd Construction Company
Subunternehmer: Bejing Eastern Weiye Furniture Limited
Berater: Walter Junger and Friends, Berlin/Singapore
Baujahr: 2008

beijing@graftlab.com
www.graftlab.com

Lars Krückeberg
Geboren 1967; 1989–96 Architekturstudium an der TU Braunschweig, 1997–98 am Southern Californian Institute of Architecture in Los Angeles

Wolfram Putz
Geboren 1968; 1988–95 Architekturstudium an der TU Braunschweig, 1996–98 am Southern Californian Institute of Architecture in Los Angeles

Thomas Willemeit
Geboren 1968; 1988–97 Architekturstudium an der TU Braunschweig

1998 Grüdung des Büros Graft

Gregor Hoheisel
Geboren 1967; Architekturstudium an der Fachhochschule Hamburg und an der TU Braunschweig; Mitarbeit bei Gerkan Marg+Partner, Berlin; seit 2000 bei Graft

Hoteletage im »Puerta América« in Madrid

Bauherr: Grupo Urvasco
Architekten: Zaha Hadid Architects, London
Projektleiter: Woody K. T. Yao
Mitarbeiter: Thomas Vietzke, Yael Brosilovski, Patrik Schumacher
Entwurfsplaner: Ken Bostock, Mirco Becker
Bauleitung: Luis Leon
Lichtplaner: Lighting & Design Ltd., London
Baujahr: 2005

Angaben zu den Herstellern:
- Innenausbau: Rosskopf & Partner AG, Obermehler
- Material Innenausbau: LG Chem, Seoul

mail@zaha-hadid.com
www.zaha-hadid.com

Zaha Hadid
1972–77 Studium an der Architectural Association in London; Partner im Office for Metropolitan Architecture; bis 1987 Lehrtätigkeit an der Architectural Association zusammen mit Rem Koolhaas und Elia Zenghelis, später mit eigenem Lehrstuhl; seit 1987 verschiedene Lehrtätigkeiten; im Moment Professur an der Universität für angewandte Kunst in Wien.

Gästepavillons in Olot

Bauherr: Joaquim Puigdevall, Judith Planella
Architekten: RCR Arquitectes, Olot; Rafael Aranda, Carme Pigem, Ramon Vilalta
Projektleiter: Miquel Subiràs
Mitarbeiter: Antonio Sáez, Inés de Vasconcelos, Vincent Hannotin, Francisco Spratley
Bauleitung: Miquel Subiràs
Tragwerksplaner: Grau-Del Pozo Enginyers, Olot
Konstrukteur: Joaquim Puigdevall
Baujahr: 2005

rcr.arquitectes@coac.es
www.rcrarquitectes.es

Rafael Aranda
1961 geboren in Olot, 1987 Abschluss an der ETSAVallés

Carme Pigem
1962 geboren in Olot, 1987 Abschluss an der ETSA Vallés, 1992–1999 Professur an der ETSA Vallés, 1997–2003 Professur an der ETSA Barcelona, 2005–2007 Gastprofessur an der ETH Zürich

Ramón Vilalta
1962 geboren in Vic/Spanien, 1987 Abschluss an der ETSA Vallés, 1987 Master in Landschaftsarchitektur an der ETSA Barcelona, 1989–2001 Professur an der ETSA Vallés

seit 1987 Arbeit als Architekten; 1988 Gründung von RCR Architectes in Olot; seit 1989 beratende Architekten des Naturschutzparks im Vulkangebiet von La Garrotxa, Katalonien; Autoren von Artikeln über Architektur und Landschaft.

Hotel »Ginzan-Onsen-Fujiya« in Obanazawa

Bauherr: Atsushi Fuji
Architekten: Kengo Kuma & Associates, Tokio; Kengo Kuma
Projektleiter: Makoto Shirahama
Bauleitung: Aiwa Construction Co. Ltd., Yamagata
Tragwerksplaner: K. Nakata & Associates, Tokio
Baujahr: 2006

Angaben zu den Herstellern:
- Verglasung: Saint Gobain, F-Courbevoir
- Japanisches Papier: Kyowa Shoukai
- Holzbau: Takahashi Kenchiku
- Möbel: Tendo Mokkou Co. Ltd., Yamagata
- Geätzes Glas: Masato Shida
- Bambus Paneele: Hideo Nakata

kuma@ba2.so-net.ne.jp
www.kkaa.co.jp

Kengo Kuma
geboren 1954;
1979 Diplom an der School of Engineering, University of Tokio; 1985–86 Studium an der Columbia University; 1987 Bürogründung Spatial Design Studio; 1990 Bürogründung Kengo Kuma & Associates, Tokio; 1998–99 und 2001 Professur an der Keio University

zahlreiche Preise, Auszeichnungen und Veröffentlichungen.

Pfarr- und Jugenheim in Thalmässing

Bauherr: Diözese Eichstätt, Pfarrgemeinde Thalmässing
Architekten: meck architekten, München, Andreas Meck
Projektleiter: Susanne Frank
Mitarbeiter: Erwin J. Steiner, Johannes Bäuerlein, Peter Sarger
Bauleitung: meck architekten, München mit Karlheinz Beer, Weiden
Tragwerksplaner: Ingenieurbüro H. L. Haushofer, Markt Schwaben
Haustechnik: Ingenieurbüro Frey-Donabauer-Wich, Gaimersheim
Landschaftsplaner: meck architekten, München mit Hermann Salm, München
Akustikplaner: Ingenieurbüro Müller-BBM, Planegg
Baujahr: 2004

Angaben zu den Herstellern:
- Geflechtarbeiten: Kunstgeflecht & Weidenwerke, H. Peter Storm, Dormitz
- Bodenbeläge: Leithe Asphalt + bitu-Terrazzo Böden, Dornbirn
- Innenausbau: Friedrich Neumeier, Weißenburg

office@meck-architekten.de
www.meck-architekten.de

Andreas Meck
1985 Diplom an der TU München; 1987 Graduate Diploma an der Architectural Association in London; seit 1989 eigenes Büro in München; seit 2001 meck architekten; seit 1998 Professor für Entwerfen und Baukonstruktion an der FH München.

Multimedia-Pavillon in Jinhua

Bauherr: Jindong New District Government, Jinhua
Architekt: Erhard An-He Kinzelbach KNOWSPACE, Wien
Bauleitung: FAKE Design, Peking
Statik und Tragwerksplanung: Hou Xinhua, Hao Yufan, Guo Baojun, Peking
Generalunternehmer: Beijing Fangxiuyi Construction Co.
Baujahr: 2007

Angaben zu den Herstellern:
- Beschläge: Dorma GmbH, Bad Salzuflen

info@knowspace.eu
www.knowspace.eu

Erhard An-He Kinzelbach
Geboren 1974; Master an der Columbia University New York; Diplom an der TU Darmstadt; Mitarbeit bei ROY Co. New York, Office for Metropolitan Architecture New York, Foreign Office Architects; 2004 Bürogründung KNOWSPACE architecture and cities in New York; 2004–08 Assistent an der Akademie der bildenden Künste Wien; 2006 Gastdozent an der Academy of Fine Arts and Design Bratislava.

Theater in Zürich

Bauherr: MCH Messe Schweiz (Zürich) AG
Architekten: EM2N, Zürich Mathias Müller, Daniel Niggli
Mitarbeiter: Dirk Harndorf, Elke Kirst, Sidsel Kromann, Verena Lindenmayer, Claudia Meier, Verena Nelles, Claudia Peter, Frank Schneider, Christof Zollinger
Bauleitung: Bauengineering.com AG, Zürich
Tragwerksplaner: Aerni + Aerni, Zürich
Elektroplaner: Elektro Design + Partner AG, Winterthur
Licht-/Tonplaner: EBZ Eichenberger Electric AG, Dübendorf
Haustechnik: 3-Plan Haustechnik Raimann + Diener AG, Winterthur
Bühnentechnik: Nüssli International AG, Hüttwilen; Planungsgruppe AB Bühnentechnik AG, Leutwil
Gastronomieplanung: IG Innenarchitektur und Gastroplanung GmbH, Zürich
Baujahr: 2005

em2n@em2n.ch
www.em2n.ch

Mathias Müller
Geboren 1966 in Zürich; 1996 Diplom bei Professor A. Meyer/ Marcel Meili an der ETH Zürich; 2005 Gastprofessor an der ETH Lausanne.

Daniel Niggli
Geboren 1970 in Olten, Schweiz; 1996 Diplom bei Professor A. Meyer/ Marcel Meili an der ETH Zürich; 2005 Gastprofessor ETH Lausanne.

1997 Gründung des Architekturbüros EM2N Architekten

Theater Agora in Lelystad

Bauherr: Gemeinde Lelystad
Architekten: UNStudio, Amsterdam, Ben van Berkel, Gerard Loozekoot
Mitarbeiter: Jacques van Wijk, Job Mouwen, Holger Hoffmann, Khoi Tran, Christian Veddeler, Christian Bergmann, Sabine Habicht, Ramon Hernandez, Ron Roos, Rene Wysk, Claudia Dorner, Markus Berger, Markus Jacobi, Ken Okonkwo, Jörgen Grahl-Madse, Hanka Drdlova
Ausführende Architekten: B+M, Den Haag
Tragwerksplaner: BBN, Houten
Haustechnik: Pieters bouwtechniek, Haarlem
Installationen: Valstar Simones, Apeldoorn
Lichtplaner: Arup, Amsterdam
Theatertechnik: Prinssen en Bus Raadgevende Ingenieurs bv., Uden
Akustik/Brandschutzkonzept: DGMR, Arnhem
Generalunternehmer: Jorritsma Bouw, Almere
Baujahr: 2007

Angaben zu den Herstellern:
- Sanitärinstallationen: GTI, Roden
- Elektroinstallationen: Kempkens Brands, Veenendaal
- Bühneninstallationen: Stakebrand, Heeze
- Malerarbeiten: Lansink, Lelystad

info@unstudio.com
www.unstudio.com

Ben van Berkel
Geboren 1957 in Utrecht; 1987 Diplom an der Rietveld Academy in Amsterdam und der Architectural Association in London; 1988 Van Berkel & Bos Architectuurbureau in Amsterdam; seit 1998 UNStudio.

Casa da Música in Porto

Bauherr: Porto 2001/Casa da Música
Architekten: OMA, Rotterdam
Projektleiter: Rem Koolhaas, Ellen van Loon
Mitarbeiter: Adrianne Fisher, Michelle Howard, Isabel Silva, Nuno Rosado, Robert Choeff, Barbara Wolff, Stephan Griek, Govert Gerritsen, Saskia Simon, Thomas Duda, Christian von der Muelde, Rita Amado, Philip Koenen, Peter Müller, Krystian Keck, Eduarda Lima, Christoff Scholl, Alex de Jong, Catarina Canas, Shadi Rahbaran, Chris van Duijn, Anna Little, Alois Baptista, André Cardoso, Paulo Costa, Ana Jacinto, Fabienne Louyot, Christina Beaumont, João Prates Ruivo
Bauleitung: ANC Architects, Porto
Tragwerksplaner: Arup, London mit AFA, Vila Nova de Gaia
Akustikplaner: Dorsserblesgraaf, Eindhoven
Baujahr: 2005

office@oma.nl
www.oma.nl

Rem Koolhaas
Geboren 1944 in Rotterdam; Diplom an der Architectural Association in London; 1975 Gründung des Office for Metropolitan Architecture (OMA) in Rotterdam; diverse Professuren; seit 1990 Professur an der Harvard University in Camebridge; Gründer der Ideenschmiede AMO.

Ellen van Loon
Geboren 1963 in Hulst, Niederlande; 1976–83 Architekturstudium an der TU Delft; 1995–97 bei Foster and Partners in London; seit 1998 Partner bei OMA

Dokumentationszentrum für Architektur in Madrid

Bauherr: Subdirección General de Arquitectura del Ministerio de la Vivienda
Architekten: Aparicio + Fernández-Elorza, Madrid
Jesús Aparicio Guisado
Héctor Fernández-Elorza
Mitarbeiter: Joaquín Goyenechea
Tragwerksplaner: Cristóbal Medina/AEPO Ingenieros, Madrid
Haustechnik: Alfredo Lozano/AGM Técnicos e Ingenieros de Proyectos, Madrid
Bauunternehmer: DRACE, Dragados y Construcciones Especiales, Madrid
Baujahr: 2004

helorza@yahoo.com

Jesús Aparicio Guisado
Geboren 1960 in Madrid; 1984 Abschluss an der Escuela Técnica Superior de Arquitectura de Madrid (ETSAM); Master an der Columbia University in New York; Promotion; seit 1996 Professor an der ETSAM; Gastprofessor und Dozent an diversen Universitäten.

Héctor Fernández-Elorza
Geboren 1972 in Zaragoza; 1998 Abschluss an der Escuela Técnica Superior de Arquitectura de Madrid (ETSAM); seit 2001 Dozent an der ETSAM; kürzlich Promotion an der ETSAM; Gastprofessor und Dozent an diversen Universitäten.

Zentrum für Film und visuelle Medien in London

Bauherr: Birkbeck, University of London, Birbeck College
Architekten: Surface Architects, London
Mitarbeiter: Richard Scott, Andy Macfee, Nikos Charalambous, Paula Friar, Neal Shah
Tragwerksplaner: Techniker, London
Technische Gebäudeausrüstung: Freeman Beesley, Brighton
Bauunternehmer: Vivid Interiors, London
Baujahr: 2007

Angaben zu den Herstellern:
- Holzpaneele: KLH Massivholz GmbH, Katsch/Mur

www.surfacearchitects.com

Richard Scott
Geboren 1967 in Hull, UK; Architekturstudium am Southern California Institute of Architecture in Los Angeles und an der Bartlett in London; Mitarbeit bei Alsop Architects, London; seit 1996 Lehrauftrag für Architekturtheorie an der Barlett, der Architectural Association und der Brighton University.

Andy Macfee
Geboren in Manchester; Architekturstudium an der Sheffield University und an der Bartlett in London; Mitarbeit bei Alsop Architects in London.

1999 Gründung Surface Architects in London

Künstleragentur in Berlin

Bauherr: ct creative talent gmbh, Berlin
Architekten: Angelis + Partner Architekten GbR,
Oldenburg Wismar Herzberg Berlin,
Alexis Angelis Architekt BDA,
mit Alexander Thomass Architekt, Berlin
Graphikdesign: Jenny Thiele
Baujahr: 2006

Angaben zu den Herstellern:
- Ausführung: vm-Design, Bremerhaven mit Punkt vier, Alexis Miszak, Berlin

mail@angelis-partner.de
www.angelis-partner.de

Alexis Angelis
Geboren 1971; 1999 Diplom an der Leibniz-Universität Hannover; 1999–2001 Mitarbeit in verschiedenen Architekturbüros in Berlin; seit 2001 selbstständiger Architekt in Berlin; 2002–04 Assistenz Universität Hannover, Lehrstuhl für Entwerfen; 2004 Eintritt in die Partnerschaft Angelis + Partner; 2006 Gastdozent Winterakademie Universität Hannover, Institut für Städtebau; 2007 stellvertretender Vorsitz BDA Oldenburg

Alexander Thomass
geboren 1977; 1997–2003 Architekturstudium an der Leibniz-Universität Hannover; seit 2005 freier Architekt in Berlin; seit 2005 Wissenschaftlicher Mitarbeiter an der Universität Kassel; seit 2008 btob architects gemeinsam mit Henning König in Berlin und Basel

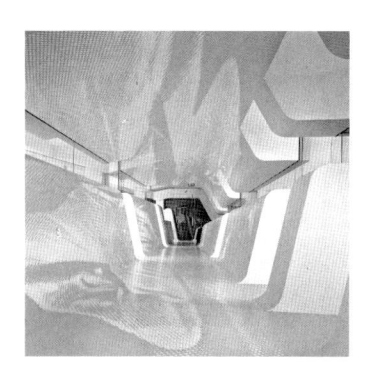

Zahnarztpraxis in Berlin

Bauherr: Dr. Stefan Ziegler
Architekten: Graft, Berlin; Lars Krückeberg, Wolfram Putz, Thomas Willemeit
Projektleitung: Tobias Hein, Karsten Sell
Mitarbeiter: Sven Fuchs, Lennart Wiechell, Björn Rolle, Markus Müller
Tragwerksplaner: KGG Dipl. Ing. K.+T. Gehlhaar
Techn. Gebäudeausrüstung: ICM Ingenieurbüro C. Meyer
Baujahr: 2005

Angaben zu den Herstellern:
- Trockenbau:
  Knauf Gips KG, Iphofen
- Fußboden 6. OG:
  Degussa, Düsseldorf
- Fußboden 5. OG:
  Forbo Flooring, Paderborn
- Beleuchtung:
  Wever & Ducré, Düsseldorf

berlin@graftlab.com
www.graftlab.com

Lars Krückeberg
Geboren 1967; 1989–96 Architekturstudium an der TU Braunschweig, 1997–98 am Southern Californian Institute of Architecture in Los Angeles

Wolfram Putz
Geboren 1968; 1988–95 Architekturstudium an der TU Braunschweig, 1996–98 am Southern Californian Institute of Architecture in Los Angeles

Thomas Willemeit
Geboren 1968; 1988–97 Architekturstudium an der TU Braunschweig

1998 Gründung des Büros Graft

»Maison Louis Vuitton des Champs-Elysées« in Paris

Bauherr: Louis Vuitton Malletier - Department Architektur und Immobilien, Paris
David MacNulty, Christian Reyne, Frédéric Devenoge
Architekten: Carbondale, Paris
Eric Carlson mit Barthélémy Grino Associates, Paris
Innenarchitektur: Peter Marino & Associates, New York
Tragwerksplanung: RFR, Paris
Lichtplaner: George Sexton Associates, Washington D.C.
Haustechnik: OCI, Nanterre
Baujahr: 2005

Angaben zu den Herstellern:
- Metallbau: Sipral a.s., Prag

info@carbondale.fr
www.carbondale.fr

Eric Carlson
Geboren 1963 in Ann Arbor Michigan, USA; 2004 Gründung des Architekturbüros Carbondale in Paris; Mitbegründer und Direktor des Louis Vuitton Architecture Department; Zusammenarbeit mit den Architekturbüros Rem Koolhaas, Oscar Tusquets und Mark Mack.

Laden in Barcelona

Bauherr: Industrias Cosmic
Architekten: EQUIP Xavier Claramunt, Barcelona
Mitarbeiter: Miquel de Mas, Martín Ezquerro, Marc Zaballa, Yago Haro, Pau Vidal
Bauunternehmer: Essa Punt, Sant Just Desvern
Baujahr: 2004

equip@equip.com.es
www.equip.com.es

Xavier Claramunt Domènech
Geboren 1965 in Igualada/Spanien;
1993 Abschluss an der ETSAB Escuela Técnica Superior de Arquitectura de Barcelona; 1990 Gründung von ADP Arquitectura; 1995 Gründung von DuchClaramunt joiers; 2000 Gründung von ADD+XClaramunt; 2002 Gründung von ClaramuntDeMas Industrial; 1998–2001 Professor an der Master Universitario de Diseño de Salamanca; 2001 Professur an der Universidad Internacional de Cataluña und an der Escuela Elisava in Barcelona; 2006 Gründung von EQUIP Xavier Claramunt.

Modeboutique in Berlin

Bauherr: Little Red Riding Hood GmbH, Berlin
Architekten: Corneille Uedingslohmann, Köln
Mitarbeiter: James Dickerson, Patrick Müller-Langguth
Elektroplaner: Ingenieurbüro Erdmann, Aachen
Baujahr: 2004

Angaben zu den Herstellern:
- GFK-Elemente:
  FVK GmbH, Dessau
- Möbel/Wände:
  Klaus Stork Innenausbau, Raesfeld

info@cue-architekten.de
www.cue-architekten.de

Peter Uedingslohmann
Geboren 1967 in Duisburg; 1986–89 Schreinerlehre; 1995 Diplom an der FH Hannover; 1995–99 Mitarbeit bei Gatermann + Schossig und Partner, Köln; 1999–2002 Mitarbeit bei Dewey Muller, Köln; 2002–03 Mitarbeit bei Corneille Architekten.

Yves Corneille
Geboren 1972 in Köln; 1992–94 Zimmererlehre; 1999 Diplom an der RWTH Aachen; 1999–2002 Mitarbeit bei Ingenhoven Overdiek und Partner, Düsseldorf, 2002–03 Corneille Architekten; seit 2007 Lehrtätigkeit an der RWTH Aachen.

2003 Gründung von Corneille Uedingslohmann Architekten.

Schuhladen in Amsterdam

Bauherr: Shoebaloo, Amsterdam
Architekten: Meyer en Van Schooten, Amsterdam
Roberto Meyer,
Jeroen van Schooten
Mitarbeiter: Koert Göschel, Oliver Oechsle
Tragwerksplaner: Duyts Bouwconstructies, Amsterdam
Elektroplaner: Wichers en Dreef, Badhoevedorp
Baujahr: 2003

Angaben zu den Herstellern:
- Bauunternehmer: GF Deko, Amsterdam
- Acrylglaskassetten: Atoglas, Paris
- Kunststoffmöbel: Normania, Veldhoven
- Gebogene Glaspaneele: Tetterode Glas, Voorthuizen
- Glasboden: Veromco, Amsterdam
- Beleuchtung: Philips Nederland, Eindhoven
- Schaufenster/Eingangstor: Glaverned, Tiel

www.meyer-vanschooten.nl

Roberto Eduard Meyer
Geboren 1959 in Bogotá, Kolumbien; 1979–83 Studium an der HTS Architecture in Utrecht, 1984–87 an der Academy of Architecture in Amsterdam, 1989–90 an der Academy of Architecture in Arnhem.

Jeroen Wouter van Schooten
Geboren 1960 in Nieuwer Amstel, Niederlande; 1979–83 Studium an der HTS Architecture in Utrecht, 1984–87 an der Academy of Architecture in Amsterdam, 1989–91 an der Academy of Architecture in Arnhem.

1984 Bürogründung von Meyer en Van Schooten Architecten

Schuhladen in Rom

Bauherr: Stuart Weitzmann Inc., New York
Architekten: Fabio Novembre, Mailand
Mitarbeiter: Lorenzo De Nicola, Domenico Papetti, Alessio De Vecchi
Generalunternehmer: Happy House s.r.l., Ciampino
Baujahr: 2006

Angaben zu den Herstellern:
- Bodenbeläge: Collezioni Ricordi, Castelfranco
- Wand- und Deckenverkleidung: Collezioni Ricordi, Castelfranco
- Beleuchtung: Flos spa, Bovezzo Osram spa, Mailand
- Innenausstattung Regale: DuPont Corian, F.1 s.r.l., Pedrengo

info@novembre.it
www.novembre.it

Alessio De Vecchi
Geboren 1980 Mailand; Bachelor in Industriedesign am Istituto Europeo di Design in Mailand; Mitarbeit bei Luca Trazzi und Fabio Novembre; seit 2006 freier Designer in New York

Domenico Zenone Papetti
Geboren 1976 in Lodi; 2003 Diplom an der Politecnico di Milano; derzeit Aufbaustudium im 3-D-Modellieren und Animationen an der BigRock Schule in Treviso, Italien.

Lorenzo De Nicola
Geboren 1971; 1989 Diplom am Art Institute in Mailand; seit 1998 Mitarbeit bei Fabio Novembre; 2004 Diplom an der Politecnico di Milano;

Linden-Apotheke in Ludwigsburg

Bauherr: Linden-Apotheke, Ludwigsburg
Architekten: ippolito fleitz group – identity architects, Stuttgart
Peter Ippolito, Gunter Fleitz
Mitarbeiter: Sascha Kipferling, Tim Lessmann, Fabian Greiner, Axel Knapp, Sarah Meßelken
Deckengestaltung: Monica Trenkler
Baujahr: 2006

Ausführende Firmen:
- Abbruch, Trockenbau, Schreinerarbeiten: Baierl & Demmelhuber, Töging
- Elektro: Elektro Bauer, Hildrizhausen
- Bodenbeläge: Floor-Concept, Ludwigsburg
- Malerarbeiten: Maler Krenk-Kalesse, Ludwigsburg
- Folienbeschriftung, Deckenbild: Ross & Partner, Stuttgart

info@ifgroup.org
www.ifgroup.org

Gunter Fleitz
Architekturstudium in Stuttgart, Zürich und Bordeaux; Mitarbeit bei Steidle+Partner, München.

Peter Ippolito
Architekturstudium in Stuttgart und Chicago; Mitarbeit im Studio Daniel Libeskind, Berlin; seit 2004 Lehrauftrag an der Universität Stuttgart.

1999 Gründung von zipherspaceworks; seit 2002 ippolito fleitz group.

Kaufhaus "La Rinascente" in Mailand

Bauherr: Vittorio Radice, La Rinascente s.r.l.
Architekten: Lifschutz Davidson Sandilands, London;
Paul Sandilands
Projektleiter: Germano Di Chello
Mitarbeiter: Chris Waite, Chloë Phelps, James Miles, Francesca Oggioni
Elektroplaner: CS Progetti, I-Caselle fraz. Mappano
Lichtplaner: Equation Lighting Design, London
Haustechnik: BRE Engineering s.r.l.
Gastronomieberater: Ford McDonald Consultancy, London
Generalunternehmer: Impresa Minotti s.r.l., Mailand
Subunternehmer (Decke): Camagni Arredamenti s.r.l., I-Cantù
Baujahr: 2007

mail@lds-uk.com
www.lds-uk.com

Paul Sandilands
1976 Technikerlehre; 1980–87 Studium an der Birmingham Polytechnic und der Manchester University; Arbeit als Architekt in Birmingham; seit 1988 Mitarbeit, seit 1992 Partner bei Lifschutz Davidson Sandilands.

Weinprobierstube in Fellbach

Bauherr: Markus Heid, Fellbach
Architektin:
Christine Remensperger, Stuttgart
Mitarbeiter: Johannes Michel
Tragwerksplaner: Dieter Seibold, Fellbach
Bauphysik: Jürgen Horstmann, Andreas Berger, Altensteig
Baujahr: 2001

Angaben zu den Herstellern:
- Rohbau: Hermann Rothfuss GmbH, Stuttgart
- Fenster: Weber GmbH, Ehingen
- Schreinerarbeiten/Innenausbau: B + K Innenausbau, Stuttgart
- Bodenbeläge: Fußboden Haag, Stuttgart
- Beleuchtung: Uli Jetzt Beleuchtungen GmbH, Backnang
- Innenausstattung Tische/Stühle: Sirch+Bitzer, Böhen i. Allgäu

kontakt@christineremensperger.de
www.christineremensperger.de

Christine Remensperger
Geboren 1963 in Sigmaringen; 1980–83 Lehre als Raumausstatterin; 1989 Diplom an der FH Biberach; seit 1994 selbständige Architektin; seit 2001 Professur für Entwerfen und Baukonstruktion an der FH Dortmund im Fachbereich Architektur.

Restaurant und Bar in Zürich

Betreiber: Compass Group, Kloten
Bewirtschaftung: Nicole Baumgartner, Christine Fürst
Architekten: Burkhalter Sumi Architekten, Zürich
Projektleiter: Yves Schihin
Bauleitung: GMS Partner AG, Zürich, Ralph Eschmann
Tragwerksplaner: Walt+Galmarini AG, Zürich
Haustechnik: Huwyler+Koch, Zürich
Elektroplaner: Schmidiger+Rosasco AG, Zürich
Bauphysik: Kopitsis AG, Wohlen
Baujahr: 2006

office@burkhalter-sumi.ch
www.burkhalter-sumi.ch

Marianne Burkhalter
Geboren 1947 in Thalwil; 1973–75 Fachhörerin an der University of Princeton; 1987 Gastprofessur Southern Institute of Architecture in Los Angeles, 1999 EPF Lausanne.

Christian Sumi
Geboren 1950 in Biel; 1977 Diplom an der ETH Zürich; 1990–91 Gastprofessor Ecole d'Architecture in Genf, 1994 Harvard in Boston, 1999 EPF Lausanne, 2003 University of Strathclyde in Glasgow.

1984 Bürogründung Burkhalter Sumi Architekten in Zürich; seit 2008 gemeinsame Professur an der Accademia di architettura in Mendrisio.

Yves Schihin
Geboren 1970 in Bern; 2000 Diplom an der EPF Lausanne; seit 2000 Mitarbeit, seit 2004 Partner bei Burkhalter Sumi Architekten

Französisches Restaurant »Aoba-tei« in Sendai

Bauherr: Aoba-tei
Architekten: Hitoshi Abe + Atelier Hitoshi Abe, Sendai
Mitarbeiter: Naoki Inada, Yasuyuki Sakuma
Tragwerksplaner: Arup Japan
Haustechnik/Elektroplaner: Sogo Consultants, Tohoku
Lichtplaner: Masahide Kakudate Lighting Architect & Associates, Tokio
Graphikdesigner: Asyl Design, Tokio
Baujahr: 2005

Angaben zu den Herstellern:
- Baufirma: Hokushin Koei
- Stahlkonstruktion: Takahashi Kogyo Co. Ltd., Suwabe Architectural Office, Structure Lab.
- Möblierung: Tendo Co. Ltd, Yamagata Pref.
- Lüftung: Taisei Setsubi Co. Ltd.
- Elektrik: Santech Co. Ltd.

house@a-slash.jp
www.a-slash.jp

Hitoshi Abe
Geboren 1962 in Sendai; 1989 Master am Southern California Institute of Architecture in Los Angeles; 1992 Gründung Atelier Hitoshi Abe; 1993 Promotion an der Tohoku University; 2002–07 Professur am Department of Architecture and Building Science an der Tohoku University, seit 2007 Professur am Department of Architecture and Urbanism an der School of Arts and Architecture, UCLA.

Restaurant »George« in Paris

Bauherr: SNC Costes/Centre George Pompidou
Architekten: Jakob + MacFarlane, Paris
Tragwerksplaner: RFR, Paris
Lichtplaner: Isometrix Lighting, London
Baujahr: 2000

Angaben zu den Herstellern:
- Leuchten: iGuzzini, Paris
- Metallbau: M.A.G. Construction
- Trockenbau: Lindner, Frankreich

info@jakobmacfarlane.com
www.jakobmacfarlane.com

Dominique Jakob
1990 Abschluss in Kunstgeschichte an der Université de Paris 1; 1991 Abschluss in Architektur an der Ecole d'Architecture Paris-Villemin; 1998–99 Lehrauftrag an der Ecole Spéciale d'Architecture in Paris, seit 1994 an der Ecole d'Architecture Paris-Villemin.

Brendan MacFarlane
1984 Bachelor am Southern California Institute of Architecture (SCI-Arc) in Los Angeles; 1990 Master an der Harvard Graduate School of Design in Boston; 1996–98 Lehrauftrag an der Bartlett in London, 1998–99 an der Ecole Spéciale d'Architecture in Paris, 2006 am SCI-Arc und an diversen anderen Hochschulen.

Autoren

Christian Schittich (Hrsg.)
Jahrgang 1956
Architekturstudium an der Technischen Universität München,
anschließend sieben Jahre Büropraxis, publizistische Tätigkeit,
seit 1991 Redaktion DETAIL, Zeitschrift für Architektur und Baudetail,
seit 1992 verantwortlicher Redakteur, seit 1998 Chefredakteur,
Autor und Herausgeber zahlreicher Fachbücher und Fachartikel.

Christiane Sauer
Jahrgang 1968
Studium der Architektur und Bildhauerei in Berlin und Wien,
Gründerin von »forMade, Büro für Architektur und Material« in Berlin.
Editor des Bereiches Material & Construction der Internetplattform
»Architonic«.
Tätigkeiten in Lehre und Forschung, zuletzt an
der Universität der Künste Berlin.
Zahlreiche Publikationen in Fachbüchern.

Claudia Lüling
Jahrgang 1961
Architekturstudium an der TH Darmstadt.
1991 Master of Architecture Sci-Arc, Los Angeles.
1995–2000 Lehrtätigkeit an der Technischen Universität Berlin.
seit 1999 selbstständige Architektin,
seit 2002 Lüling Rau Architekten
2002–2003 Gastprofessur an der Universität der Künste Berlin,
seit 2003 Professor an der Fachhochschule Frankfurt/Main.

Philipp Strohm
Jahrgang 1981
Architekturstudium an der FH Frankfurt am Main,
seit 2006 Arbeit als freier Architekt in Nürnberg und Frankfurt am Main,
seit 2007 Master-Studium, Architektur- und Stadtforschung an der Akademie
der Bildenden Künste in Nürnberg.

Dirk Moysig
Jahrgang 1966
1990-1993 bei DWS (Deko-Werbe-Service) in Bad Salzuflen.
1993 Mitarbeit bei KL-Projekt, Porta Westfalica.
1995 Tätigkeit bei Trüggelmann in Bielefeld.
1996 Gründung des »Planungsbüros Moysig«, Herford,
seit 2005 »moysig retail design gmbH«.

Karl Schwitzke
Jahrgang 1955
Design- und Innenarchitekturstudium an der Fachhochschule
Kaiserslautern.
Mitarbeit bei Associated Space Design, Atlanta.
Mitarbeit im Architekturbüro Hentrich, Petschnigg & Partner KG, Düsseldorf.
Abteilungsleiter bei der internationalen Firmengruppe Esprit, verantwortlich
für den Imageauftritt der Lifestyle- und Modemarke am Point of Sale.
Seit 1989 Inhaber des Designbüros Schwitzke & Partner, Düsseldorf.

Natalie Marth
Jahrgang 1967
Studium der Rechtswissenschaft an der Universität Göttingen,
nach Abschluss des Referendariats, Tätigkeiten als freie Journalistin für
diverse überregionale Tageszeitungen und Fachmagazine.
Chefredakteurin der Sportswear International News.
PR-Verantwortliche verschiedener Marken (Esprit, Big Star, Madonna etc.).
Inhaberin von Marth-PR.

Heinz Peters
Jahrgang 1940
Kaufmännische Ausbildung in Braunschweig,
seit 1962 Geschäftsführer der S&P Schäffer & Peters GmbH in Mühlheim

Karsten Tichelmann
Jahrgang 1965
Studium der Ingenieurwissenschaften an der
Technischen Universität Darmstadt,
Promotion an der Technischen Universität München.
Direktor der VHT – Versuchsanstalt für Holz- und Trockenbau,
Material- und Forschungseinrichtung, Darmstadt,
Direktor des Instituts für Trocken- und Leichtbau, gemeinnützige
Forschungsgesellschaft, Darmstadt,
Partner der TSB-Ingenieurgesellschaft Tichelmann I S I Barillas, Darmstadt
Professor an der Hochschule Bochum.
Zahlreiche Fachbuchpublikationen

Abbildungsnachweis

Allen, die durch Überlassung ihrer Bildvorlagen, durch Erteilung von Reproduktionserlaubnis und durch Auskünfte am Zustandekommen des Buches mitgeholfen haben, sagen die Autoren und der Verlag aufrichtigen Dank. Sämtliche Zeichnungen in diesem Werk sind eigens angefertigt. Nicht nachgewiesene Fotos stammen aus dem Archiv der Architekten oder aus dem Archiv der Zeitschrift »DETAIL, Zeitschrift für Architektur«. Trotz intensiver Bemühungen konnten wir einige Urheber der Fotos und Abbildungen nicht ermitteln, die Urheberrechte sind aber gewahrt. Wir bitten um dementsprechende Nachricht.

Von Fotografen, Bildarchiven und Agenturen:

- S. 8, 9 unten links, 10 oben rechts, 42–47, 134, 135, 136 Mitte, rechts, 137:
Ano, Daici, Tokio
- S. 9 unten rechts, 130–133:
Unger, Heinz, CH-Schlieren
- S. 10 oben links, 101 rechts:
Cohrssen, Jimmy, Paris
- S. 10 unten:
Meech, Phil/OMA, Rotterdam
- S. 11 oben:
Koch, Erika/artur, Essen
- S. 11 unten, 63, 65 rechts, 67:
Richters, Christian/artur, Essen
- S. 12 oben, 62 links, 64, 65 links, 66, 149, 156 unten rechts:
Schittich, Christian, München
- S. 12 Mitte, 48–51:
Heinrich, Michael, München
- S. 12 unten, 36 unten:
Binet, Hélène, London
- S. 13, 82, 83, 85:
Hiepler & Brunier, Berlin
- S. 14:
Richter, Ralph/archenova, Düsseldorf
- S. 16–19:
Bereuter, Adolf, A-Lauterach
- S. 24–27:
Bredt, Markus, Berlin
- S. 28–31:
Hong Chao Wai, Peking
- S. 32 oben, 33, 87 oben, 93:
diephotodesigner.de, Berlin
- S. 32 unten, 34, 35, 36 oben:
Silken Hotels/Hotel Puerta América, Madrid
- S. 37:
Rosskopf & Partner, Obermehler
- S. 38–41:
Pons, Eugeni, Barcelona
- S. 53 oben, Mitte, 154 unten, 158 unten, 159:
Baan, Iwan, Amsterdam
- S. 54–57:
Henz, Hannes, Zürich
- S. 58–60, 61 oben:
Richters, Christian, Münster
- S. 61 unten:
Kaltenbach, Frank, München
- S. 62 rechts:
Staubach, Barbara/artur, Essen
- S. 68–71, 73, 126–129, 145:
Halbe, Roland, Stuttgart
- S. 72:
Suzuki, Hisao, Barcelona
- S. 74–77:
O'Sullivan, Kilian/view/artur, Essen
- S. 78, 80:
Huthmacher, Werner, Berlin
- S. 84:
Knauf Gips KG, Iphofen
- S. 87 unten:
Raftery, Paul/view/artur, Essen
- S. 88 oben:
Bitter & Bredt, Berlin
- S. 94 oben, 95:
Tjaden, Oliver, Düsseldorf
- S. 94 unten, Mitte:
Reinelt, Gerhard, Sulzbach-Rosenberg
- S. 96, 97:
Grothus, Achim/moysig retail design, Herford
- S. 99:
Muratet, Stephane, Paris
- S. 102, 103:
Bernado, Jordi, E-Lleida
- S. 104–107, 109 Mitte:
Wagner, Joachim/feuerfoto, Berlin
- S. 110–113:
Musch, Jeroen, Amsterdam
- S. 114–117:
Ferrero, Alberto, München
- S. 118–121, 152 unten:
Braun, Zooey, Stuttgart
- S. 122–127:
Gascoigne, Chris/view/artur, Essen
- S. 136 links:
Sato, Katsuaki, J-Sendai
- S. 139:
Borel, Nicolas, Paris
- S. 140, 141:
Morin, Françoise/archipress, Paris
- S. 146 oben:
Norlander, Rasmus, Stockholm
- S. 146 Mitte:
Spiluttini, Margherita, Wien
- S. 146 unten, 157:
Halbe, Roland/artur, Essen
- S. 148 oben, 149, 154 oben, 156 Mitte:
Sauer, Christiane, Berlin
- S. 148 unten:
Corian® Nouvel Lumières, DuPont™, US-Wilmington
- S. 151 oben:
United Bamboo Inc., Tokio
- S. 151 unten:
Franck, David, Ostfildern
- S. 152 oben:
TAL, B-Pittem
- S. 155 oben:
Fielitz GmbH Lichtbauelemente, Ingolstadt
- S. 155 unten:
360 Glas BV, NL-Tilburg
- S. 156 oben:
Offecct AB, S-Tibro
- S. 158 oben:
Heijdens, Simon, London
- S. 160, 167:
Winter, Wolfgang, Frankfurt am Main
- S. 162 oben:
Jakobs, Anneke, Utrecht
- S. 162 Mitte:
Remy & Veenhuizen, Utrecht
- S. 162 unten:
Williamson, Colin, Shrewsbury
- S. 163–165:
2012 Architecten, Rotterdam
- S. 169 Spalte 1, 172 Spalte 1:
Typos 1 – Peter Badge, Berlin
- S. 169 Spalte 2:
Double, Steve
- S. 170 Spalte 4:
Koopman, Miranda, Utrecht
- S. 171 Spalte 1 links:
Gigler, Dominik, London

Artikel- und rubrikeinführende s/w-Aufnahmen:

- S. 8:
Hotel »Ginzan-Onsen-Fuijya« in Obanazawa, Kengo Kuma & Associates, Tokio
- S. 14:
Universitätsbibliothek in Berlin, Foster + Partners, London
- S. 144:
High-Pressure-Laminat, Dekodur
- S. 160:
Kastenhaus »2085.15« in Frankfurt am Main (temporäre Installation Juni-Oktober 2001) Wolfgang Winter/Berthold Hörbelt, Frankfurt am Main

Foto Schutzumschlag:
Modeladen in Tokio
Architekten:
Acconci Studio, New York
Foto:
United Bamboo Inc., Tokio